Leonid Schinkarjow

ABSCHIED von der Jurte

Erlebnisse
in der Mongolischen Volksrepublik

VEB F. A. Brockhaus Verlag
Leipzig

Titel der Originalausgabe:
Монголы. Традиции – реальности – надежды
Aus dem Russischen übersetzt von Wolfgang Gruhn

Die vom Autor zur Verfügung gestellten Aufnahmen wurden ergänzt durch Fotos von K.-H. Bochow (13), H. Knobloch (24), H. Krumbholz (8) und K. Mäder (3)

ISBN 3-325-00046-0

1. Auflage

Lizenz-Nr. 455/150/42/88 · LSV 5319
Lektor: Helmut Sträubig
Kartenredaktion: Helmut Sträubig
Kartenzeichnung: Gerhard Pippig
Buchgestaltung: Claus Ritter
Gesamtherstellung: INTERDRUCK Graphischer Großbetrieb Leipzig,
Betrieb der ausgezeichneten Qualitätsarbeit, III/18/97
Printed in the German Democratic Republic
Redaktionsschluß: 31. 10. 86
Bestell-Nr.: 587 259 0
01800

Inhalt

Übersichtskarte von der Mongolischen Volksrepublik auf der Innenseite des Schutzumschlags

Vorwort

Das erste Mal gelangte ich in die Mongolei Anfang der siebziger Jahre anläßlich einer kurzen Dienstreise. Den stärksten Eindruck hinterließen damals bei mir die Berge — es gab davon überraschenderweise so viele, daß meine als Schüler gewonnenen Vorstellungen von diesem Lande ins Wanken gerieten. Nachdem ich dann mit seinen Bewohnern zusammengetroffen war, sie näher kennengelernt hatte, da glaubte ich feststellen zu können, daß sich auch im Charakter des Mongolen die Gelassenheit des Steppenbewohners mit der Explosibilität des Bergbewohners verträgt.

Als ich mich drei Jahre später erneut für ein paar Wochen in der Mongolischen Volksrepublik aufhielt und noch keine Ahnung hatte, daß ich hier einmal für länger arbeiten würde, war ich überrascht, wie schnell sich die Mongolen an für sie nicht traditionelle Lebensformen anpassen. Als man überall in der Welt schon längst die Dampfmaschine kannte, saßen die Mongolen noch bei ihren mit Hammelfett gespeisten Lampen; als aber die sozialistischen Länder sich zur Erforschung des Weltraums zusammengeschlossen hatten, da fotografierten auch die Mongolen bereits die künstlichen Erdtrabanten.

Drei weitere Jahre später, 1977, schickte man mich als Korrespondenten der »Iswestija« nach Ulan-Bator. Meine Fahrten durch die Mongolische Volksrepublik, die neuen Bekanntschaften, Sympathiebezeigungen, Bücher, Dokumente — dies alles bereitete mir in den vier Jahren meines Aufenthalts immer neue Überraschungen. Und sie ließen bei mir den Wunsch aufkommen, über meine Beobachtungen zu schreiben, die vielleicht jene interessieren würden, die wie ich der Meinung sind, daß es auf unserem Planeten keine isolierten lokalen Kulturen und keine Ereignisse gibt, die, wo immer sie sich auch abspielen mögen, nicht in irgendwelcher Weise uns alle berühren.

Wir leben in einer Zeit, da in der ganzen Welt die Bedeutung der natürlichen Ressourcen wächst, die der Menschheit die Versorgung mit Nahrungsmitteln und Rohstoffen garantieren. Fleisch, Wolle, Getreide und andere landwirtschaftliche Produkte werden zu wichtigen Artikeln des internationalen Handels und beeinflussen auch die politische Situation. Bei den Mongolen kann man beobachten, wie im Sozialismus das weltweite Nahrungsmittelproblem durch genossenschaftlichen Zusammenschluß der Aratenwirtschaften gelöst wird. Interessant ist auch, wie sich hier eine nationale Arbeiterklasse und eine technische Intelligenz herausbilden. Die ersten Arbeiter tauchten hier viel später auf als in den europäischen Ländern und unter anderen historischen Umständen, so daß unsere Generation die Möglichkeit hat, unmittelbar den Ablauf eines sozialen Experiments zu verfolgen. Auch kann man hier gesellschaftliche und psychologische Zwiespälte beobachten, wie sie den Historikern, die sich mit der neueren Zeit befassen, nur aus der Literatur bekannt sind.

Von ihren ersten Schritten an entwickelte sich die neue Mongolei im Bündnis mit der Sowjetunion, stützte sie sich auf deren Hilfe und die Zusammenarbeit mit ihr. Vielleicht tragen meine Beobachtungen dazu bei, zu veranschaulichen, welche Rolle der Mensch bei den Veränderungen spielt, die sich seitdem in der Mongolischen Volksrepublik vollziehen.

Ich muß einschränkend noch bemerken, daß es sich hier um ein Buch über jene Mongolen handelt, die auf dem Gebiet der Mongolischen Volksrepublik leben, es behandelt nicht die mongolischen Völkerschaften in anderen Ländern.

Danken möchte ich hier noch meinen mongolischen und sowjetischen Freunden, die das Manuskript dieses Buches lasen, mich durch Hinweise unterstützten und mit denen ich mich so oft über das Schicksal des mongolischen Volkes unterhalten habe

Ulan-Bator, April 1981

In der Gobi

In den Tälern hier stumpft das Auge ab, es bleibt an den trostlosen Wiederholungen nicht mehr hängen. Doch stets bin ich von neuem entzückt, wenn ich die kleinen Standlager erblicke: Bei zwei, drei weißen Jurten blöken unter einem Schutzdach oder hinter einem Gatter Schafe, zu einem Haufen zusammengetrieben; im Sand ruht ein melancholisch dreinschauendes Kamel, dessen beide Höcker nach entgegengesetzten Seiten herabhängen; daneben steht ein Karren mit zwei hohen Rädern, die Deichsel gegen den Boden gestützt; Kinder treiben ihre Pferde an und versuchen, mit Hilfe einer langen Stange, an der eine Schlinge befestigt ist, ein rotbraunes Fohlen einzufangen; eine Frau im straff gegürteten Deel, mit schwarzem, unter dem Kopftuch hervorquellendem Haar stellt auf das Filzdach ein Blech mit Quarkstückchen, die in der Sonne trocknen sollen. Dieses Bild der Steppe, das sich mir da in der süßlichen, nach getrocknetem Mist riechenden Luft, im Zittern des welken Dersgrases bietet, löst die Spannung in mir, stärkt meine Überzeugung, daß auf dieser unserer Erde alles ins Lot kommen wird.

In der Nacht vor dem Abmarsch finde ich lange keinen Schlaf, unruhig wälze ich mich auf dem schmalen Bett von einer Seite auf die andere. Der Geruch nach saurer Milch hängt in der Luft, hüllt mich gleichsam ein; mir schwindelt leicht, als befände ich mich im Laderaum eines Schiffes. Die Jurte schwankt im Wind, der Körper scheint wie eine Feder schwerelos in gleichsam verdichteter Luft zu schweben. Wo befinde ich mich eigentlich, wohin hat es mich verschlagen? Superstädte bringen mit ihren Magistralen die Welt zum Dröhnen, die im Feuerschein der Industrielandschaften lodert, wie ein Wirbelwind scheint das alles hinwegzurasen über diese unsere in der nächtlichen Wüste wie verloren wirkende Jurte. Was ist diese schon für die übrige Welt? Ein Staubkorn im endlosen Raum, eine Spur auf einem Karawanenpfad, ein schwaches Echo uralten Nomadendaseins.

Ganz anders aber nimmt sich alles aus, wenn man sich eine solche Jurte einmal von innen anschaut — sie ist so etwas wie das Modell einer Mikrowelt mit exakt gekennzeichneten Himmelsrichtungen. Alles hat seinen seit alters bestimmten Platz. Unter der Kuppel mit dem roten Reifen (»toono«) und den von ihm ausgehenden Streben (»unj«), um die beiden die Kuppel stützenden vertikalen Stangen herum ist allem sein nach den Tieren des Mondkalenders benannter Winkel zugeordnet, sofern man in einem solchen Rundbau mit Gitterwänden überhaupt von Winkeln sprechen kann: »Maus« — zur Aufbewahrung der Habseligkeiten; »Stier« — Vorratskammer für Lebensmittel; »Tiger« — Platz des Hausherrn; »Hase« — Platz der

Frau; »Hund« — Platz für einen hohen Gast ... So wie die Planeten ihren Platz und ihre Bahn im Weltraum haben, hat auch in der Jurte alles — das Pferdegeschirr, die Geschirrschränkchen, die kleinen Holzeimer, die verräucherten Ledergefäße, die Schafledersäcke, in denen Wasser und Milch aufbewahrt werden — seinen ganz bestimmten Platz, steht es bereit, jederzeit auf Pferd oder Kamel gepackt zu werden und zusammen mit dem Universum Jurte seinen Kreislauf anzutreten.

In unserer Zeit ändert sich die Jurte, so wie sich alles verändert, wenn Erzeugnisse, die früher geschickte Meister aus dem Volke anfertigten, heute fabrikmäßig hergestellt werden. Einst versorgte der Chaalgatschin die Araten nur mit Türen, der Toonotschin lieferte die Toono, die Dachreifen, der Unjtschin die Unj, die Dachstreben, der Chanatschin die Chana, die Wandgitter. Heute jedoch produzieren Genossenschaften montierbare Jurten in Standardabmessungen und -farben mit einem einheitlichen Inventar an Hausrat, und dennoch sehen diese in ihrer Masse schmucker aus als die alten Jurten. Der Kuppelfilz wird mit einer Plane oder weißem Baumwollstoff überzogen. Verändert hat sich auch die Innenausstattung: Man findet jetzt Radio, Uhr, Nähmaschine, Spiegel, vernickelte Bettgestelle, Spitzendecken, Kissenbezüge, bestickte Tischtücher und Metallgefäße. Diese Gegenstände schmälern keineswegs die Vorzüge der Jurte, zeugen vielmehr von der grundsätzlich bestehenden Möglichkeit, sich dem neuen Leben anzupassen. Schon heute experimentieren die Mongolen mit Windkraftanlagen zum Hochpumpen von Wasser, mit Sonnenbatterien zur Wärmeerzeugung.

Wer nur einmal in seinem Leben eine Sommernacht unter dem Dach einer Jurte verbracht hat, wenn die unteren Filzwände hochgezogen sind, die frische Luft vom Boden bis zum Dachreifen hindurchstreicht und einem das Gesicht fächelt, der möchte nicht glauben, die Tage der Jurten seien gezählt. Bislang gibt es in der Steppe nichts Zweckmäßigeres. Selbst im strengen Winter ist es in der Jurte hell, warm und gemütlich, zudem hört man, wenn in der Nähe der Herde ein hungriger Wolf heult. Es ist auch nicht festzustellen, daß in irgendeinem Land mit gleichgearteter Wanderhirtenwirtschaft die Herstellung von Jurten oder ähnlichen Behausungen zurückginge. Offenbar haben die Nomaden mit der Jurte schon in ältester Zeit eine Lösung gefunden, die viele Jahrhunderte anwendbar ist. Die Bewohner großer Städte sehen heute in der Jurte eine Art Datsche, die in jede Landschaft paßt. Nein, ich glaube nicht, daß die Jurte irgendwann einmal Wolkenkratzern weichen wird — beide werden nebeneinander bestehen.

In dieser Nacht ist unsere Jurte anders als sonst. Meine Wirtsleute haben schon am Abend Stricke bereitgelegt, den Hausrat in Säcke verstaut, Kisten gepackt, lediglich den kupfernen Teekessel hat man für das Frühstück vor Antritt des Marsches noch stehen lassen. Wenn ich mich aufstütze, sehe ich das bronzefarbene Ohr des Hirten Mjagmar; der schnarcht leise, hört dabei nicht einmal den Nachtwind, der die schon halb abgedeckte Jurte immer stärker zaust. Gegenüber, hinter dem Kattunvorhang, schlafen Frau und Kinder.

Die Mongolen sind überall gastfreundlich, in abgelegenen Gegenden aber, wo die Jurte des Nachbarn weit entfernt steht, daß sie nicht einmal mit dem Feldstecher mehr auszumachen ist, dort freut man sich besonders herzlich über jeden Ankömmling, als habe man eigens ihn erwartet. Im Leben eines Nomaden gibt es nichts Feierlicheres als das Ritual bei Begegnungen – die Begrüßungsworte und das Überreichen von Geschenken, die bei Aufnahme von Kontakten zwischen Menschen dazugehören. In dieser Hinsicht sind die Traditionen der Mongolen besonders vielfältig und schön. Als ich diese Jurte betrat, da schüttelte mir der etwa fünfundvierzig Jahre alte breitwangige Gobihirt Mjagmar lange die Hand, ließ mich dann auf einem niedrigen Hocker an der Mitte des niedrigen Tischchens an der Nordseite der Jurte Platz nehmen, seine Frau aber, die schweigsame Ojuun, servierte mir auf flach ausgestreckten Händen eine Schale mit dickem Kamelkumys. Die Kinder hielten inne, ohne den Fremden aus den Augen zu lassen.

»Sonin juu baina we?« (Was gibt's für Neuigkeiten?) Mjagmar hielt mir seine Tabakdose hin.

»Taiwan daa!« (Alles ruhig!) antwortete der Gast, wie es die Sitte verlangt, und nahm mit dem Schäufelchen ein wenig Schnupftabak aus dem Chalzedonfläschchen.

»Tany bie sain uu?« (Wie geht es Ihnen?)

»Sain, ta sain uu?« (Gut, und Ihnen selbst?) erwiderte ich, schon mit der Prise Tabak in der linken Hand zwischen Daumen und Zeigefinger.

»Gajguj!« (Gut, alles in Ordnung!) Der Hausherr schaut zu, wie der Gast den Tabak erst durch das eine, dann durch das andere Nasenloch schnupft.

In unserem Falle wurde das Ritual nicht ganz eingehalten. Durch die weit offenstehende Tür erblickten wir im Saxaulgesträuch eine aufspringende Kropfantilope. Sie flog hoch, die dünnen Läufe dicht am Körper, den schmalen Kopf in den Nacken geworfen. Fast unwirklich schön. »Fleisch läuft weg!« Mjagmar schlug sich vor Freude auf die Knie. Die Kamele schnupperten an der von der Sonne erhitzten Plane der Jurte; eine Stute blieb stehen und legte sich mit dem Flunsch einer zutiefst gekränkten, einfältigen Kreatur nieder. Mjagmar fing meinen Blick auf: »Im Frühjahr ist ihr Junges eingegangen. Acht Tage lang war ihr das Maul naß von Tränen.« – »Die anderen schauen aber auch nicht gerade fröhlich drein«, bemerkte ich mit einem Blick auf die Herde. Mjagmar lächelte: »Gobihirten wissen, weshalb ... Einst besaß das Kamel nämlich ein schönes, weit ausladendes Geweih. Eines Tages bat sich der Hirsch dieses vom Kamel für den Abend aus und verschwand mit seinem so geschmückten Haupt in den Bergen. Seit jener Zeit wartet das Kamel immer noch auf diesen Hirsch. Schauen Sie, es hebt gerade den Kopf und schaut mit großen traurigen Augen in die Ferne ... – »Haben Sie sich das eben erst ausgedacht, Mjagmar?« – »Nein, das habe ich schon immer gewußt.«

Es war nun klar: Dieser Familie werde ich mich auf ihren Wanderungen anschließen.

Meine Vorstellungen vom Leben eines Nomaden waren noch recht verschwommen. Wenn ich mir einmal vergegenwärtige, was ich darüber alles gelesen habe, dann fällt mir auf, daß die Bezeichnung »Nomaden« oder »Wanderhirten«, angewandt auf unsere Zeit und vor allem auf Mongolen, nur noch selten gebraucht wird. Ich erinnere mich, wie ich einmal von einer Mongoleireise zurückkehrte und ein Manuskript in der Redaktion ablieferte.

»Die Jurten müssen weg«, forderte mein Kollege.

»Was heißt – weg?« Ich begriff nicht, was er wollte. »Warum weg?«

»Die ›Jurten‹ könnten unsere Freunde uns übelnehmen.«

»Ich bitte dich, sind wir denn beleidigt, wenn man unsere Isba Isba* nennt!«

Der Rotstift hatte inzwischen aber schon »Jurte« durch »Wohnstätte« ersetzt. Mir flimmerte es vor den Augen, als ich nun las: »In der Steppe leuchteten weiß die Wohnstätten ...« Mein Kollege jedoch hielt mir triumphierend vor: »Wir haben doch noch andere Bezeichnungen, etwa Wohnung, Wohnraum oder Raum – unsere Sprache ist so reich an Ausdrücken!«

Aus einem Manuskript kann man die Jurten wohl mühelos streichen – aber aus dem Leben?

In unserem Industriezeitalter wird Futter in Fabriken hergestellt, errichtet man in der Nähe der Städte Betriebe für industrielle Mast und große computergesteuerte Farmen. Unter dem gleichen Himmel aber, wo Menschen in Raumanzügen im All schweben, ziehen ihre Zeitgenossen noch immer mit ihren beladenen Kamelen, Pferden, Yaks oder Rentieren durch die Steppen Eurasiens und Afrikas, ohne sich Gedanken darüber zu machen, daß in be-

*Isba – das aus Balken gefügte russische Bauernhaus

nachbarten Landstrichen schon eine andere Zivilisation herrscht. Den Nomaden ist ihre dreitausend Jahre alte Geschichte teuer, die genauso stürmisch verlief wie die seßhafter Völker, sie haben keine Minderwertigkeitskomplexe und wahren auch am Ausgang des zwanzigsten Jahrhunderts noch stolz ihre Traditionen. Selbst Wüsten und Halbwüsten, die ein Drittel des festen Landes unseres Planeten einnehmen, mitunter furchteinflößende Sandmeere, waren seit ältesten Zeiten bewohnt, und die Nachfahren ihrer frühgeschichtlichen Bewohner, unsere Zeitgenossen, denken gar nicht daran, diese wasserarmen Gebiete zu verlassen. Jedenfalls leben heute auf der Erde noch immer etwa fünfzehn Millionen Nomaden. Sobald der Morgen graut, setzen sie sich in Marsch und wandern durch die Landschaften des Iran, Afghanistans, Mauretaniens, Indiens, Saudi-Arabiens und weiterer zwei Dutzend Länder. Sie sprechen unterschiedliche Sprachen, und dennoch eint sie die Vorstellung, daß das Leben ein immerwährendes Umherwandern auf natürlichen Weideplätzen, auf der Suche nach Futter für das Vieh ist. Man kann zu dieser ihrer Weltsicht stehen, wie man will, man kann aber keinesfalls so tun, als gebe es keine Nomadenkultur.

Die Mongolen haben ein Experiment gewagt: die Verbindung von Nomadendasein mit sozialistischer Lebensweise. Vorher hatten nur die nomadisierenden Völkerschaften der Sowjetrepubliken diesen Weg beschritten, andere Erfahrungen kannte die Geschichte des Nomadismus in der Welt nicht. Hier in Zentralasien, in der Heimat des klassischen Wanderhirtentums, trat nun der genossenschaftlich organisierte Nomade auf den Plan, Mitglied einer »Landwirtschaftlichen Vereinigung«. Er zieht mit der gemeinschaftlichen Herde umher, erhält den Lohn auf sein Konto überwiesen, beteiligt sich an Diskussionen über Probleme seiner Genossenschaft, er bekommt Auszeichnungen, Titel und Prämien verliehen, und das, so sollte man annehmen, beinhaltet, daß seine Lebens- und Arbeitsweise auch in absehbarer Zukunft noch in dieser Form notwendig ist. Ich wollte mich nun, zumindest für einige Zeit, der Familie des Gobihirten Mjagmar anschließen, mit ihm gemeinsam umherziehen, um die Veränderungen zu registrieren, die sich in heutiger Zeit im Nomadismus vollziehen.

Als ein Sonnenstrahl durch die Gitterwand drang und sich als kleiner Fleck in die Filzwand über meinen Kopf verkroch, schlug ich die Augen auf. Eine unsichtbare Hand schien diese Prise Licht über das Scherengitter der Streben zu verteilen. Ich weiß, welche Streben in der Stunde des Bar, des Tigers, (das heißt, von 4 bis 6 Uhr morgens) Licht erhalten. Doch jetzt hatten wir wohl schon Tuulai, die Stunde des Hasen (von 6 bis 8 Uhr), denn meine

Wirtsleute und die Kinder waren bereits auf den Beinen. Ich hörte ihre Stimmen und schämte mich ein wenig ob meiner Bummelei. Zugleich bewunderte ich das Taktgefühl meiner Gastgeber. Wie hatten sie es nur geschafft, aufzustehen, sich selbst und die Kinder zurechtzumachen, diesen zu essen zu geben, die Kamele zu melken — und alles so geräuschlos, daß ich die Betriebsamkeit in der erwachenden Jurte verschlafen hatte?

Ich öffnete die Tür und trat hinaus in die Wüste. Warmes Licht ergoß sich auf die Erde, das süße Gefühl der Weite machte mich fast trunken. Fern flimmerten in der goldig schimmernden Luft Sanddünen, wie eine verlassene Straße leuchtete gelb der Lauf eines alten Trockenbettes, wo aus dem Schotter die Knochen ausgestorbener Tiere herausspießten. In größerer Nähe standen die stacheligen Sträucher des grünen Salpeterkrauts und die vielfarbigen Kugeln der an Löwenzahn erinnernden Bassia. Ein Lüftchen riß eine Bassia von ihrem dünnen Stengel, und eine rosafarbene oder bläuliche Kugel rollte über den Schotter, von nichts aufgehalten, und das verstärkte noch die Illusion, die Wüste sei ohne Grenzen. Mjagmar ließ die im nachtkühlen Sand ruhenden Kamele aufstehen, wickelte um ihre runden Sohlen einen Strick, damit sie im Gebirge nicht ausglitten. Zwischen die Höcker lud er den Hausrat der Familie, an den Flanken der Tiere band er Körbe fest, in denen die drei Kinder befördert wurden. Diese schauten schweigend zu, wie Vater und Mutter die Asche auf dem Lagerplatz auseinanderscharrten.

»Saichan noirsow uu?« (Haben Sie gut geschlafen?) frage ich Mjagmar.

»Saichan, ta saichan noirsson uu?« (Ja, und Sie?) gibt er lächelnd zurück.

Wir tranken Tee, zerlegten die Jurte, verstauten sie auf dem zweirädrigen Karren, banden sie mit Stricken fest und setzten uns in Marsch. Mjagmar schwankte auf seinem gesattelten flinken Kamel hin und her, holte mit lässig hingeworfenen Zurufen ein paar zweihöckrige Ausreißer, die zurückbleiben und seitlich ausscheren wollten, zur Herde zurück. Unsere Fuhre bewegte sich quietschend und knarrend durch das Dersgestrüpp, das so hoch war wie die Räder unseres Karrens. Ich hielt mich mit beiden Händen an dem festen Vorderhöcker meines Kamels fest, drehte mich nach dem verlassenen Lagerplatz um. Der Wind hatte die welken Grashalme aufgerichtet und so den runden Abdruck der Jurte verwischt. In drei, vier Tagen wird jemand anders vielleicht den verlassenen Lagerplatz überqueren, und nichts wird ihm auffallen.

Der Marsch auf diesem Stückchen Hochebene macht mich müde, ich möchte ein wenig dösen, doch ich vertreibe mir den Schlaf durch angestrengtes Blinzeln: Bald kneife ich ganz plötzlich die Augen zusammen, bald wieder öffne ich sie leicht. Außerdem halte ich mich munter mit der Hoffnung, in der Wüste ein wildes Kamel mit seinen kleinen spitzen Höckern auftauchen zu sehen, in dieser Gegend soll es noch welche geben. Aber der Raum scheint grenzenlos zu sein, ich schlummere doch etwas ein, zucke hin und wieder zusammen. Wilde Kamele interessieren mich schon nicht mehr. Ich schaue jetzt zum Himmel empor, er ist so malerisch-dekorativ, daß ich das Fetzchen des einzigen Wölkchens für eine »fliegende Untertasse« oder irgendein anderes außerirdisches unbekanntes Objekt halten möchte. Es gibt wohl kaum eine Ebene, die für die Landung von außerirdischen Wesen besser geeignet wäre. Doch bei dem Gedanken, daß diese eine Karawane wohl kaum in ihre Nähe kommen lassen würden, ich aber ein Teleobjektiv nicht bei mir habe, tritt mir der Schweiß auf die Stirn.

Weg, weg mit diesem Unsinn, diesen müßigen Gedanken, diesen Hirngespinsten! Wie komme ich bloß auf außerirdische Wesen? Ich muß mich doch jetzt auf mein Nomadendasein konzentrieren, nur darauf und auf nichts anderes. Doch kämen jetzt diese »Untertassen«, die Kamele würden sicher scheuen, ich würde mich nicht mehr an dem zottigen Höcker festhalten können, würde in den Sand stürzen, den außerirdischen Wesen direkt vor die Füße. Großer Gott, nimm diese Fieberträume von mir, es ist wohl doch besser, ich lasse mich ein bißchen in Schlaf wiegen; ich schließe also die Augen, und schon schlafe ich ein, an den warmen Höcker geklammert ... Ich fahre zusammen, öffne die Augen, muß zwinkern, weil mir Sandkörnchen entgegenfliegen. Mjagmar sitzt aufgerichtet im Sattel, als wollte er Truppen inspizieren. Er wirkt schwerfällig und irgendwie rührend mit seinem himbeerfarbenen Barett, das durch die Ohrmuscheln oben gehalten wird. Die Kamele schleppen sich durch die Saxauldickichte; die sehen wie Zwergbirkendickicht aus, wie ich es von Nordjakutien her kenne. Die schwarzen Stämmchen sind verkrüppelt, gewunden, sie kriechen gleichsam auf dem Erdboden hin, klammern sich an Steine wie Schwerverletzte. Die Gobibewohner haben den Saxaul gerodet, denn er brennt heiß und lange wie Steinkohle, die Stämmchen dienten ihnen als Verkleidung für Brunnen und zum Bau von Hürden für das Vieh. Stellenweise wurden die Wäldchen licht, und in der Wüste hat man daher das Abholzen verboten. Die Sandmassen, vom Wind herangetragen, werden von den an die Erde gepreßten Trieben festgehalten, bilden Haufen, als hätten jetzt die alten Dünen Enkelkinder bekommen, die sich über die ganze Wüste verstreut haben.

Ich hole meine Karte von der Mongolei, vom Bezirk Umnugowj (Südgobi), hervor, breite sie auf dem weichen Kamelhöcker vor mir wie auf einem Pult aus und versuche, mir die Bilder dieser langen Wanderung ins Gedächtnis zurückzurufen. Über dem Gebirge steht kleingedruckt: Nemegt ... Ich erinnere mich noch deutlich, wie zu meinen Füßen die Erde barst und sich wie ein großer Fluß ein tiefer Cañon auftat. Ich stand da, überwältigt von dem Panorama, das da aus der Unterwelt emportauchte. Da gab es Minarette, Wolkenkratzer, Brücken, Menschenmassen, eine Viehherde, eins löste das andere ab; ich konnte alles genau erkennen, begriff nur nicht, was für eine schreckliche Macht sie in rote, im Schein der untergehenden Sonne flammende Steine verwandelt hatte, was für ein Stoß in der Erdrinde all dies in einen Abgrund, dem über die Oberfläche gleitenden Blick verborgen, gestürzt hatte. Auf Schritt und Tritt stößt man dort auf Knochen vorzeitlicher Tiere; man hebt einen Röhrenknochen auf, und was entdeckt man darin? Einen gewachsenen Kristall. Wie viele Jahrhunderte lang mag der Kristall in dem Knochen gewachsen sein? Ich habe mir in der Wüste Sagen aufgeschrieben von den Luu — Drachen —, den Bewohnern hoher Himmelsräume, deren Schrei man für Donnergrollen hielt. Ein Luu ließ zuweilen Knochen auf die Erde fallen, die man in einen Sack einsammelte und ins Kloster schaffte. Die Lamas bereiteten dann aus Luuknochen heilkräftige Pülverchen.

»Mjagmar, haben Sie jemals Dinosaurierknochen gefunden?« fragte ich.

»Jede Menge ... Im vorigen Frühling fand ich einen Knochen, wie ich ihn noch nie zuvor gesehen hatte. Ich klopfte den Lehm von ihm ab, wusch ihn und brachte ihn nach Naran.«

In Naran befindet sich das Lager einer sowjetisch-mongolischen Expedition von Paläontologen.

»Und was war es?« Ich ritt ganz dicht an Mjagmar heran.

»Es handelte sich um eine bisher unbekannte Art einer Urschildkröte.«

Bei seßhaften Völkern, die in unmittelbarer Nachbarschaft von Nomaden Ackerbau trieben, hatte sich die Meinung gebildet, das unstete Dasein verlangte von den Wanderhirten ständigen Kampf mit der Natur ums Überleben, deshalb seien von ihnen auch keine Beiträge zur Weiterentwicklung der Weltzivilisation zu erwarten. Die Nomaden könnten zwar Steigbügel, Hosen, weiche und harte Sättel erfinden, an den Wagen die Holzklötze durch Räder ersetzen, eine Jurte mit Filz decken, doch zu mehr, so meinten die Bodenbauer, sei die Intelligenz eines Nomaden wohl kaum fähig. Als dann aber im Schein der Feuersbrünste aus der Steppe unter wehenden Bannern Reiter auftauchten mit eherner Panzerung, die Mensch und Pferd unverwundbar machte, Reiter, die lange Lanzen im Anschlag hielten, die ausschwärmten und sich auf einen Kampfruf hin augenblicklich wieder zusammenschlossen, da erstickten die Bodenbauer fast in dem aufgewirbelten Staub und begriffen, daß ihre bisherigen Vorstellungen von der Welt der Nomaden unzureichend gewesen waren.

Die Herde — selbst die wohlgenährteste — vermochte den Bedarf des Nomaden an Gebrauchsgegenständen für den Alltag nicht zu decken, er war also daran interessiert, mit seinen Nachbarn, den Ackerbauern, in Kontakt zu kommen, er wollte tauschen und handeln. Dadurch wurde er, ohne es zu wissen, zum Träger kultureller Einflüsse und zum Motor in den Wechselbeziehungen zwischen Menschen, Ideen und Waren. Die Nomaden sicherten sich die materiellen Bedingungen für ihre Existenz und schufen damit gleichzeitig geeignete transportable Wohnstätten, angefangen von Kleinjurten bis zu Jurtenpalästen und ganzen Zeltstadien. Sie besaßen auch eine darstellende Kunst und eine Folklore, ein Schrifttum wie »Die geheime Geschichte der Mongolen« — ein bedeutendes literarisches Denkmal aus dem 13. Jahrhundert —, Alltagsgegenstände von erstklassigen harmonischen Formen und guten Gebrauchseigenschaften. Diese Kultur entstand nicht nur »im Sattel«, in der Zeit zwischen den Wanderzügen, sondern auch in städtischen Siedlungen, von denen es auf mongolischem Boden über zweihundert gab. Heute sind es nur noch Ruinen, die den Reisenden verweilen lassen, doch liegen unter diesen Ruinen nicht vielleicht die Werkstätten jener Schmiede, Kunsttischler und Stellmacher begraben, deren kunstvolle Arbeiten die Khanspaläste zierten? Die nomadische Gesellschaft nutzte die natürlichen Ressourcen und ging den Weg des technischen Fortschritts. Nomaden erfanden und verbreiteten Gegenstände, die bei vielen Völkern der Welt in Gebrauch kamen. So ist es verständlich, wenn man auf dem Internationalen Mongolistenkongreß in Ulan-Bator (1974) einem Redner applaudierte, der auf diejenigen verwies, die »um die Wissenschaft herumscharwenzeln und lauthals ihre Unwissenheit in bezug auf die Kultur des mongolischen Volkes den Mongolen selbst zuschreiben«.

Eine mongolische Nomadenfamilie hielt gewöhnlich fünf Arten Vieh (Schafe, Pferde, Ziegen, Kamele und Rinder), in jeder Wirtschaft überwog je nach Gegend das, was in der Familie die größte Tradition besaß. Deshalb halfen die Menschen unterwegs oder bei großen Festen einander aus. Stets hielt man sich streng an bestimmte Routen, die von den Stammes- oder Sippenältesten festgelegt worden waren. Die Wanderwege kennen, wissen, in welchem Jahr und wohin man am besten zog, das kam wenigen Auserwählten zu. Von ihrem Rat hing das Schicksal ganzer Nomadenvereinigungen ab. Aus gutem Grund versprach ein reicher Nojon einer Khanswitwe, die er sich geneigt machen wollte, das Höchste, mit dem er ein Herz rühren konnte: »Ich werde dein Feuer hüten und dir Weideplätze zeigen.«

Mit dem Hirten Mjagmar und dessen genossenschaftseigener Herde zog der Autor mehrere Wochen durch die Gobi

»Weshalb schlagen wir gerade diese Richtung ein und nicht lieber eine andere?« fragte ich Mjagmar. »Vielleicht steht dort, wohin wir ziehen, schon eine Jurte.«

»Eben nicht«, entgegnete Mjagmar, langte aus der Brusttasche seine Pfeife hervor und rauchte sie an. »Diesen Weg ist schon mein Vater gezogen, mein Großvater und auch mein Urgroßvater.«

»Der Boden gehört aber doch jetzt allen!«

»Wer durch diese Gegend zieht und auf welchem Weg, das entscheidet das Somonzentrum. Dort ist bekannt, wo ich mich aufhalte.«

»Aber wie kann man denn auf einer Fläche von 500 000 Hektar alle kontrollieren?«

»Jede Wirtschaft hat ihre eigenen Routen.«

»Haben denn immer noch alle Lust, in der Gegend umherzuwandern?«

»Das Zusammenpacken ist schwieriger geworden, der Hausrat in den Jurten wird umfangreicher. Hier und da ist man schon derart bequem geworden, daß man sich nicht in Bewegung setzt, solange der Somon keine Lastwagen zur Verfügung stellt. Was einem zusteht, das muß eben auch da sein!«

»Weshalb warten denn nicht auch Sie auf die Autos, Mjagmar?«

»Bei uns kann kein Auto fahren. Bei uns ist Wüste ...«

Wir gelangten an eine grüne Oase. Im Gras murmelte ein Bächlein, weitausladende Ulmen rauschten, das Wäldchen lockte mit kühlem Schatten, und ich hatte das eigenartige Gefühl, als hätte ich es schon einmal gesehen, obwohl ich genau wußte, daß ich es heute zum erstenmal erblickte. Vielleicht im Traum einmal? Doch dann fiel mir ein, es war Nikolai Roerich*, bei dem ich von einer einsamen Ulme gelesen hatte, die wie durch ein Wunder mitten in der mongolischen Wüste stehengeblieben war. Böse Menschen hatten Zweige abgebrochen, es jedoch nicht gewagt, den ganzen Baum zu fällen. Die Ulme trieb Schößlinge, die sich inmitten von Iris, Ders und Steppengras dunkel abhoben. »Wenn es hier keinen Erdrutsch gibt«, schrieb Roerich, »oder nicht die frevelnde Hand eines Bösewichts wütet, dann wird hier künftig ein ganzer Ulmenhain stehen. So ist der Baum unablässig am Werk und müht sich, selbst auf kärglichstem Boden wieder Leben zu schaffen.«

Ich wage nicht zu behaupten, daß es ebenjener Hain Roerichs war, in

*Nikolai Roerich (1874–1947), russischer Maler deutscher Abstammung, auch als Archäologe und Forschungsreisender bekannt. Nach 1918 lebte er im Ausland, vor allem in Indien, wo er auch starb. Er hat zwei große Reisen durch Zentralasien unternommen (Himalaja, Kaschmir, Tibet, Mongolei, Xinjiang, Südsibirien)

dem wir jetzt Rast machten, unter jener alten Ulme, die in der Wüste überlebt hatte. Wenn ja, könnte man über die zähe Lebenskraft der Natur wahrlich nur staunen. Es war nicht zu einem Erdrutsch gekommen, keine frevelnde Hand hatte hier gewütet, und unsere kleine Karawane fand im Schatten der rauschenden Ulmen Zeit, sich kurz auszuruhen. Wir nahmen den Kamelen die Lasten ab, so daß ihre feuchten Rücken trocknen konnten. Mjagmar bedeckte zwei Kamele mit dünnen Schweißdecken aus Filz. Die Kinder, aus den Körben in Freiheit gesetzt, tollten durch das Gras und spielten Haschen. Ojuun band sich ein Tuch um, knotete es auf der Stirn, breitete eine Wachstuchdecke unter der Ulme aus, stellte jedem Essen hin, schenkte aus einer Thermosflasche Milchtee in Tassen aus, die sie dem Gast und dem Ehemann auf den flach ausgestreckten Händen, den Kindern ohne diese feierliche Geste reichte. Die Kinder nahmen die Tassen mit beiden Händen oder mit der flachen Rechten entgegen, wobei sie mit der Linken den rechten Ellbogen stützten.

Nomadenbräuche entsprachen in ihren Einzelheiten der besonderen Gemütsart des Volkes, das eine von Generation zu Generation überlieferte Achtung vor den festen, von den Vorfahren überkommenen Regeln hatte, entsprachen diese doch der Lebensform und waren in Traditionen und Zeremonien festgeschrieben. Bräuche sind langlebiger als die Umwelt. Würden heute der Großvater oder der Urgroßvater bei Mjagmar auftauchen, wären sie wohl höchst verwundert über die zu ihrer Zeit noch nicht übliche Ausstattung der Jurte, weit mehr jedoch würde sie die veränderte Umwelt irritieren. Die landwirtschaftliche Vereinigung gräbt nämlich in der Wüste Brunnen, zieht Kanäle durch die Steppe, baut Futterproduktionsbetriebe und richtet zur Unterstützung der Araten Zuchtstationen sowie einen staatlichen Veterinärdienst ein. Ihr Urenkel denkt heute ökonomisch, er hat begriffen, daß sein Arbeitseifer, die Formen der Entlohnung, der Wohlstand der Familie und die Erfolge der gesamten Vereinigung voneinander abhängig sind. Er weiß: Bei Schneesturm wird ihm mit Hubschraubern Futter geliefert, er ist nicht auf sich allein gestellt in der fast menschenleeren Wüste, und in für ihn schwierigen Situationen kommen ihm die seßhaften Bewohner der umliegenden Siedlungen zu Hilfe. Mjagmar ist immer sehr gerührt, wenn im Frühjahr von Frauen in Ulan-Bator genähte warme Steppdecken für die neugeborenen Kamele in die Wüste geliefert werden.

»Mjagmar, wieviel Vieh hattest du vor dem Zusammenschluß?« frage ich.

»Einhundert Kamele, zweihundert Schafe und sechzig Pferde.«

»Und jetzt?«

»Zwanzig Kamele, vierzig Schafe und sieben Pferde.«

Weite Gebiete der Gobi sind zum Nationalpark erklärt worden. — Im Nordosten von Ulan-Bator liegt dieser als »Schildkröte« bezeichnete Felsen

»Einiges weniger«, sage ich nachdenklich.

Mjagmar entgegnet: »Ich bekomme im Jahr viertausend Tugrik. In der Vereinigung und in den Läden kann ich Lebensmittel kaufen. Die Haltung von eigenem Vieh ist einfacher geworden: Es gibt Weiden, Futter, Tränken und tierärztliche Betreuung. Fleisch und Milch reichen für die Familie. Früher dagegen war die Herde zwar groß, aber die Kinder hungerten.«

Das ist die reine Wahrheit, denn die Herde war gewöhnlich keine frei nutzbare Ressource, kein Besitz, über den man je nach Bedarf verfügen konnte, sie glich vielmehr einem unantastbaren »wandernden« Depot, dem man etwa Wolle, Milch und Häute verendeter Tiere entnehmen konnte, sie war das Unterpfand selbständiger Existenz. Selbst wenn ein Nomade tausend Stück Vieh besaß, lebte er in Angst vor früh einsetzendem Schneefall und Frost. Monatelang wagte er kein Schaf zu schlachten, schon gar nicht in früheren Zeiten, denn da mußte er dem Fürsten und den Klostervorstehern Tribut zahlen und Macht besitzenden Gästen Geschenke machen. Der Nomade half seiner Familie durch Jagd und das Sammeln von Kräutern. Jemand hat einmal den Besitzer einer Herde treffend mit einem Rentier verglichen, der ausschließlich von Zinsen lebt, ohne sein Kapital selbst anzurühren.

Interessiert Mjagmar die Lebens- und Produktionssphäre »Ware-Geld-Ware«? Von Natur aus hängt der Nomade nicht allzu sehr am Geld, er denkt nicht ständig ans Sparen. Ein Bündel Banknoten weckt nur wenig Freude in ihm, der Verlust von Geld kümmert ihn nicht sonderlich. Die eigene Herde befriedigt ja seine elementaren Bedürfnisse. Der Verkauf von Überschüssen ist schwierig. Die Städte liegen weit weg, und wem sollte man in der Steppe etwas verkaufen, wer sollte dort kaufen? Für Kleidung und Schuhwerk sorgt ein Netz von Handelseinrichtungen, auf Motorrädern wird die Ware zu den Jurten gebracht. Für all das und die verschiedenen Waren des täglichen Bedarfs, wie Mehl, Zucker, Bonbons, Streichhölzer, Zigaretten, Tabak und anderes, reicht der Lohn vollkommen aus. Von seinem Geld trennt sich der Arate großzügig, sogar freudig. Ein Geizkragen ist mir unter den Nomaden nirgends begegnet.

»Mjagmar«, sage ich, »als ich 1971 durch die Mongolei gereist bin, habe ich in den Jurten rote Wimpel mit der Aufschrift ›Kulturvolle Familie‹ gesehen.«

»Ja, es gab damals achtzehn Wettbewerbspunkte. Man mußte u. a. ein Waschbecken, eine Zahnbürste, ein Radio, eine Hausbibliothek vorweisen, mußte Abonnent von Zeitungen sein, mußte die Jurte stets in sauberem Zustand halten ...«

»Mußte denn für dies alles extra ein Wettbewerb ausgeschrieben werden, Mjagmar?«

»Die Araten waren zwar ohnehin um all das bemüht, aber wenn eigens ein Wettbewerb dazu stattfindet, es Glückwünsche, Auszeichnungen regnet — das ist doch gut. Uns gefällt das!«

»Jetzt aber sehe ich diese Wimpel in den Jurten gar nicht mehr.«

»Jetzt leben eben alle kulturvoll.«

Wenn Mjagmar auf seinem Kamel in das Somozentrum Gurwantes reitet, von der Höhe seines Sattels auf die »städtischen« Jurten herabschaut, die eingezäunt und dazu abgerichtet sind, sich nicht von der Stelle zu rühren, wenn er wie ein Sieger am Laden, am Klub oder an der Schule aus dem Sattel hinunter auf den Schotter springt und Bekannte begrüßt, dann fühlt er sich so recht in seinem Element. Er ist ein geachteter Mann, alle wollen ihm zu Diensten sein, sich niveauvoll mit ihm unterhalten. Er kommt nicht wie ein Provinzler in die Steppenhauptstadt, sondern wie ein Goldsucher in sein vom Goldfieber erfaßtes Städtchen — hier ist alles für ihn da. Er geht ins Kino, besucht wohl auch ein Konzert mit auswärtigen Künstlern, zu deren Auftritt auf einer Wiese außerhalb des Somon sich die gesamte Einwohnerschaft eingefunden hat. Er kann sich ein Hotelzimmer nehmen, telefonieren, er kann in das Aimakzentrum oder nach Ulan-Bator fliegen. Ich meine, diese äußeren Dinge seines Daseins beeinflussen auch seine Mentalität. Er gibt sich frei und selbstbewußt.

Ich zitiere hier aus einem wissenschaftlichen Werk, das in den siebziger Jahren in der Sowjetunion erschien: »In der Mongolischen Volksrepublik wurden unter den Bedingungen des Sozialismus alle ehemaligen Nomaden seßhaft. Ein Teil von ihnen treibt Ackerbau oder arbeitet in anderen Zweigen der Volkswirtschaft: die übrigen befassen sich, nunmehr seßhaft, mit Viehzucht in modernen, mechanisierten sozialistischen Großbetrieben.«

Wenn dem so ist, womit befassen wir uns jetzt wohl gerade — Mjagmar, seine Familie und ich, der sich ihnen auf ihrer Wanderung angeschlossen hat, die, nach allem zu urteilen, wohl nicht die letzte in ihrem Leben sein wird?

Die nomadische Lebensweise entstand bereits zu Beginn der Menschheitsgeschichte als besondere Form der Zivilisation, die mit der ganzjährigen Nutzung eines der größten Reichtümer der Erde verbunden ist — der natürlichen Weiden. Jahrtausende sind vergangen, Generationen, Kulturformationen und Wirtschaftssysteme haben einander abgelöst, riesige Industriestädte und Ballungsgebiete sind entstanden — der Nomade jedoch vernimmt zwar

Ohne Pferd kann sich der Arate sein Leben nicht vorstellen. – Die Mongolen sind ein kinderfreundliches Volk. – Auf dem Jurtendach trocknet der Aruul, eine Art Quark

den Lärm der neuen Zeit, treibt aber noch immer seine Herde durch die Steppe und versorgt die verstädterten Mitbürger, die vergessen haben, daß es noch Nomaden auf der Welt gibt, mit Lebensmitteln. In Ländern allerdings, die zwar gute Weideplätze besitzen, wo aber das Wetter seine Launen hat und das Gras daher nicht überall gleichmäßig dicht steht, dort betrachtet man den mit seiner Herde umherziehenden Hirten nicht als ein Überbleibsel vergangener Jahrhunderte, sondern als Zeitgenossen, der eine spezielle Art von Viehzucht betreibt. Und jene, die sein baldiges Verschwinden prophezeien, müßten erst einmal beweisen, daß der Nomade nicht in unsere moderne Zeit paßt, müßten Vorschläge unterbreiten, wie die Weiden in Steppen und Wüsten auf andere, annehmbare Art und Weise rationell genutzt werden können.

Wie treffend hat der Franzose R. Capeau-Rey, ein Kenner des Nomadentums in der Sahara, die emotionale Seite dieses Problems doch zum Ausdruck gebracht: »Gehen, wohin man will, ohne zu täglicher Arbeit gezwungen zu sein, seine Wanderungen dem Rhythmus der Jahreszeiten anpassen, jedes Frühjahr die Frische des Ascheb oder den Duft der Akazien spüren, im Sommer in reichere Gefilde wandern, Gazellen verfolgen und Mufflons aufspüren — all das genügt voll und ganz, den Nomadismus am Leben zu erhalten, ja vielleicht sogar zu neuem Leben zu erwecken!« Ist es nicht vielleicht dieser Hang zum Umherziehen, der unsere heutige Generation zu häufigem Ortswechsel treibt und Projekte für transportable Behausungen entstehen läßt, wie sie für diesen neuen, aber im Grunde doch uralten Lebensrhythmus typisch sind?

Und trotzdem: Wie also soll es mit den Nomaden weitergehen?

Wie dem auch sei — schließlich können Kulturzentren, Kraft- und Heizwerke und ähnliches den Jurten nicht hinterherlaufen, aber diesen selbst zu überlassen, zu sein, wie sie sind, würde bedeuten, den Gegensatz zwischen dem Lebensstandard der seßhaften Bevölkerung und den Möglichkeiten der Nomaden nur noch zu verschärfen. Hier und da empfindet der Nomade auch selbst schon das frühere Leben als Last. Er fühlt sich zu den Ackerbauern hingezogen, zu Nachbarn, die immer am gleichen Ort leben, aber der Preis, der in einigen Ländern dafür gezahlt werden mußte, ist doch ziemlich hoch: Das Abgehen von seinem den natürlichen Bedingungen angepaßten Lebensrhythmus ist für den Nomaden folgenschwer, sein Organismus wird anfälliger gegen Krankheiten, die Sterblichkeit, besonders unter Kindern, nimmt zu. Auf dem VII. Internationalen Anthropologen- und Ethnologenkongreß (1964) berichtete der Däne F. Klaus, der sich mit den Wanderhirten Afghanistans beschäftigt hat, von einem nomadisierenden Viehzüchter. Dieser hatte sich eine Farm gekauft, sie aber schließlich wieder verpachtet und war zu seinem früheren Wanderleben zurückgekehrt. »Eine solche Erscheinung ist wohl dann ganz natürlich«, bemerkte der Wissenschaftler, »wenn man versucht, größere Gruppen von Nomaden auf großen Gebieten innerhalb kurzer Zeit seßhaft zu machen.«

Ein ganz anderes Kapitel aber ist die Mongolei. Hier wandern in allen Gegenden des Landes 350 000 bis 400 000 Menschen (fast die Hälfte der ländlichen Bevölkerung) mit Jurte und Hausrat, der auf Kamele und Pferde oder auf Fuhrwerke geladen wird, auf der Suche nach neuen Weideplätzen mit dem Vieh der Vereinigung umher. Ende der fünfziger Jahre haben sich die Araten freiwillig in Genossenschaften zusammengeschlossen, privatwirtschaftliche Arbeit durch kooperative ersetzt und nach der Sowjetunion der Welt erstmals gezeigt, wie das Nomadenproblem unter den Bedingungen sozialistischen kollektiven Wirtschaftens gelöst werden kann. Die Mongolen haben sich eine Industrie geschaffen, den Ackerbau erweitert, dafür eine Menge Arbeitskräfte (auch aus der Steppe) gewonnen und führen die Nomaden planmäßig zur Seßhaftigkeit. Doch die Herden ziehen wie früher von einer Weide zur anderen, und sie werden nicht kleiner, die Wege nicht kürzer. Der Maltschin — der Schaf-, Pferde- oder Kamelhirt — gehört zu den angesehensten Bürgern des Landes. Es besteht keine Notwendigkeit, ein Wunschbild als Wirklichkeit hinzustellen und die Mongolei als Land zu bezeichnen, in dem es das Problem des Wanderhirtentums nicht mehr gäbe, in der Mongolei verspricht gerade die Ungelöstheit dieses Problems, genauer gesagt die Tatsache, daß man langsam, ohne Überstürzung an seine Bewältigung herangeht, den meisten Erfolg.

Die Mongolen begreifen zwar rein verstandesmäßig, daß das Nomadentum in Zukunft verschwinden wird, sind aber gezwungen, für absehbare Zeit die Weidewirtschaft noch beizuhalten. Deshalb sind sie jetzt dazu übergegangen, Mittel zu investieren, um den Araten das Leben zu erleichtern. An deren Sommer- und Winterstandlagern werden Wohnungen gebaut und Brunnen gebohrt, man stärkt die über die Steppe verstreuten Kulturzentren. In den drei Klimazonen des Landes hat man ein Experiment gestartet, das soziale Auswirkungen verspricht: Man erprobt den Einsatz von kleinen mit Benzin betriebenen Stromerzeugern, von Geräten zum Ausmisten, die an Traktoren gehängt werden, man versucht, in Viehzüchterbrigaden zu arbeiten, die über Traktoren, Anhänger, elektrische Scherapparate, Funk usw. verfügen. Nicht ein einfacher Wanderhirt wird es mehr sein, der schließlich das Nomadenleben aufgibt, sondern bereits ein Fachmann, der mit landwirtschaftlichen Maschinen umzugehen versteht.

Etwa 600 000 Kamele und rund 15 Millionen Schafe weiden auf den Steppen der Mongolischen Volksrepublik

Nach Ansicht mongolischer Ökonomen kann der Nomadismus in ihrem Lande nach dem Jahre 2000 aufhören zu existieren, wenn die heutigen Viehzüchter zu Arbeitern oder Ingenieuren in großen Maststationen und fleischverarbeitenden Betrieben geworden sind.

Auf unseren Kamelen schaukeln wir über die steinige, mit Agriophyllum und violett blühendem Lauch bestandene Steppe. Die Landschaft ist eben, reizvoll, gerade recht zum Haltmachen, wie mir scheint, doch Mjagmar führt die Karawane weiter. Ich treibe mein Kamel an, reite dicht an ihn heran und frage, weshalb er denn die Jurte nicht hier aufstellen wolle. Mjagmar zeigt auf Lerchensporndickichte, ich entdecke an den Pflanzen kleine Stacheln.

»Hier kann man das Vieh nicht weiden lassen, und salzhaltiger Boden ist noch weit!« sagt der Hirt.

Und tatsächlich, wie sehr ich auch blinzelte, Salzböden waren nicht in Sicht.

Vor Sonnenuntergang machten wir nochmals Rast. Wir nahmen den Kamelen die Lasten ab, zündeten ein Feuer an und bereiteten uns ein Nachtlager. Mjagmar, der sich zum Schlafen auf Felle gebettet hatte, meinte, das Standlager sei nahe, nur noch ein, zwei Stunden Marsch weit, es sei aber besser, die Jurte in den Frühstunden aufzustellen.

Am Morgen stieg die Karawane in eine von sanften Hügeln umgebene Senke ab. Ganz in der Nähe schimmerte Salzboden; an solchen Stellen gibt es Brunnen. Wir bauten die Jurte auf. Dazu breiteten wir im Gras die Fußbodensegmente aus, paßten die Teile aneinander, errichteten darauf die Gitterwände, legten danach den Dachkranz auf und verbanden Streben und Stangen mit Roßhaarschnur. Dann warfen wir die Filzdecken darüber, glätteten sie und zurrten sie mit einem Gurt fest, und schon war die Jurte fertig, in der wir mindestens zwei Wochen leben wollten. Von Juni bis August zieht Mjagmar mit seiner Familie zehn-, zwölfmal um.

Eigenes und Fremdes

Im Februar glitzert die Große Steppe, von Sonnenlicht überflutet, in schneeigem Weiß, so weit das Auge reicht. Die bereiften Pferde, die langsam durch den verharrschten Schnee trotten, wirken wie Pinselstriche auf weißer Leinwand. Da begreift man die Nomaden, die unter allen Farben der Natur Weiß bevorzugen, die Farbe der Milch und des Filzes.

Schmuck hob sich die weiße Jurte gegen das klare Grün der Steppe, den rauchfarbenen Berg, den sattblauen Himmel ab. In der Abendsonne sahen die buddhistischen Grabstätten und Denkmäler wie brennende Kerzen in Gestalt weißer Pyramiden aus. In den Liedern des Volkes ist immer nur ein weißes Pferd, ein weißes Kamel des Helden würdig. Wer einen Mongolen für sich gewinnen, sein Herz rühren will, der verwende in seiner Rede das Beiwort »weiß«. Es bringt die Ehrerbietung, die Zuneigung des Sprechers zum Ausdruck. Zagaan sanaatai ehun – »Mann mit weißer Seele« – nennt ein Mongole jemanden, den er hoch schätzt, und glaubt vielleicht, dieser habe tatsächlich eine weiße, fleckenlose Seele. Auch das nach dem Mondkalender in diese Zeit fallende Neujahr heißt Zagaan sar – »Weißer Mond«.

Seit einiger Zeit feiert man hier Neujahr gleichzeitig mit den Europäern, also in der Nacht vom 31. Dezember zum 1. Januar; in fast jeder Stadtwohnung hält man für diesen Anlaß ein Tannenbäumchen oder zumindest einen Tannenzweig oder auch nur einen dürren Busch bereit, geschmückt mit Papierschlangen, Bonbons und Spielzeug. Mancherorts zündet man auch Kerzen an. Dennoch wartet man aber einen oder anderthalb Monate noch auf den von den Ahnen überlieferten und allerseits beliebten Zagaan sar, der jetzt zum Tag der Mitarbeiter der landwirtschaftlichen Vereinigungen erklärt wurde.

Nicht um Mitternacht, wie bei den Europäern, sondern morgens, bei Sonnenaufgang, beginnt dieses neue Jahr, und alles Lebende wird ein Jahr älter. Noch am Abend zuvor nannte man das einjährige neben der Jurte angepflockte Kamelfüllen Botgo, heute aber, am Neujahrstag, heißt es schon Tor, »Zweijähriges«. Kaum ist der Tag angebrochen, da sitzen die alten Leute bereits in festlicher Kleidung am Tischchen, vor sich einen fetten Hammelrükken und einen kleinen Berg Süßigkeiten, und warten, daß Kinder und jüngere Verwandte sie, die Alten, beglückwünschen. Am frühen Morgen wird die Tür geöffnet, die jungen Leute und die Kinder treten ein, die Arme ausgestreckt, die Handflächen nach oben, mit den Wangen berühren sie die Jurtenbesitzer. Diese empfangen, den blauen Chadag – »Tuch der guten Wünsche« – in den Händen haltend, ihre Gäste. Danach begrüßen die Männer mit der wortkargen Galanterie des Steppenbewohners die Frauen. Die Kinder werden reichlich beschenkt.

Wahrscheinlich ist nur vom Flugzeug aus mit einem Blick das schier unübersehbare weite Land zu erfassen, wo als Erben einer alten Nomaden- und Viehzüchterkultur 130 000 Hirten leben, die, im Sattel hochaufgerichtet, die Herden treiben, auf nervös tänzelnden Pferden paradieren und von Zeit zu Zeit auf die Schafe einschreien, wenn diese zurückbleiben oder seitwärts ausbrechen. Ab und an sieht man Brunnen, schmale Rinnen aus Beton, zu denen man die Schafherden hintreibt. Wo es kein Wasser gibt, stellt man eine bauchige Zisterne auf. Sie wird aus einem Wasserwagen gefüllt, der regelmäßig zum nächsten Brunnen oder Fluß fährt und dort Wasser holt. Die Steppe verändert ihr Gesicht, nicht aber ändert sich die Arbeit des Viehzüchters. Er muß das Vieh hüten, muß lauschen, ob nicht etwa ein sich unmittelbar über dem Erdboden ausbreitender Pfeifton, der Vorbote eines plötzlich aufkommenden Sturms, zu hören ist. Das Gras schmiegt sich dann gegen den Boden, die Welt versinkt in Finsternis, und die Tiere mit ihren schneeverkrusteten Augen gehorchen nur noch dem Wind, der sie dorthin treibt, wohin es ihm beliebt. Dann sitzen die Hirten manchmal drei Tage lang im Sattel, allein um das Vieh von einem zugefrorenen Flüßchen oder einem unter einer Eisdecke verborgenen Sumpf fernzuhalten. Schreiend tänzeln sie um die Herde herum, bis sie das entkräftete Vieh endlich an einen sicheren Platz — in die Berge oder in eine tiefe Schlucht — getrieben haben.

Dramatische Situationen nennt man hier Dsud. Hat es den Schnee hoch zusammengeweht, so daß die Tiere das dürre vorjährige Gras nicht mehr erreichen können, dann spricht man vom Weißen Dsud. Hat der Wind den Boden kahlgefegt, so daß es nirgends mehr einen Tropfen Feuchtigkeit gibt, die Tiere vor Durst umfallen und sich nicht mehr von der Stelle rühren können, dann ist das der Schwarze Dsud. Hat nach Schneefall Frost eingesetzt und ist der Boden mit einer Eisschicht bedeckt, die die Tiere mit ihren Hufen nicht mehr aufbrechen können, spricht man vom Eisernen Dsud ... Zwar arbeiten sich heute in derartigen Situationen Traktoren mit Schlitten im Schlepp durch die Schneewehen hindurch und bringen Futter, werfen in schwer zugänglichen Tälern Hubschrauber Säcke mit Futter ab, dennoch hat der Viehzüchter in dem kurzen Winter viel zu leiden. Auf verlassenen Lagerplätzen sieht man mitunter umfriedete Grabmäler von Hirten, die bei der Rettung von genossenschaftseigenem Vieh umgekommen sind.

Sitzt man im Sattel, erscheint einem die Herde groß. An den Flanken schweißnasser Pferde bemerkt man Gestützeichen, am Ohr eines Schafes einen Kupferring — Unterscheidungsmerkmale für die Tiere der landwirtschaftlichen Vereinigungen und der Staatsgüter. Alle genossenschaftseigenen Tiere zu markieren ist schwierig und vorerst nicht zu schaffen, und so weiden die den Vereinigungen gehörenden Schafe friedlich neben privaten. Der Hirt betreut die einen wie die anderen, es ist eine einzige große Herde. Er allein weiß, wo wessen Tiere sind. Die über 200 000 Aratenfamilien haben gegenwärtig fünf Millionen Stück Vieh in Privatbesitz; insgesamt gibt es in der Mongolei 24 Millionen Stück. In guten Zeiten, wenn die Steppe günstige Lebensbedingungen bietet, das Futter für alle reicht und die neugeborenen

Lämmchen auf schon kräftigen Beinen umhertaumeln, ist es unwichtig, wem was gehört. Dann geht es allen gut. Haben jedoch Wölfe Schafe gerissen, oder es hat ein Schneesturm gewütet, so daß die in die Schneewehen getriebenen Tiere, hungrig und entkräftet, wie sie sind, nicht mehr aufstehen können, dann muß man allerdings zwischen genossenschaftlichem und privatem Eigentum unterscheiden. Da kommt es dann wohl zu seelischem Zwiespalt, zu dramatischem Kampf zwischen Genossenschaftsbewußtsein und Besitzdenken. Menschen der älteren und mittleren Generation erinnern sich noch gut jener Zeiten, da der Wohlstand vom Privatbesitz an Vieh abhing. In der Steppe gibt es so eine Redensart: »Beim Schwätzer ruht die Zunge nicht; wer mit Mist heizt, bei dem darf der Rücken nicht ruhen; beim Hirten ruht aus Sorge um die Schafe die Seele nicht.«

Gesetze der Steppe, die, aus tiefster Vergangenheit stammend, noch heute wirken: »Steht früh beizeiten auf, dann schafft ihr es auch, Argal zusammenzutragen, rechtzeitig die Pferdeherden abzureiten, zu sammeln und auf neue Weideplätze zu überführen, das Vieh zu melken, solange es noch im Standlager ist, und es in der Morgenkühle auf die Weide zu treiben ...« Ratschläge für die Wechselfälle des Lebens, zum Beispiel, wie man eine Jurte aufstellt, Kinder erzieht, Stuten melkt, Schafwolle kämmt, Häute bearbeitet, junge Kamele »beschuht« usw., hat ein waschechter Hirte aufgeschrieben, der unter der Volksmacht Präsident der Republik wurde. Sambuus Buch über Viehwirtschaft, erschienen 1945 in Ulan-Bator, das in Übersetzungen heute auch in fast allen anderen Ländern mit Steppen vorliegt, findet man in den mongolischen Jurten nicht etwa deswegen, weil es Offenbarungen enthält, die dem Nomaden vielleicht unbekannt wären, sondern eher als belletristisches Werk, das man immer wieder einmal zur Hand nimmt, und man riecht beim Lesen geradezu, wie der Argal unter dem Dreifuß vor sich hin schwelt, wie in den Ledersäcken die Stutenmilch säuert und sich unter dem Quirl in scharfen Kumys verwandelt, wie das sonnenwarme Heu duftet. Kommt man dann einmal in jene Gegend, aus der dieser Hirt stammt — übrigens einer der gebildetsten Menschen, denen ich je begegnet bin —, spricht man mit den dortigen Bewohnern und wird mit deren Problemen konfrontiert, die dem Nomaden manche schwere seelische Arbeit abverlangen, dann merkt man, daß der verstorbene Präsident seinen Worten »Steh früh beizeiten auf« einen Sinn beigelegt hat, der nicht nur den Zeitbegriff beinhaltet.

Ich sitze an einem rosigen Wintermorgen in der gutgeheizten Jurte auf einem Schemel an dem niedrigen Tischchen vor einem Imbiß, schlürfe eine

Schale gesalzenen Tee, der mit gerösteter Gerste und Milch angerichtet ist, und plaudere gemächlich mit dem hageren Hausherrn. Gäste aus benachbarten Standlagern sind gekommen, sie haben sich schweigend am Herd niedergelassen, und wir tauschen unsere Tabakdosen aus. Die Hausfrau hantiert über einer Schüssel mit dampfenden Fleischklößchen. All diese Leute, friedlich, gutmütig, mit sanften ausdrucksvollen Augen unter den zottigen Mützen, die man in der Jurte üblicherweise nicht abnimmt, würden sich in meiner Erinnerung durch nichts unterschieden haben, wäre ich nicht Zeuge der nachfolgend beschriebenen Geschehnisse gewesen.

Die beiden Araten, von denen hier die Rede ist (beide nun schon um die sechzig), in jungen Jahren in der Steppe bekannte Ringer, waren der landwirtschaftlichen Vereinigung beigetreten, allerdings hatten beide gleichermaßen befürchtet, daß diese eines Tages wieder auseinanderfallen werde, wie es, wie sie wußten, vor Jahrzehnten schon einmal der Fall gewesen war. Damals hatten sie sich übereilt zusammengeschlossen, ohne recht zu begreifen, was man eigentlich von ihnen wollte. Als sich dann alles wieder auflöste, trieben sie das eigene, in der genossenschaftlichen Herde heruntergekommene Vieh erleichtert in ihre Hürden zurück.

Jetzt aber ließ sich alles doch ganz anders an. Das IV. Plenum des Zentralkomitees der Mongolischen Revolutionären Volkspartei hatte 1956 die Verletzungen der revolutionären Gesetzlichkeit verurteilt, zu denen es in den dreißiger Jahren gekommen war, und das hatte die Autorität der Volksmacht weiter gefestigt. Da Araten ja mehr ihren Augen als ihren Ohren trauen, zeigte man ihnen gut arbeitende Betriebe. Hier, bitte sehr, seht: Veterinärwesen, Traktoren, genossenschaftlicher Handel, Kredite, Darlehen. Und so sieht die neue Steuerpolitik aus: Je mehr Vieh einer in die Herde einbringt, um so weniger Steuern hat er zu zahlen. Selbstverständlich hat jeder, der in die landwirtschaftliche Genossenschaft eintritt, das Recht, eigenes Vieh zu halten. Die genannten Vorzüge sind keine leeren Versprechungen, alles existiert tatsächlich. Man mag der Sache trauen oder nicht einverstanden sein, auf jeden Fall kann nun keiner mehr behaupten, daß es all das nicht gibt.

Im Jahre 1959 hatten sich 99,8 Prozent der Aratenwirtschaften zusammengeschlossen.

Unsere beiden Araten trieben persönlich die Herden in den gemeinsamen Hof. Sie behielten für sich nur so viel, wie ihnen laut Genossenschaftsstatut zustand. Bei den einzelnen Mitgliedern ist das unterschiedlich, im Durchschnitt kommen auf die Familie eines Mitglieds 32 Stück privates Vieh, davon 13 Rinder.

Die Herden weiden auf aneinandergrenzenden Flächen; die ringförmigen

Routen berühren einander zeitweise wie die Ovale einer Acht, und wenn sich die Hirten am Fuße irgendeines steinigen Berges treffen, legen sie eine gemeinsame Rauchpause ein, tauschen Neuigkeiten aus. Im übrigen sehen sie einander selten, vielleicht zwei- oder dreimal im Jahr, wenn sie zufällig im Somonzentrum zu tun haben oder auf dem langen Weg durch die Steppe in der Jurte des Nachbarn einkehren.

Unter einem Araten stellt sich mancher so etwas wie einen nomadisierenden Einsiedler vor, der an das Alleinsein gewöhnt ist und laute Menschenansammlungen meidet, dabei ist in seinem Verlangen, gemeinsam zu feiern, schon der genossenschaftliche Beginn zu spüren. Man muß einmal gesehen haben, wie die Araten aus den einzelnen Tälern herbeigeritten kommen, wenn es gilt, in einer Jurte beim Filzwalken zu helfen! Heute kommt das zwar selten vor, die Versorgung obliegt ja den Läden, doch gerät man einmal in eine abgelegenere Gegend, zu Leuten, die von Hand gewalkten Filz bevorzugen, dann kann man eines der letzten Feste des Wollekämmens miterleben. Der Hausherr richtet ein kleines Festmahl aus; anschließend, nach ein paar Bechern Kumys fröhlich geworden, nehmen die Araten Stöcke zur Hand und setzen sich einander gegenüber, getrennt durch die Wollhaufen. Doch sie beginnen nicht sogleich mit der Arbeit, sie warten auf ein feierliches Wort des Jorooltschi. Der Jorooltschi ist in der Steppe etwa das, was bei den Kaukasusvölkern der Tamada ist, eine Art Zeremonienmeister bei Tische, der über einen schier unerschöpflichen Vorrat an wohlgesetzten Begrüßungsreden und Toasten verfügt. Gewöhnlich ist es ein allerseits geachteter älterer Mann, der in der Steppe einen Namen hat und den man eigens aus so wichtigem Anlaß herbeigeholt hat. Der Jorooltschi wendet sich etwa mit folgenden Worten an die Araten: »Möge der Filz weißer als Schnee, fester als Bein und prächtiger als Seide werden!«, worauf im Chor alle antworten: »Mögen deine Wünsche in Erfüllung gehen!« Dann geht man einträchtig an die Arbeit. Davon ist genug da für alle, für die Männer ebenso wie für Frauen und Kinder. Anschließend wird ein Rinderfell auf dem Gras ausgebreitet, und alle nehmen das Mittagessen ein, wobei weiterhin gescherzt, gelacht wird, Fröhlichkeit und Freude herrschen, so wie man es heute auch noch in Mittelrußland bei der Heuernte beobachten kann.

In der Steppe ist es Brauch, eine Jurte zu betreten, ohne vorher zu fragen, ob man eintreten dürfe. Wer in einer Jurte lebt, kann nichts heimlich, vor fremden Blicken abgeschirmt tun. Sein ganzes Leben läuft vor aller Augen ab, unverhüllt, ungeschminkt, und das setzt voraus, daß alle hier nach den gleichen schlichten, unwandelbaren Gesetzen leben. Man braucht nicht zu fürchten, jemanden zu überraschen, und auch selber braucht man nicht in

Verwirrung zu geraten, sofern man nicht unter dem Joch von Konventionen lebt. Also trete man ohne Zaudern ein, hier leben Menschen, die genau so sind wie man selbst.

Bataas glattrasierter Kopf, die fleischigen Wangen und das »Mehrfachkinn«, von der dicken Lippe ab nach unten von einem Büschel weißer Barthaare geschmückt, ließen auf vornehme Herkunft des Mannes schließen, obwohl ich genau wußte, sein Vater stammte von Schabis ab, leibeigenen Steppenbewohnern, die einem hohen Geistlichen gehörten. An einem orangefarbenen breiten Gürtel, der seinen alten schwarzen Deel zusammenhielt, hing ihm an der Seite ein Lederbeutelchen mit einer Tasse. Der Aufforderung des Hausherrn folgend, ließ sich Bataa auf einem niedrigen Hocker nieder. Auf dem kleinen Tisch standen saubere Tassen, der Gast aber nahm, wie er es als Nomade gewohnt war, seine eigene aus dem Beutelchen und hielt sie auf ausgestreckten Händen der Hausfrau hin, die den kupfernen Teekessel darüber neigte. Er blickte auf den Strahl und wartete geduldig, bis die Tasse bis zum Rand gefüllt war. Wer nicht sah, daß Bataa seinen Tee schlürfte, hätte bei dem Geräusch meinen können, er schnarche selig.

»Sind die Fohlen fett?« Bataa ließ von der Tasse ab.

»Mögen deine Wünsche in Erfüllung gehen«, antwortete der Besitzer der Jurte, Nawaandandsan, bescheiden.

»Haben die Kälber kräftige Muskeln?« fragte Bataa weiter und streckte die leere Tasse zum Teekessel hin.

»Mögen deine guten Wünsche in Erfüllung gehen!« dankte Nawaandandsan.

Bataa ist ein guter Hauswirt. Ich bin ihm schon in seiner aus fünf Scherengittern bestehenden, mit einer von ihm eigenhändig geflochtenen Roßhaarschnur umwickelten Jurte begegnet, habe schon auf dem weichen gemusterten, von ihm selbst geschlagenen Filz gesessen, habe seine feisten großen Schafe hinter der stabilen Umzäunung gesehen. Wird der Wind stärker, zieht er an der Jurte die Schnüre nach und beschwert sie mit Steinen, damit das Filzdach nicht von einer Bö heruntergerissen wird, fesselt er behend die Pferde, löscht er das Feuer im Herd, und er tut dies alles, ohne zu zaudern, ohne einen falschen Handgriff.

Ich will nicht gerade behaupten, daß die Angelegenheiten der Vereinigung Bataa gleichgültig sind, aber zu seinen eigenen sind sie ihm nicht geworden. Eine gewisse Beschaulichkeit, ja sogar eine gewollte Abgrenzung von der Umwelt, wie man sie überhaupt den Araten oft vorwirft, kann man an ihm beobachten, kaum daß seine Interessen über die Grenzen der eigenen Wirtschaft hinausgehen. So führt er die genossenschaftliche Herde nicht eher zu einem anderen Weideplatz, bis man ihm Fahrzeuge schickt und ihn beim Aufbruch unterstützt. Sein eigenes Vieh hat ja auch hier genügend Gras. Kommt aus dem Somonzentrum die Obrigkeit, tut Bataa das, was man von ihm verlangt, und murrt nicht, selbst wenn er sich in Gedanken darüber mokiert und meint, es sei Unfug, was man ihm da zu tun aufträgt. Schließlich hat er es ja nicht zu verantworten. Was befohlen ist, das tut er, was man bringt, das nimmt er, verlädt man die Herde, zieht er eben um. Seine Lieblingsredensarten sind: »Ein echter Mongole hat es nie eilig« und »Wozu Eile, das Jahr hat viele Tage.«

Nawaandandsan ist da beweglicher, den sich verändernden Verhältnissen gegenüber aufgeschlossener. Auf Versammlungen bittet er ums Wort, legt Wert auf die Meinung der Leute, freut sich über die Urkunden, in denen sein überdurchschnittlicher Fleiß gewürdigt wird. Zwanzig Jahre schon sammelt er Einladungskarten zu Veranstaltungen anläßlich bestimmter Ereignisse im Leben des Somon und klebt sie in ein Album, zeigt sie seinen Gästen wie Auszeichnungen. Nawaandandsan wurde Somon-Meister im Schafscheren. Er erhielt einen Wimpel auf einem Holzständer, den er in seine Jurte trug und auf die Kommode vor einen Glasrahmen mit Fotografien stellte, neben den vom Urgroßvater ererbten bronzenen Buddha, der schon an die zweihundert Jahre die Geschichte dieser Familie verfolgt. Übrigens ist es hier einmal Mode gewesen, »Familienchroniken« zu schreiben. Viele hielten nichts von dieser Arbeit, doch Nawaandandsan nahm sie durchaus ernst. Also sitzt er in den Morgenstunden oft über das Heftchen mit kariertem Papier gebeugt und schreibt – über den Großvater, der mit der Abteilung Suchbaatars Urga befreit hat, über den Vater, der am Chalchyn Gol gekämpft hat ...

Nawaandandsan ist von schmächtiger Statur, hat ein hageres Gesicht, um die schmalen, immer leicht geöffneten Lippen spielt ein verlegenes Lächeln. Er hört zu, was andere reden, ohne den Blick abzuwenden, als erwarte er eine Offenbarung, und ist bereit, sogleich zu reagieren. Ich bin bei Nawaandandsan im Winter gewesen, als er auf den Südhängen der Berge die Herde hütete, die Schafe zu den bereits schneefreien Flächen trieb und Stellen wählte, wo sich unter dem Schnee noch die Stengel von Wermut, Schwingel, Quecke und Federgras gehalten hatten.

Wehte morgens ein kalter Wind, dann ließ er sich Zeit und wartete ruhig ab, bis die Sonne stieg und der Wind sich legte. Dann erst trieb er die Schafherde auf die Weide, sorgsam darauf bedacht, daß auch nicht eines der Tiere sich absonderte. Manchmal trieb er die Schafe plötzlich seitwärts. Mir blieben seine Entscheidungen unverständlich, ringsum dehnte sich Steppe mit vorjährigem Gras. Als ich an ihn heranritt und fragte, weshalb wir denn abgebogen seien, wies er nur auf die Schafe und meinte: »Der Wind!« Der kalte Wind blies den Schafen in die Wolle, sie zitterten vor Kälte. Der Hirt trieb die Tiere also gegen den Wind, damit die Wolle den Schafen anlag und ihnen Rücken und Flanken wärmte. Von Zeit zu Zeit beugte sich Nawaandandsan hinunter zum Erdboden und rupfte, die Füße noch in den Steigbügeln, Gras ab, kaute darauf herum und prüfte, ob die bereiften Stengel nicht etwa Eis enthielten — von eiskaltem Wasser können sich auf den Lippen der Schafe nämlich kleine Schrunden bilden. Gewöhnlich hielt wie ein Hündchen ein weißes Schaf mit einem Ring im rechten Ohr mit Nawaandandsans Pferd Schritt. Es gehörte zu seiner eigenen Herde. Von Zeit zu Zeit trieb er seinen Spaß mit dem Tier, und das Schaf antwortete mit einem ergebenen Blöken.

Nun also saßen Bataa und Nawaandandsan in der Jurte an dem niedrigen Tischchen und rauchten. Das Gespräch drehte sich, soviel ich verstehen konnte, um die Söhne, die vom Armeedienst zurückerwartet wurden. Man wollte für sie schon jetzt Motorräder besorgen, aber seit längerem war der Handelsvertreter nicht mehr dagewesen. Gewöhnlich tauchte sein Autoladen ein-, zweimal im Monat in der Steppe auf. Die Araten bestellten bei ihm Fleischwölfe, Bügeleisen, ja sogar Lippenstifte, falls sie Väter erwachsener Töchter waren. Nichts gegen ein Motorrad, sagten die Nachbarn, aber man muß für die jungen Männer auch Pferde bereit haben. Ein Steppenbewohner ohne Pferd — das geht nicht, genausowenig wie ohne den die Kehle kühlenden Stutenkumys. Bestellt werden müßten auch silberne Zierbleche für die Sättel, aber wer sollte die herstellen? War doch der alte Blechschmied im Herbst gestorben, ohne daß ein Nachfolger sein Handwerk übernommen hatte.

»Weshalb ließ man ihn denn auch Tische, Hocker und Räder machen?« klagte Bataa. »Hätte er lieber den jungen Leuten das Schmiedehandwerk beigebracht.«

»Auf Holz verstehe ich mich auch«, seufzte Nawaandandsan, »aber Silber, wer kann denn heutzutage noch mit Silber arbeiten?«

Hierüber waren sie sich heute einig, und nie hätte ich geglaubt, daß hektische, stürmische Tage sie einmal trennen würden.

Die Schafherden grasten auf den Weiden, als es plötzlich dunkel wurde, Wolken den Himmel überzogen, in der Dunkelheit Schnee in dicken Flokken fiel und ein steifer, eisiger Wind aufkam, der den Reiter gegen die feuchte Mähne des Pferdes drückte. In diesem Schneegestöber war auch gar nichts mehr zu unterscheiden – keine Schafe, kein Horizont, keine Berge. Totale Finsternis und Pfeifen des Schneesturms. Das Pferd strauchelte, rappelte sich aus einer Schneewehe wieder auf und schüttelte sich. Der Arate zerrte es in die eine Richtung, der Schneesturm trieb es in die andere, das Tier ächzte entkräftet und gab bald der einen, bald der anderen Kraft nach. Die Schafherde aber trug es regelrecht fort wie von den Bergen herabrollende Schneebälle. Der Hirt griff nach der Mähne und gab dem Pferd mit letzter Kraft die Sporen, nur um die Schafherde von dem kleinen, zugefrorenen See wegzutreiben. Im Frühjahr ist das Eis nicht mehr fest, es birst, sobald nur ein einziges Schaf es betritt, die Herde aber zählte insgesamt neunhundert Tiere. Zwei Tage wütete der Sturm, und Nawaandandsan kam es vor, als sei ihm sein Deel – sein Mantel – am Sattel angefroren. Am Abend des zweiten Tages gelangte er immerhin mit der Herde in eine Schlucht und trieb dort die Tiere zu einem Haufen zusammen. Nur mit Mühe zog er die Stiefel aus den zu Schneeklumpen gewordenen Steigbügeln, vermochte aber lange Zeit nicht abzusteigen. Als er schließlich abrupt das Bein über den Pferderücken schwang, hörte er etwas reißen und sah, am Filz des Sattels klebte ein Fetzen von seiner Kleidung. Die Schafe lagen hilflos im Schnee. Sie fanden schon nicht mehr die Kraft, ihrem angeborenen Instinkt zu folgen – nämlich mit ihrem Fell das des nächsten Tieres zu berühren, sich aneinanderzudrängen und sich so zu wärmen. Im Chaschaa (Pferch) pflegte die zu einem Haufen zusammengedrängte Schafherde von Zeit zu Zeit auseinanderzustreben und jene Schafe in die Mitte zu lassen, die am Rand vor Kälte zitterten, wo es ihnen, wie sie sich auch drehen mochten, unmöglich war, die eine Flanke zu schützen. Nawaandandsan ging zwischen den Schafen umher, schlug ihnen mit den Händen die Eisstückchen von Lippen und Füßen, säuberte ihnen die schneeverkrusteten Augen und half ihnen, die in der Wolle festsitzenden Eisstückchen abzuschütteln. Die schwächsten Tiere nahm er auf den Arm und wärmte sie mit seinem Atem. Alle konnte er nicht retten, vierundzwanzig Schafe blieben in den Schneewehen liegen und verendeten.

Die klaren Sonnentage kehrten wieder, der Schnee taute rasch, und die warme Luft tilgte die Spuren des Dramas. Nawaandandsan trieb die Herde zum Standlager, doch die geschwächten Schafe verlangten Tag und Nacht die Anwesenheit des Hirten. Dessen ganze Familie hielt Wache und folgte damit einem inneren Ruf, den nur sie allein verstand. Nawaandandsan schimpfte auf die Leitung der Vereinigung. Es wäre kaum so schlimm abgelaufen, wären auf den größten Weiden Gräben gezogen worden, in denen die Schafherde den Schneesturm hätte überstehen können. Es hätte nur ein

Bagger einmal eingesetzt werden müssen, die Araten hätten die Gräben schon selbst mit Reisig und Erde abgedeckt. Er sprach darüber mit dem Sominspektor, als der mit seinem Wagen zu seiner Jurte kam, um sich nach den Folgen des Schneesturms zu erkundigen.

»Wie viele hast du verloren?« Der Inspektor zückte seinen Notizblock.

»Vierundzwanzig«, antwortete Nawaandandsan müde.

»Du bist ja eine Perle!« lobte der Inspektor, »bei den anderen waren es viel mehr ... Und von den vierundzwanzig, wie viele sind da genossenschaftliche, und wie viele gehören dir?«

Außer dem Hirten selbst weiß niemand genau, welche Schafe der Vereinigung gehören und welche eigene sind. Mir hatte er erzählt, achtzehn genossenschaftliche und sechs eigene Tiere seien umgekommen, und so ist es höchstwahrscheinlich auch gewesen. Nun aber, in Anwesenheit des Inspektors, druckste er herum, und ich konnte nur ahnen, was für Gefühle da in seiner engen Brust miteinander kämpften. Er wollte gern besser dastehen, als er in Wirklichkeit dastand, und so beschloß er, die Herde der Genossenschaft mit seinen eigenen Schafen aufzufüllen.

»Nur meine eigenen sind draufgegangen, die Herde der Vereinigung zählt genauso viele wie vorher.«

»Also besteht deine Herde aus neunhundert Schafen der Vereinigung?« fragte der Inspektor zurück.

»Neunhundertfünf.«

»Aber das da mit dem Ring, das ist doch wohl dein eigenes, Nawaandandsan?«

»Wie kommst du darauf«, Nawaandandsan streichelte das Ohr mit dem Kupferring, »das hat schon immer der Genossenschaft gehört.«

Nawaandandsan stopfte seine lange Pfeife, hantierte eine ganze Weile mit dem Streichholz, ohne den Blick zu heben, während ich, Zeuge des Geschehens, zu begreifen suchte, was wohl die Triebfeder für sein Handeln war. Am ehesten haben wir es wohl mit neuen Wertvorstellungen zu tun, die die sozialistische Form des Wirtschaftens geboren hat. Für den Araten ist es wichtig, was man in der Steppe von ihm hält. Die Freiheit, sich für eine Verhaltensweise zu entscheiden, die den gesellschaftlichen Interessen am meisten entspricht, ist hier beinahe die wichtigste psychologische Veränderung. Der Inspektor setzte sich in sein Auto und schüttelte vom Sitz aus Nawaandandsan noch einmal die Hand:

»Das nächste Mal solltest du auch an deine eigenen Schafe denken!«

Und was war mit Bataa? Von seinen neunhundert Schafen blieben vierhundert im Schnee liegen, zwölf davon waren seine eigenen. Das übrige ihm gehörende Vieh hatte überlebt, weil es besser genährt war als das genossenschaftliche. Gewiß hatte auch Bataa in den stürmischen Tagen nicht nachlässig gehandelt, das darf man nicht denken, die Bedingungen waren bei ihm wohl weit schwieriger, und ich könnte mich nicht entschließen, diesem Hirten das Geschehene anzulasten. Er hatte sich Erfrierungen zugezogen, in einer Schneewehe seine Mütze verloren, und als er am Tag nach dem Sturm die Herde zur Jurte trieb, sah sein Gesicht ganz schwarz aus, die geschwollenen Lippen über dem vereisten Haarbüschel am Kinn zitterten. Ein einziges solches Unwetter genügte früher, daß eine ganze Familie zu Hunger und Tod verurteilt war. Ich glaube, als der Zeitpunkt gekommen war, dem Inspektor die Zahl der verlorenen Tiere zu nennen, hat sich der Hirt ganz einfach von der instinktiven tief verwurzelten Angst leiten lassen.

»Vierhundert genossenschaftliche Schafe sind umgekommen«, murmelte Bataa, »meine eigenen haben es alle überstanden.«

»Was, nur genossenschaftliche sind umgekommen?« fragte der Inspektor.

»Meine eigenen habe ich vollzählig behalten.«

»Deine Schafe sind ja wohl unsterblich!« Der Inspektor schaute dem Hirten in das schlaffe Gesicht.

Einige Tage später kam auf der Plenartagung des Zentralkomitees der Mongolischen Revolutionären Volkspartei die Rede auf Leute wie Bataa. Dabei stellte sich heraus, daß auch in einigen anderen Wirtschaften die Verluste an genossenschaftseigenem Vieh durchschnittlich etwa sechs Prozent betrugen, während sie bei den privaten Tieren nur ein Drittel so hoch waren. In kritischen Situationen eignen sich gewissenlose Araten hin und wieder genossenschaftseigenes Vieh an. Wie soll man auch nachkommen, wenn die Tiere kein Brandmal tragen und das Verantwortungsgefühl für den Gemeinbesitz das instinktive Denken an das Privateigentum noch nicht endgültig aus der Steppe verdrängt hat? Das Rednerpult betraten mongolische Kommunisten, Veteranen der Genossenschaftsbewegung, die die Araten in die Vereinigungen geholt hatten. Es schmerzte sie, daß sich noch nicht bei jedem Araten das Gefühl sozialer Sicherheit gefestigt hat. Die Steppe durchlebt die überaus komplizierte Phase des Sieges der Mongolen neuen Typs über jene noch der alten Ordnung verhafteten.

Und so lief meine letzte Begegnung mit Nawaandandsan und Bataa ab, so habe ich sie jedenfalls in Erinnerung: Wieder saßen wir in Nawaandandsans Jurte und tranken Tee.

»Wird in diesem Frühjahr das Futter reichen?« Bataa langte nach der Tabakdose.

»Mögen deine Wünsche in Erfüllung gehen«, gab Nawaandandsan zur Antwort, schnupfte vom Daumennagel eine Prise vom Tabak des Nachbarn und reichte ihm als Gegenleistung seine eigene Dose.

»Ich bin gekommen, mich zu verabschieden«, sagte Bataa. »Ich werde meine Jurte im Somon aufstellen, an einem festen Ort wohnen bleiben. Weshalb fremdes Vieh hüten?«

»Was wirst du denn dort im Somon tun?« fragte Nawaandandsan.

»Im Somon ist ein Laden, gibt es Elektrizität, Fernseher!«

»Und was wirst du tun?« beharrte Nawaandandsan.

»Läden bewachen.«

Wir verließen die Jurte. Bataa band sein Pferd los, sprang in den Sattel und jagte sein Tier durch die goldig glitzernden Erbsenstrauchbüsche. Schade um den alten Hirten, der in der genossenschaftseigenen Steppe seinen Platz nicht fand. Die genossenschaftseigene Herde, die er gehütet hatte, ging in andere Hände über. In jenem Jahr kamen nämlich Tausende junger Männer und Mädchen aus Ulan-Bator, um bei der Viehhaltung mitzuarbeiten. Heute sind die mongolischen Hirten zu fast einem Drittel sechzehn bis neunundzwanzig Jahre alt. Die jungen Leute haben bereits ihren Platz im Leben gefunden, ihre Interessen unterscheiden sich in vielem von denen der älteren Generation. Das aber ist schon ein anderes Thema.

Doch noch einmal zurück zum Schneesturm im April 1980.

Der Sturm kam in den östlichen Regionen der Mongolei auf, tobte, wirbelte den Schnee auf, knickte Telefon- und Stromleitungsmasten wie Streichhölzer. Er riß Jurten um und schleifte den Hausrat durch die Schneewehen. Es war stockfinster, man sah die Hand vor den Augen nicht. Selbst alte Araten konnten sich nicht erinnern, einen derart wütenden Sturm erlebt zu haben. Drei Tage und Nächte lang schneite es. Stellenweise lag der Schnee so hoch, daß aus den Schneewehen eben noch die reifbedeckten Köpfe der Kamele herausschauten, die mit gläsernen Augen um Hilfe bettelten. Lieber Himmel, was war aus meinen bisherigen Vorstellungen von der Steppe geworden, die sonnenüberflutet still dalag, von dem Araten mit seiner langen Tabakpfeife, der gemächlich zusah, wie die Schafe Gras zupften? Wie verfehlt war auch meine Meinung gewesen, der Steppe mangelte es an Leuten mit Initiative ... Ich mußte erst in solch eine totale, schwindelerregende Finsternis geraten und Araten erlebt haben, die genossenschaftseigenes Vieh unter diesen Bedingungen retteten, um ein für allemal alle meine bisherigen illusionären Vorstellungen über Bord zu werfen.

Die Hirtin Dordshsuren und ihre fünfzehnjährige Tochter überraschte der Schneesturm in der Gegend des Gangasees, wo die beiden 1 200 Schafe hüteten. In dem Schneegestöber kamen Mutter und Tochter zwei Tage und zwei Nächte lang nicht aus dem Sattel, als sie versuchten, die Schafherde in eine Schlucht zu treiben. Das Mädchen war ganz steif gefroren und stürzte wie tot vom Pferd. Dordshsuren entdeckte ihre Tochter in einer Schneewehe, schob ihr den Sattel des Pferdes unter den Kopf, bedeckte ihr Gesicht mit ihrem eigenen Wolltuch und jagte dann erneut ihr Pferd in der Finsternis der Herde hinterher. Sie weinte, schrie, schlug mit der Peitsche auf das Pferd ein, ohne das geringste ringsum zu erkennen, und trieb, wie von einem sechsten Sinn geleitet, die Herde in eine Schlucht. Wer wollte es wagen, diese Frau mangelnder Initiative zu bezichtigen? — Erst zweiundzwanzig Tage später grub man Dordshsuren aus dem Schnee. Mit allen Ehren begruben die Bewohner der Siedlung sie, eine angesehene Hirtin, vierzig Jahre alt, Mutter von zehn Kindern, und auch ihre Tochter. In Trauer verneigte sich das ganze Volk vor jenen Hirten, die damals wie Helden ihr Leben gaben, damit das Eigentum des Volkes gerettet wurde.

Bei der staatlichen Kommission, die das Zentralkomitee und der Ministerrat aus Anlaß der Naturkatastrophe in den Aimaks Chentii, Dornod und Suchbaatar gebildet hatten, und in den Redaktionen der mongolischen Zeitungen gingen von überallher Briefe ein. Die Absender waren Arbeiter, Angestellte und Araten aus anderen Gegenden des Landes, die anfragten, womit sie den betroffenen Landesteilen helfen könnten. Ohne Antwort abzuwarten, überwiesen sie dorthin Geld, schickten Bekleidung, Hausrat und Pferdegeschirr. Die Betriebe beluden Lastwagen mit Jurten und Baumaterial, entsandten Leute nach dem Osten, die die Wirtschaft wieder in Gang bringen sollten. Wieviel ich auch über die Mongolei früher gelesen habe, mir ist aus der Geschichte kein Fall bekannt, daß Menschen aus den verschiedensten Winkeln der Steppe völlig unabhängig voneinander so bereitwillig den vom Unglück Betroffenen zu Hilfe geeilt wären. Das Gefühl der Verantwortung jedes einzelnen für das Wohl aller ist schon ein Wesenszug der neuen Art zu leben.

In jenen Tagen habe ich beobachtet, wie die Araten mit staatsbürgerlichem Weitblick die Geschehnisse diskutierten und übereinkamen, die in Not geratenen Regionen beim Wiederaufbau zu unterstützen, die Viehherden aufzufüllen, damit der volkseigenen Herde der Mongolei kein Schaden entstand. So beschloß man im Aimak Bajan-Ulgii, den östlichen Landesteilen eine halbe Million Tugrik zur Verfügung zu stellen. Die Araten des Aimak Uws lieferten tausend Tonnen Fleisch und zwanzig Tonnen Wolle über den Plan, erhöhten den Viehbestand um 35 000 Tiere. In diesen Bezirken lebten unterschiedliche Völkerschaften: Dörbeten, Urjanchaier, Kasachen,

Usbeken und andere. Alle empfanden die Naturkatastrophe, die sich Tausende von Kilometern weit von ihren eigenen Standplätzen entfernt ereignet hatte, so, als habe sie verwandte Familien betroffen. Auch daß die unterschiedlichen Stämme und Völkerschaften der Steppe mit einer derartigen Bereitschaft, ja sogar mit einer für sie eigentlich untypischen verstärkten Anteilnahme auf fremdes Unglück reagierten, das hat es in früheren Zeiten nicht gegeben. Der Grund hierfür ist gewiß auch darin zu suchen, daß in den Jahren der neuen Macht Begriffe wie »Eigenes« und »Fremdes« im Bewußtsein der Mongolen doch Veränderungen erfahren haben und den heutigen Wirtschaftsformen gemäßer sind.

Ich berichtete über das Geschehen in einer Reportage nach Moskau; in mein Telefongespräch schaltete sich die Telefonistin des Fernamtes Ulan-Bator ein. Sie bat mich, hinzuzufügen, daß auch sie, die Telefonisten der Hauptstadt, als Hilfssendung für die östlichen Bezirke einen Teil ihres Gehaltes spendeten, der eine den Lohn von drei, der andere den von fünf Arbeitstagen. »Und wieviel haben Sie selbst gespendet?« fragte ich. »Den Lohn von sieben Tagen!« Damit schaltete sich das Mädchen aus und überließ wieder mir die Leitung, damit ich meinen Bericht nach Moskau zu Ende diktieren konnte.

Die Solidarität der ganzen Gesellschaft ist eine weitere Errungenschaft der volksdemokratischen Mongolei.

Eine »halbseßhafte« Melkerin

Auf einem Staatsgut habe ich eine Begegnung mit einer Nomadin, die Kühe nicht mehr mit der Hand, sondern bereits maschinell melkt. Selbst wenn es sich nur um eine unwesentliche Vervollkommnung althergebrachter Arbeitsweise gehandelt hätte, wäre es auch in diesem Falle interessant zu beobachten, wie die Gewöhnung an eine Neuerung vor sich geht, die ja in diesem alten Beruf, bei dessen Ausübung man schon in jungen Jahren dunkle, schwere Hände wie ein Schmied bekommt, nicht eben häufig vorkommt. Hier aber war es nun so, daß der industrielle Milchwirtschaftskomplex, errichtet im Staatsgut »Partisan«, einen echten Umschwung in den Arbeitsbedingungen und in der Lebensweise der Araten bewirkte und den Soziologen Stoff bot für neue Überlegungen zum weiteren Schicksal des Nomadentums.

Meine Bekannte ist neunundzwanzig Jahre alt. Sie versteht es zuzuhören, mit einem Gesichtsausdruck, als würde sie jeden Moment vor Lachen platzen. Mit so einer Frau wird es dem Ehemann und des sechs Kindern sicher nie langweilig. Die Familie wohnt auf einem Hof mit Bretterzaun, rechts ist eine kleine Hürde für das eigene Vieh, in der Mitte steht ihre weiße Jurte – ein Geschenk der Regierung für die Republikssiegerin im Kühemelken.

Um sechs Uhr morgens wird es in den Bergen hell. Da reitet sie zur Farm, bei klirrendem Frost, über brüchigen Harsch, jagt sie das Pferd den Zaun entlang. In den noch dunklen Höfen ziehen die Nachbarinnen an einem Strick das bereifte Stück Zeltplane vom Dachkranz der Jurte weg. Über der Jurte bildet sich eine kleine Wolke, die von innen heraus durch die Glühbirne matt beleuchtet ist. In das Knirschen des Frostes mischt sich Kinderweinen und Hufgeklapper. Aus den Gassen kommen andere Melkerinnen angeritten, die Mäntel straff gegürtet. Die Farm ist kaum einen Kilometer weg; es wäre besser, man liefe das Viertelstündchen zu Fuß, um sich etwas Bewegung zu verschaffen, doch die Frauen schaukeln in ihren Sätteln, wollen mit der Tradition nicht brechen. Der Rhythmus der Bewegungen soll sie richtig munter machen. Hinter der Siedlung reiten sie dicht nebeneinander, berühren einander fast mit den Steigbügeln und unterhalten sich. Lauter als alle anderen lacht meine Bekannte. Am Tor binden sie die Pferde an, grüßen den verschlafenen Wächter und vernehmen, wie er hinter ihnen her brummelt: »Möge alles Böse, das die Mehrerzeugung von Milch, Butter und Quark behindert, bezwungen werden ...« Der Wächter murmelt die Beschwörung als Antwort auf den Gruß, schiebt dann den quietschenden Torflügel an seinen alten Ort zurück. Die Frauen gehen jetzt zum Melken.

Milch ist seit jeher die Hauptnahrung der Mongolen gewesen. Sie hielten große Herden, die die Fama entstehen ließen, die Nomaden hätten eine besondere Vorliebe für Fleisch. In Wirklichkeit verbrauchten sie wohl mehr Milch; sie bereiteten ungewöhnlich schmackhafte Milchprodukte, dachten sich an die hundertfünfzig Milchgerichte aus. Besonders eifrig waren in früheren Zeiten dabei die buddhistischen Mönche, die für Kultzwecke und die eigene Tafel Milch bevorzugten. Bei den Klöstern entstanden Milchwirtschaften mit bisweilen Hunderttausenden von Kühen. Aus unterschiedlich gefärbter Butter formte man wie aus Wachs zu den Festtagsgottesdiensten phantastisch schöne Blumen, die den Tempel zierten. Nach Meinung des tibetischen Schriftstellers Agwan-Lobsantschshamtso (17. Jahrhundert), bekannt als fünfter Dalai-Lama, war die Mongolei früher ein Sündenbabel, das sich von Fleisch und Blut ernährte. Durch die Bemühungen des Buddhismus aber »ward das Meer von Blut in Milch verwandelt«. Wie dem auch gewesen sein mag, in der Steppe entstand eine spezielle Kultur der Pflege von Milchkühen: Man läßt sie an Stellen weiden, wo das Gras besonders gut steht, wo es Salzböden und Wasser gibt. Kühe, die das erste Mal gekalbt haben, läßt man nur von ganz erfahrenen Viehzüchtern betreuen, damit die Tiere keine »Untugenden« annehmen. Und dennoch haben die mongolischen Kühe es ihren Hirten nicht allzu reichlich gedankt: Wenn eine Braune aus der Steppe 300 bis 350 Liter Milch gab, war das schon gut.

Ich weiß nicht, ob es auf der Welt noch ein anderes Volk gibt, das so viele schmackhafte, nach einer speziellen Technologie hergestellte Milchprodukte hat, die aus dem Nomadenalltag heraus entstanden und von einer Generation an die andere überliefert worden sind. Beobachtet man eine Hausfrau, wie geschickt sie mit einem Löffel die auf kleinem Feuer in einer Emailleschüssel kochende Milch umrührt und darauf achtet, daß kein kalter Luftzug, der dem Milchschaum abträglich wäre, durch den Toono oder die Tür in die Jurte dringt, wie sie die erkaltete Milch abgießt, in getrennten Schalen Haut und Sahne auffängt, anschließend die Haut zerläßt und so Schmelzbutter erhält, dann Quark und die Wurzeln von Steppenpflanzen dazugibt, wie sie einen Teil der abgekochten Milch, mit Teeblättern vermischt, eindampft und versichert, daß diese Milch, dick geworden, sich einen ganzen Monat hält – da gesteht selbst ein Feinschmecker verwirrt seine Unwissenheit, was die großen Geheimnisse anbelangt, die der Kochkessel des Nomaden birgt. Milch wird gesäuert, destilliert, in Sonne und Wind gedörrt, mit Beeren und Zucker vermischt, man friert sie ein, schneidet sie in Stücke, zerstößt sie im Mörser, fügt ihr Steppenlauch bei ... Auf der Festtafel des Mongolen, wie ärmlich die Jurte auch sein mag, sieht man stets ein Häufchen weißer und gelber Würfelchen, Kügelchen, Halbkugeln und zusammengedrehter Fäden: Das sind unterschiedliche Milchprodukte – Haut, Käse, Dickmilch, Quark und noch viele andere Erzeugnisse, für die es in unserer Sprache keine Bezeichnung gibt – Aruul, Chormog, Urum, Zuzgii, Arz ...

Man kann nur rätseln, woher die Mongolen in ferner Vergangenheit das Säuermittel für das Vorgären von Milch nahmen. Vielleicht verwendeten sie Pflanzen, auf denen Bakterien lebten? Später lernten sie es dann, die Mikroben über den Winter zu bringen, sie im Sommer wieder zum Leben zu erwecken, und schufen sich so allmählich Bakterienkulturen, wie sie heute für das Säuern von Milchprodukten Anwendung finden. Nach Ansicht der Wissenschaft ist es nicht ausgeschlossen, daß die Mongolen es waren, die die Kultur von Bakterien und die Technologie des Vergärens von Milchprodukten nach Europa brachten. Jedenfalls führte ihre rastlose Suche dazu, daß es den nach Steppe duftenden Kumys gibt, ein heilkräftiges und anregendes Getränk, für das man sich heute in der Welt in wachsendem Maße interessiert.

Doch kehren wir zurück auf die Farm, zu unserer Melkerin, die sich inzwischen schon umgezogen hat und jetzt einen blauen Kittel trägt, die bereits ihre fünfundzwanzig Kühe abgegangen ist und mit einem Schrubber aus jeder Box den Mist in eine Rinne und von dort auf ein ratterndes Transportband gekehrt hat, so daß der Boden unter den Kühen jetzt sauber und trocken ist. Alles einfache Handgriffe einer Melkerin, die selbstverständlich sind und keine sonderliche Beachtung verdienen. So mag der denken, der sich in den Gewohnheiten, die noch vor gar nicht langer Zeit hier herrschten, nicht auskennt. Weder Mutter noch Großmutter oder Urgroßmutter dieser Mongolin haben je den gefrorenen Mist unter den Kühen fortgekehrt, weil sie nämlich meinten, der Mist schütze die liegenden Tiere vor dem kalten Wind. Fürst To-Wan, einer der gebildesten Mongolen des 19. Jahrhunderts, der Weidegebiete am Chalchyn Gol besaß, verbot in seinen »Instruktionen« den Viehzüchtern, in den Standlagern den Mist unter den Tieren zu beräumen noch aus einem anderen Grund: So sammelten sich nämlich große Mengen Argal an, der als Brennmaterial genutzt wird, und das könne den Nomaden stärker an einen Ort binden, so daß er »es nicht eilig habe und nicht so viel umherziehe«. Die Gesetze der Steppe, von den Alten an die Jungen weitergegeben, sind für den Nomaden immer bindend gewesen, und man kann sich vorstellen, was für seelische Kraftanstrengungen es eine Melkerin kostete, erstmals mit der alten Sitte zu brechen und den Mist mit dem Besen fortzukehren.

Unsere Melkerin hat sich inzwischen die Hände mit Toilettenseife unter fließendem warmem Wasser gewaschen, sich am Handtuch mit Waffelmuster abgetrocknet und ist zu den Kühen gegangen, in einer Hand die Schläuche mit den Melkbechern, in der anderen den hermetischen Melkeimer. Bei den Nomaden haben die Frauen von Kind an Kühe gemolken, dabei ihre Mütter und älteren Schwestern nachgeahmt und deren im Verlauf von Jahrhunderten eingeschliffene Handgriffe übernommen. Doch als zwischen Melkerin und Kuh das Vakuum-Melkzeug mit seinem Gewirr von Schläuchen auftauchte, konnte ihre Fähigkeit zur Nachahmung ihr nicht mehr nützen. Sie stand da, vor sich Metall und Gummi, hörte mit halbem Ohr dem blonden russischen Mechaniker zu, als dieser über den Dolmetscher zu erklären versuchte, wie das Ganze funktioniert. Der Dolmetscher aber wußte nicht, wie auf mongolisch »Kollektor«, »Vakuum« oder »Pulsator« heißt, er geriet ins Schwitzen, sie aber sprach für sich diese seltsamen Wörter nach, die sie zuvor nie vernommen hatte, wiewohl sie in der Schule in Russisch zu den Besten gehört hatte. »Keine Angst, minii duu«, zwinkerte ihr der Mechaniker zu, »es ist noch kein Meister vom Himmel gefallen!« Sie aber lachte prustend; »minii duu« nennt man in mongolischen Familien nämlich das jüngste Schwesterchen, eine Form der Anrede, die älteren Mädchen schmeichelt. Ich selbst habe dieses nette, alle Türen öffnende Wort zwar erst recht spät kennengelernt, aber jetzt geht es mir leicht von der Zunge. Da warte ich eben in einem Restaurant in Ulan-Bator nicht mehr dreißig, vierzig Minuten auf die Serviererin, sondern rufe sie einfach herbei mit diesem »minii duu!«, und schon erscheint sie mit dankbarem Lächeln an meinem Tisch.

Ja, so hat die Melkerin Chandsuren vom Staatsgut »Partisan« es gepackt, Anschluß an die Welt zu gewinnen.

Die mongolischen Kühe aber gaben selbst mit Melkapparaten nicht mehr Milch, als sie geben konnten. Da führte man große ukrainische und kasachische Rassekühe mit schwerem rosafarbenem Euter im Staatsgut ein. Die feisten Bewohnerinnen der Steppe beäugten die Jurtensiedlung und lauschten den Kommandos in der ihnen unverständlichen Sprache. Unserer Melkerin gefielen diese stattlichen Rassekühe. Sie verteilte ihre fünfundzwanzig Stück auf die Boxen und gab ihnen Namen wie Bunte, Schöne, Schlaue, Stille ... So wie sie sich aufführten, so wurden sie von ihr benannt, und Kühe und Melkerin verstehen einander. Eine Minute vor der festgesetzten Zeit, zu der am Pult der Farm das Vakuumsystem eingeschaltet wird, wäscht Chandsuren mit flinker Hand das Euter mit warmen Wasser, trocknet es mit dem Handtuch ab, massiert es dabei mit der Hand, melkt die ersten weißen Strahlen vor, setzt die Melkbecher an die dunklen Zitzen an und schaut zu, wie in dem Glasröhrchen über dem Eimer die Milch strömt. Die Kuh kaut ihr Heu und schielt dabei mit ihren großen feuchten Augen auf die Kanne. Chandsuren rüstet indessen bereits die zweite Kuh an.

Die Melkerin Chandsuren ist Arbeiterin. Nicht allein in dem Sinne, daß sie als Arbeiterin in einem staatlichen Unternehmen geführt wird, pünktlich am Arbeitsplatz erscheint, Lohn erhält, Mitglied der Gewerkschaft ist. Ihr gefällt einfach der neue Lebensrhythmus. In ihrem Aratenbewußtsein formt sich eine neue Konzeption von der Persönlichkeit eines Menschen. Ihr gefallen Menschen mit Bildung, die etwas von Maschinen verstehen, die ihre Freizeit vernünftig zu verbringen wissen. Mit einer Delegation mongolischer Bestarbeiter ist Chandsuren in Moskau gewesen, und ich fragte sie, ob ihr die Reise gefallen habe. Sie schüttelte den Kopf: »Nicht so ganz ... Mir fehlten die Kinder und der Mann, gemeinsam hätten wir all das sehen müssen, was ich nur allein erlebt habe.«

»Warum geben deine Kühe mehr Milch als die anderen, Chandsuren?« fragte ich, als wir den Hof der Farm überquerten und zu den am Eingang angepflockten Pferden zurückkehrten.

Ist das nicht wirklich ein Rätsel? Jede Melkerin der Farm hat fünfundzwanzig Kühe zu betreuen. Sie sind von der gleichen Rasse, sie stehen nebeneinander, erhalten das gleiche Futter, saufen das gleiche Wasser, an ihren Strichen hängen Melkbecher, die sich in keiner Weise voneinander unterscheiden — weshalb geben ihre Kühe denn nun mehr Milch als alle übrigen?

Chandsuren mußte lachen:

»Ich liebe meine eben mehr!«

Diese ihre Erklärung genügte mir nicht ganz, viele Melkerinnen hätten das gleiche sagen können. Denkt man aber einmal über den Werdegang einer mongolischen Viehzüchterin nach, dann kommt man zu dem Schluß, daß in Chandsurens treuherziger Erklärung ein tieferer Sinn liegt. Dreitausend Jahre lang löste eine Generation die andere ab, alle haben die Tiere ihrer Herden gezählt und immer wieder gezählt, haben die Möglichkeiten abgewogen, ihr eigenes Schicksal daraus abzulesen versucht. Ihr Vieh lieferte ihnen Nahrung, Kleidung und Obdach — wie hätte man es nicht lieben sollen? Im Frühling, wenn die Jungtiere zur Welt kamen, nähten die Araten diesen aus alter Kleidung Decken und hüllten die neugeborenen Lämmer, Kälber und Fohlen wie kleine Kinder sorgsam darin ein. Ein paar Jahrzehnte erst hat nun der Arate eine genossenschaftliche Herde unter sich, und erstmalig mußten die Frauen nun die Kühe nicht für den eigenen Bedarf melken. Daß die Steppe Milch in großen Mengen lieferte, das hat es früher nie gegeben. Heute aber kommen morgens und abends Tankwagen aus der Stadt, die die Milch in ihre blauen Zisternen pumpen. Das führte durchaus nicht etwa zu einem Nachlassen des Elans bei den Steppenbewohnern, im Gegenteil, es wurde zu einem neuen Stimulans ihrer Tätigkeit.

Die Realitäten des Lebens haben die starren psychologischen Schablonen zerbrochen. So gesehen, sind das Besondere an der Behauptung unserer Melkerin »Ich liebe meine eben mehr!« nicht die Wörter »ich liebe«, sondern das neue inhaltsschwere Wort »meine«.

Ich muß da an einen sonnigen Märztag denken. Im Versammlungsraum der Farm hatten sich die Leute hingekauert, weil sie die Plätze am Tisch für die aus der Hauptstadt angereiste Obrigkeit frei lassen wollten. Nur mit Mühe zwängten sich die Gäste zu ihren Sitzen durch; nach den Begrüßungsworten überreichten sie den besten Arbeitern der Farm Geschenke — Stoff für Kleid oder Anzug, Schuhwerk, Thermosbehälter. Chandsuren als Republikssiegerin hatte das Anrecht auf einen Platz am Tisch, und die ihr erwiesene Ehre machte sie ganz verwirrt. Die Frauen schenkten Tee ein, reichten den Gästen die Schalen, auch unserer Melkerin. Die trank ein paar Schluck, die Augen bescheiden gesenkt. Doch da rief man ihren Namen auf und reichte ein Paket über den Tisch. Das Paket interessierte Chandsuren nicht, aber sie stand auf, reichte jedem einzelnen, angefangen von der Obrigkeit bis hin zu denen, die sich auf dem Boden hingehockt hatten, ihre feste Hand und wiederholte immer wieder: »Bajarlalaa!« (Danke!). Ihr Gesicht sah unbeschreiblich froh aus. Ihre Sternstunde sozusagen …

In ihrer Jurte dann trug Chandsuren einen grünen Pullover, Hosen und Schuhe — die typische Kleidung einer Städterin. Ich betrachtete ihren kurzen Haarschnitt und versuchte mir vorzustellen, wie ihre Mutter im gleichen Alter ausgesehen haben mochte — mit den flachen geschwungenen Zöpfen, die zum Halbkreis gebogen von den Schläfen bis auf die Schultern reichten und in mit Korallen und Perlen verzierten Futteralen steckten; auf den Kopf setzte man einen Silberreif, von dem Gehänge über die Wangen herunterhingen. Auf dem Reif thronte eine hohe, mit Samt besetzte Mütze, an der hinten im Nacken Bänder flatterten. Nach einer Volkssage waren diese Frisuren aus patriotischen Gefühlen heraus entstanden. Eines Tages — so erzählt man —, als die mongolischen Männer einmal abwesend waren, weil sie die Herden zur Tränke trieben, sei den Mandschu die Idee gekommen, zu den Jurten Raben zu schicken, Feinde des Herdes, des Symbols für Familienglück und für das Weiterbestehen des Geschlechtes. Als die Mongolen davon hörten, legten sie ihren Frauen die Zöpfe in die Form gewaltiger Fittiche und gaben ihnen so das Aussehen von Angst und Schrecken verbreitenden »Königen der Vögel«. Als die Raben in den Jurten diese »Schreckgespenster« erblickten, traten sie, mit den Flügeln schlagend, den Rückzug an. Die Mongolinnen von heute können sich nur über ihre Mütter wundern, wie diese eine solche Last auf dem Kopf zu tragen vermochten.

Chandsurens Mann heißt Suchbaatar. Er ist Zootechniker und stolz auf die Erfolge seiner Frau. Wie sehr sie auch protestierte, er hängte doch ihre rote Siegerschärpe an der Nordseite der Jurte auf, wo man früher den Hausaltar hinstellte. Auf der Kommode stellte er unter Glas eine große Fotografie von ihr auf, koloriert von einem bekannten Maler. Ich meinte, er sei sicher ein glücklicher Mensch, und sagte das auch. Er lächelte:

»Ist der See still, geht es den Wildenten gut!«

»Ist er denn still?« meinte ich zweifelnd.

Auf dem eisernen Herd kochte in einem Topf Milch, die älteste Tochter rührte sie mit einem Löffel um. Die anderen fünf Kinder trieben schweigend ihre eigenen Dinge, der Vater beobachtete sie aus den Augenwinkeln. Vom Filzbelag nahm er seinen Zweijährigen hoch, wischte ihm die feuchte Nase und setzte ihn sich auf die Knie.

»Ich trinke nämlich ab und zu … Sie hat Verständnis dafür, verbietet es mir nicht und schimpft auch nicht. Nur aus der Jurte läßt sie mich erst dann heraus, wenn ich wieder nüchtern bin.«

Suchbaatars und Chandsurens Kinder sind es gewöhnt, in der Jurte zu bleiben, auch wenn Vater und Mutter nicht zu Hause sind. Die zwei Älteren, die schon zur Schule gehen, haben ihren eigenen Tagesablauf, und die drei Kleinen werden von dem sechsjährigen kahlgeschorenen Mjagmardordsh beaufsichtigt, den sie respektvoll wie einen Älteren mit »Sie« anreden. Mjagmardordsh wiederum spricht auch die zwei älteren Schwestern (die eine ist zehn, die andere acht Jahre alt) mit »Sie« an. Den jüngeren Geschwistern gegenüber verhält er sich gönnerhaft, wenngleich recht streng, und übt die ihm von den Eltern übertragene Gewalt aus. Am Abend — ich habe das selbst beobachtet — legte der junge Erzieher vor Vater und Mutter Rechenschaft über den vergangenen Tag ab und berichtete, wer sich wie betragen hatte. Seine beiden kleinen Brüder und die kleine Schwester schauten ihn dabei bettelnd an.

In der Familie wird in rührender Weise das alte Fest des Haarschnitts der Kinder begangen. Hat ein Kind das dritte Lebensjahr vollendet, manchmal auch das vierte oder fünfte, versammeln sich Verwandte und Nachbarn zum ersten Haarschnitt. Ein großes Ereignis! Wie viele Leute auch in der Jurte anwesend sein mögen, jeder nimmt der Reihe nach die Schere und schneidet von dem brav geneigten Kopf des Kindes ein Büschel Haare ab. »Werde groß und stark«, sagt man dabei, »hilf den Eltern beim Viehhüten, lerne und wachse zu einem gebildeten Menschen heran. Mögest du ein gutes Herz haben ...« Früher bekam an diesem Tag das Kind Vieh zum Geschenk. Chandsuren weiß noch, daß sie als kleines Mädchen am Tag des ersten Haarschnitts ein weißes Zicklein erhielt, während man dem kleinen Suchbaatar seinerzeit ein Kalb schenkte. Ihre Kinder geben sich heute mit Spielzeug und Büchern zufrieden. Mitunter wird auch Geld geschenkt. Der Mongole behält den Tag seines ersten Haarschnitts bis an sein Lebensende in bester Erinnerung. Es ist die Erinnerung an die in diesem Kindesalter so notwendige Achtung des Erwachsenen vor dem »Kind-Menschen«, wie Chandsuren sagt.

Ich fragte die Geschwister, was sie denn, wenn sie groß sind, einmal werden wollten. Nur mit Mühe rangen sie sich zu einer Antwort durch: Kraftfahrer, Melkerin, Arzt ... Lediglich Mjagmardordsh antwortete, den Gürtel über dem Höschen straffziehend, ohne zu zaudern: »Minister!«

Chandsuren nahm den Topf vom Ofen, stellte eine Schüssel mit gefrorenen Kumyswürfeln auf den Tisch und schüttete eine Schaufel trockenen Argal ins Feuer, zwischendurch band sie einer Kleinen die Zöpfchen zusammen, einer anderen schnürte sie die Schuhe, einem dritten Kind zog sie den Strumpf hoch. Ich überlegte, wie auf den drei Betten hinter den farbigen Vorhängen wohl alle Platz finden mochten.

Die Vorhänge an der straffen, unter den Dachstreben befestigten Schnur sind verschiebbar wie Gardinen. Am Tag lassen sie ein Stück der Betten sehen, wo die Kleinen zwischen den Kissen umhertoben, nachts aber verbergen sie die den Eltern vorbehaltenen schmalen Jurtenräume vor jedem fremden Blick.

Suchbaatar schickte sich an, zur Arbeit zu gehen. Chandsuren begleitete ihn bis zur Pforte. Die Kinder krabbelten auf dem Boden umher, unterhielten sich flüsternd, und nur wenn sie im Spiel den Gast in der Jurte einmal vergessen hatten, wurde eins von ihnen lauter, zog jedoch unter dem vorwurfsvollen Blick von Mjagmardordsh sogleich wieder den Kopf ein. Ich habe auf meinen Streifzügen durch die Steppe nicht ein einziges Mal erlebt, daß Eltern im Beisein eines Fremden ihre Kinder zurechtweisen mußten. Selbst wenn in der Jurte acht, zehn Kinder sind, hört man sie nicht. Sie starren mit ihren schräggestellten Äuglein den Gast an oder befassen sich mit ihren eigenen Dingen, wobei sie möglichst nicht auffallen wollen.

»Die Jurte liebt die Stille«, sagte ich zu Chandsuren, als sie zurückkam. »Alles Laute wäre hier fehl am Platze.«

Chandsuren lächelte:

»Suchbaatar und ich streiten uns manchmal doch — der Arbeit, der Wirtschaft, der Erziehung der Kinder wegen. Aber er beruhigt sich dann schnell wieder.«

Suchbaatars und Chandsurens Familie kann man schon nicht mehr als Nomadenfamilie bezeichnen, verfrüht wäre es aber auch, sie schon zu den Seßhaften zu zählen. Acht Monate lang, von Oktober bis in den Juni, wenn wieder das frische Steppengras sprießt, steht ihre Jurte an einer festen Stelle, in einer großen Arbeitersiedlung, umgeben von Schulen, Geschäften, Klub, Medpunkt und Poststelle, von Institutionen also, die gewissermaßen an eine große Stadt erinnern. Der Rhythmus des Lebens in festen Siedlungen ist ihnen vertraut, die Bequemlichkeiten nehmen sie als selbstverständlich hin, und der Umgang mit anderen Leuten ist ihnen zum Bedürfnis geworden. Sie hätten schon Schwierigkeiten, sich ihr Leben allein, in der Einsamkeit der Steppe vorzustellen. Doch kaum riecht es nach Frühling, lockt die Weite, erwacht in ihnen der Wandertrieb des Nomaden, der Drang nach Bewegung. Es ist, als stünde der ganzen Familie ein Fest bevor. In den ersten Junitagen lagern die Melkerinnen ihr Mobiliar in Speichern ein, sie zerlegen die Jurten, nehmen die Betten, die Kommode für die Sachen, die Küchengeräte her, verladen alles auf Autos und übersiedeln in das etwa zwanzig Kilometer entfernte Sommerlager, in eine malerische Gegend mit Fluß, Wald und Beeren. Dort treffen auf Lastwagen auch die Kühe, Melkapparate, Vakuumanlagen und eine Kraftstation ein. Fünfunddreißig bis vierzig Jurten stehen hufeisenförmig auf der grünen Wiese um einen rechteckigen Platz, das bei allen beliebte gemeinsame Zentrum, wo Steppenfeste mit Reiterwettkämpfen und Ringkämpfen gefeiert werden, Araten aus Nachbarlagern bei Reiterkunststücken ihre Stimmen erschallen lassen. Alt und jung strömt aus den Jurten auf dem Platz zusammen, da geht es lustig zu. Die Kinder sind den ganzen Tag an der frischen Luft. Die Ehemänner, die in der Siedlung arbeiten, kommen auf Motorrädern oder zu Pferde her. Hier leben die Araten wie ihre Vorfahren, wechseln dreimal den Weideplatz, ziehen immer ein Stück, fünf bis zehn Kilometer, weiter. Sehnen sie sich zurück in die Siedlung, nach dem seßhaften Leben?

»Im Herbst müssen die Kinder in die Schule, die Kühe auf die Farm. Die Kälte kommt, da lebt es sich nicht mehr gut in der Steppe. Also kehrt man besser in die Siedlung zurück«, sagt mir Chandsuren. »Aber nicht für immer, nur für acht Monate.«

Chandsuren meint, die alten Leute könnten nun einmal ohne ihr Wanderleben nicht existieren, zumindest nicht in den Sommermonaten. Auch den Kindern tue es gut, zusammen mit der Mutter in der freien Natur wie auf einer Datsche zu leben. Und die Kühe, so meint die Melkerin, hätten in dieser Zeit Auslauf, der ihnen bekommt. Etwas anderes sei es im Winter, da müsse man an einem festen Platz leben.

»Wenn Sie die Wahl hätten – Jurte oder Haus –, was würden Sie vorziehen, Chandsuren?«

»Im Winter das Haus in der Siedlung.«

»Was sind dessen Vorzüge?«

»Will man eine Jurte warm bekommen, benötigt man einen Sack Argal am Tag, und schon das ist ein Problem.«

»Im Sommer aber?«

»Da sind Jurten besser ... Möglich wären aber auch kleine Häuschen.«

Die Familie der Melkerin Chandsuren steht heute an der Schwelle zwischen Nomadendasein und seßhaftem Leben. Es zieht sie nicht zurück zum Alten, treibt sie aber auch nicht sehr stark zum Neuen. Sie befindet sich gewissermaßen in einem Übergangsstadium, mit dem sie völlig zufrieden ist. Ohne endgültig mit den ihr liebgewordenen, immer noch für sie bedeutsamen Traditionen zu brechen, möchte sie diese mit der industriellen Milchproduktion, mit der neuen Lebensweise, die der Gegenwart besser entspricht, in Einklang bringen. Recht hat der Forscher W. Graiworonski, der sich mit dem Nomadentum beschäftigt, wenn er schreibt: »Dieser fließende Übergang, dieses Nebeneinander beider Lebensformen bietet die Möglichkeit, die Weideviehzucht als einen der wichtigsten Zweige der landwirtschaftlichen Produktion beizubehalten, die Nomadenviehzucht in eine moderne kultivierte Auftriebweidewirtschaft umzuwandeln, die großen praktischen Erfahrungen, Fertigkeiten und Kenntnisse der Nomaden, die diese im Laufe von Jahrtausenden gesammelt haben, zu nutzen und einen harmonischen Übergang der Nomadenbevölkerung zu modernen Wirtschafts- und Lebensformen zu gewährleisten.«

Sicher werden noch andere Varianten einer allmählichen Abkehr vom Nomadenleben zu beobachten sein, doch unweigerlich wird die Zeit kommen, da die Familie Suchbaatars und Chandsurens überhaupt aufhört, die Jurte abzubauen und an einem anderen Ort wieder aufzubauen, und als Ersatz für die Jurte wird man ihnen die Schlüssel zu einer Wohnung übergeben. Suchbaatar und Chandsuren werden in Betrieben des Fleisch- und Milch-Kombinats arbeiten und im Sommer ihren Urlaub in der Steppe verbringen. All das wird unweigerlich kommen, vielleicht fällt es sogar mit dem Zeitpunkt zusammen, da der heute sechsjährige Mjagmardordsh Minister wird.

Ackerbauern

Ende der fünfziger Jahre wurde ein Teil der mongolischen Nomaden seßhaft; die Araten stiegen vom hölzernen Sattel in die Fahrerkabine eines Traktors um und gewöhnten sich allmählich an das Vibrieren des Kunstledersitzes, das Rasseln der Raupenketten, die betäubenden Gerüche des Dieselkraftstoffs, an die neuen Körperbewegungen, die so ganz anders waren als die eines Reiters. Ich versetzte mich in Gedanken einmal an ihre Stelle: Mit dem Pflug breche ich die Erde dort um, wo noch am Abend zuvor meine Schafe Gras gezupft, wo die Jurten meiner Vorfahren gestanden haben; ich will am eigenen Leib den qualvollen Prozeß der Umstellung des Organismus, des jähen Bruchs mit alten Lebensrhythmen erleben, doch neue Offenbarungen sind mir dabei nicht gekommen. Die Wirklichkeit war einfacher, als man es hätte erwarten können. Die von mir befragten dreiundfünfzig Leute (Kombinefahrer, Traktoristen, Agronomen, Gemüsebauern usw.), früher sämtlich nomadisierende Viehzüchter aus unterschiedlichen Klimazonen, hatten, wie sie selber sagten, beim Übergang von der bisherigen zur neuen Lebensweise keine oder fast keine Schwierigkeiten gehabt.

In den zwanziger, dreißiger Jahren, als ein Traktor in der Steppe noch selten anzutreffen war, das unvorbereitete Bewußtsein des Araten diesen mit der ihm bekannten Lebensweise nicht in Zusammenhang stehend ansah und der Nomade wohl auch nicht ahnen konnte, wie die Maschine sich in die jahrhundertealte, festgefügte Ordnung einfügen würde, ja damals hätte das von einem Viehzüchter vielleicht psychische Anstrengungen verlangt. Die Mongolen von heute jedoch sind durch Schule, Filme, Massenkommunikationsmittel und eigene Eindrücke auf den Übergang vorbereitet, sie sind keine Angsthasen und haben keine Schwierigkeiten, wenn sie es mit dem Ackerboden zu tun bekommen und auf andere Art und Weise als ihre Vorfahren leben. Nur von acht Gesprächspartnern (darunter fünf junge Mädchen) hörte ich, daß ihnen zu bestimmten Zeiten, selbst bei Hochdruck in der Arbeit, ganz gleich, ob beim Pflügen, Säen oder Ernten, plötzlich das Herz schwer werde und sie sich nach der Nomadenfreiheit sehnen. In die Vergangenheit zurück aber wollen auch sie nicht. Wichtig ist ihnen das mit dem Beruf verbundene Ansehen. Für ihre Begriffe ist mit dem Beruf der Aufstieg auf der sozialen Leiter verbunden. Die Siedlung, deren Lebensbedingungen und die dortigen Möglichkeiten der Freizeitgestaltung, die dem jungen Mongolen wichtig sind, halten sie. »Und nach Ulan-Bator umziehen, wollen Sie das nicht?« fragte ich, »in eine große Stadt ...«

»Nein«, antworteten sie, »in Ulan-Bator ist es uns ein bißchen zu eng.«

Im Frühjahr 1959 wurde das Wort »atar« (Neuland, bisher unbebautes Land) zu einem der meistgebrauchten im Land. Plakate riefen ins Neuland, ganze Autokolonnen mit Menschen und Spruchbändern fuhren dorthin. Landwirtschaftliche Betriebe wurden errichtet, auf der Eisenbahnlinie Moskau—Ulan-Bator rollten Kombines, Traktoren, Sämaschinen an; an den Fenstern der Personenzüge sah man Passagiere stehen in Kordjacken mit Reißverschlüssen, sonnverbrannte Gesichter von Leuten aus dem Altai, vom Kuban und aus dem Gebiet Stawropol, die in Marsch gesetzt worden waren, die mongolische Jugend auszubilden. In der Steppe empfingen schmuck gekleidete Mongolinnen die Traktoristen, reichten ihnen auf dem blauen schmalen Chadag eine Schale mit Milch, und die russischen Burschen, die wußten, daß dies so etwas wie die bei Russen übliche feierliche Begrüßung mit »Brot und Salz« ist, standen ratlos da und zerbrachen sich den Kopf, ob sie nun an der Schale zu nippen und sie an den Nebenmann weiterzugeben oder, um die Gastgeber nicht zu beleidigen, sie leerzutrinken hatten. In dieser Zeit verstand kaum ein Arate Russisch, doch verständigen mußte man sich ja, also wurde in Feldlagern, im Schein von Lagerfeuern den Mongolen Russischunterricht erteilt, und gleichzeitig malten sowjetische Mechanisatoren mit Kreide ihre ersten mongolischen Wörter auf eine an ein Faß gelehnte Schultafel. Das wichtigste aber war nicht, daß sie den Mongolen schließlich beibrachten, wie man einen Traktor fährt, den Boden pflügt und maschinell Getreide erntet, viel wichtiger war, daß bei den Araten das Bedürfnis geweckt wurde, Landtechnik zu nutzen, und der ehrliche Wunsch, einen Wirtschaftszweig zu entwickeln, der früher bei ihnen belastende Emotionen wachgerufen hatte.

Nach landläufiger Meinung beschäftigten sich die Mongolen vor Zeiten nur damit, nach möglichst guten Weideplätzen zu suchen, das Vieh dorthin zu treiben, während sie sich zusätzliche Lebensmittel und Hausrat auf dem Tauschwege bei Ackerbau treibenden Nachbarvölkern beschafften. Als der namhafte sowjetische Mongolist Wladimirzow Anfang der dreißiger Jahre die Meinung äußerte, bei den Mongolen selbst hätten bereits einmal Zentren des Ackerbaus und seßhaften Lebens existiert, klang diese Hypothese wenn nicht gerade paradox, so doch zumindest überraschend. Archäologen entdeckten dann aber tatsächlich ehemalige Äcker, ja sogar Bewässerungsanlagen, die bis ins Neolithikum, bis lange vor unsere Zeitrechnung zurückreichten. Nun wurde auch verständlicher, warum es bei den Mongolen jahrhundertelang Brauch war, einem Gast Hirse zu schenken. Alte Äcker fand man in den Tälern des Orchon und Cherlen (Kerulen) sowie in der westlichen Mongolei. Reine Ackerbauern wird es bei den Mongolen wohl kaum gegeben haben, am ehesten existierte bei ihnen Weidewirtschaft gleichzeitig mit Bodenbearbeitung, wobei die Arbeit zwischen den Familien oder gar innerhalb einer Familie aufgeteilt war. Die Saat in den Boden bringen war keine Tätigkeit von erstrangiger Wichtigkeit, diese Arbeit spielte im traditionellen Nomadendasein, das auf Nutzung der natürlichen Weiden, auf Betreuung der Viehherde als der Hauptexistenzgrundlage basierte, eine nur untergeordnete Rolle.

Seit dem 18. Jahrhundert erweiterte sich die Anbaufläche in der Mongolei; die chinesischen Garnisonen waren nämlich gezwungen, ihre Siedlungen und zahlreichen Wachposten mit Getreide zu versorgen. Sie legten Felder an, die dem Fiskus gehörten, und zwangen die Familien ihrer Soldaten und abhängiger mongolischer Araten, die man spöttisch »Tariatschid« (taria = Getreide) nannte, diese Felder zu bewirtschaften. An den mongolischen Flüssen errichteten die Chinesen so etwas wie Vorwerke, die sich mit individuellem Ackerbau befaßten. Der Boden wurde mit dem Andshis bearbeitet, einem Pflug, der dem altrussischen Hakenpflug mit eisernem, wie ein Schuh geformten Pflugschar ähnelte. Das Pflugschar drang höchstens sieben, acht Zentimeter in das Erdreich ein, und wenn es auf Höcker oder Wurzeln traf, wich es nach der Seite aus und ließ ein Stück Boden ungepflügt. Daß die Fremdstämmigen die Araten unter Gewaltanwendung zwangen, den Boden zu bearbeiten, daß sie wie Kolonisatoren auftraten und ihre Überlegenheit hervorkehrten, die nur durch die im Lande eingerichteten Garnisonen aufrecht erhalten wurde, all das war vielleicht die Ursache dafür, daß in den Augen der meisten Araten Ackerbau mit Unterdrückern in Verbindung gebracht wurde, die die nationale Würde des Araten verletzten.

Die modernen mongolischen Neulandfahrer aber waren frei von solchen Vorurteilen. Sie zogen aus, Staatsgüter anzulegen in der Hoffnung, dadurch das Land moralisch und materiell voranzubringen. Unter den Pflügen stob eine Wolke schwarzen Staubes auf, von Erdreich, das zuvor außer Schnee und Hufen keine Last gekannt hatte. Sowjetische Arbeiter halfen beim Bau zweigeschossiger Häuser, ähnlich denen, die es auch in den Neulandgebieten des Altai und Kasachstans gab. In den Somonzentren wurden Getreidesilos, Mühlenbetriebe, Mischfutterwerke und Bäckereien errichtet, die nicht nur die Umwelt der Mongolen veränderten, sondern gleichzeitig auch deren Verhaltensnormen. Ihnen drohte jetzt nicht mehr die Gefahr, in einem frem den Volk aufzugehen, ihr Nationalgefühl blieb unangetastet. Der Ackerbau, in diesem Maßstab betrieben, garantierte dem Land tatsächlich die Eigenversorgung mit Getreide und Viehfutter, und deshalb stieß die Revolution in der Landwirtschaft auch auf Verständnis. Man ließ die Jugend mit einem patriotischen Gefühl in das Neuland ziehen. In den ersten zwei Jahren (1959 bis 1960) nahm man 400 000 Hektar Neuland unter den Pflug, zwanzig Jahre später betrug die Ackerfläche in der Mongolei bereits 1,3 Millionen Hektar. Man kann sich vorstellen, was die mongolischen Mechanisatoren zu leisten hatten, mußten sie doch erst einmal die Technik und die Grundlagen der Agronomie beherrschen lernen, bevor sie das erste Mal den Boden pflügten.

Als ich eines Tages in einer Siedlung erfuhr, in einem Feldlager arbeite eine Brigade mongolischer Traktoristinnen, bat ich meinen Begleiter, einen Vertreter der dortigen Behörden, mich dorthin zu fahren. Was mochten das wohl für Mädchen sein?

»Wir fahren nicht«, sagte mein Begleiter.

»Und weshalb nicht?« fragte ich verwundert.

»Keine Zeit«, meinte er gedankenverloren, »wir haben Heumahd!«

»Na gut«, entgegnete ich, »die dreißig Kilometer schaffe ich auch allein.«

»Wir fahren nicht.« Er betrachtete angelegentlich die stumpfe Spitze seines Stiefels.

»Aber weshalb denn nur nicht?«

»Über Mädchen soll nicht geschrieben werden.«

»Und warum das?«

»Weil das keine Frauenarbeit ist.«

In den dreißiger Jahren gab es in der Sowjetunion die Losung: »Frauen auf den Traktor!« Seinerzeit wurde viel darüber geschrieben, und man propagierte diese Initiative. In der Mongolei, bei dem dortigen Mangel an Arbeitskräften, war das ein ganz normaler, sogar zwangsläufiger Prozeß.

Ich will meine Leser nicht ermüden und das Gespräch nicht in allen Einzelheiten hier wiedergeben. Sagen möchte ich nur eines: Mein Begleiter sah in mir keineswegs einen Menschen, der nicht imstande war, das Geschehen voll zu begreifen, ihm wäre es überhaupt nicht in den Sinn gekommen, an meiner Sympathie zu zweifeln. Was ihn beunruhigte, war, glaube ich, der Zweifel, ob ein zufällig hierher geratener Mensch unvorbereitet das Wesentliche zu erfassen vermochte. Ich verstand auch diese Äußerung von Patriotismus, aber mein Wunsch, mit den Traktoristinnen zu sprechen, war so groß, daß ich schließlich zu einem faulen Trick Zuflucht nahm.

»Schön, da gehe ich eben auf die Post«, sagte ich, »und rufe Ulan-Bator an ...«

Zehn Minuten später waren wir schon unterwegs und wurden im Auto tüchtig durcheinandergerüttelt. Es war ein herrlicher Augusttag. Flügelschlagend stolzierten Trappen durch das Gras. Am Rande einer Schwarzbrache standen Jurten; Leute lagen, die Ärmel aufgekrempelt, unter Traktoren. Als sie unseren Wagen bemerkten, nickten sie uns zu und setzten, ohne uns groß zu beachten, ihre Reparatur fort. Die Traktoristinnen waren auf dem Acker, nur eine von ihnen, etwa zwanzigjährig, kurbelte einen Traktor an, der jedoch nicht anspringen wollte. Ihr Gesicht war feucht, und der Strohhut hatte sich verschoben, sie aber tätschelte den Kühler wie ein Pferd: »Na, nun mach schon, mein Guter, höchste Zeit, daß du endlich anspringst; bist doch schon ganz kalt, hast dich doch nun wieder erholt ...« Sie kurbelte erneut, und siehe da, der Motor sprang knatternd an. Das Mädchen legte die Kurbel beiseite und schlug wieder mit der flachen Hand gegen den Kühler: »So ist's recht, bist doch mein Guter, mein Braver ...«

Suwdaa hieß die Traktoristin. Wir plauderten miteinander in einer Jurte, die sich in ihrer Einrichtung durch nichts von den übrigen Aratenjurten unterschied, von den unter die Betten geschobenen Sperrholzkoffern und der Kosmetik auf den Nachtschränkchen am Kopfende einmal abgesehen. Vier Betten standen darin, an den vernickelten Kopfteilen hingen Kleider. Die Mädchen hatten seinerzeit die achte Klasse abgeschlossen und wollten Traktoristinnen werden, konnten aber wohl nicht ahnen, daß sie erst einmal mit dem Zug durch die ganze Sowjetunion fahren und zwei Jahre in den Wäldern Belorußlands würden leben müssen. Zur Fachschule für Mechanisatoren bei Gomel gehörte ein Getreidefeld. Suwdaa stand bis zum Gürtel im Roggen, rieb die Körner zwischen den Fingern und schaute verwirrt ihre belorussischen Gefährtinnen an, die ihr zuriefen: »Hast wohl noch nie Getreide gesehen?«

Schon das dritte Jahr arbeiten die Mädchen hier nun selbständig auf dem Traktor und denken gar nicht daran, in ihre heimatlichen Aimaks zurückzukehren. Die hiesige Gegend unterscheidet sich stark von der Bergregion, in der Suwdaa ihre Kindheit verbracht hat, doch auch diese Erde hier hat ihren Reiz für sie: »Man kann auf dem Traktor hundertfünfzig Kilometer weit fahren, ohne auf den kleinsten Hügel zu stoßen!« Einmal kam der Vater zu Besuch, und sie hat ihn auf dem Traktor spazierengefahren.

Unser pragmatisches Industriezeitalter, das sich wichtig tut mit seiner Zweckmäßigkeit, schafft ganz bestimmte Charaktere und typische Verhaltensweisen sowie einen durch die Umstände vorprogrammierten sozialen Stereotyp. Scheinen sich vielleicht aus diesem Grunde Städter in der ganzen Welt derart zu gleichen, als hätten wir sie vor einer Stunde alle auf der Rolltreppe der Metro an uns vorüberziehen sehen? Auch Traktoristen ähneln einander in ihrem Verhalten. Ich traf Traktoristen in Ghana, die waren höflich, in Korea, die waren müde, in Italien, die waren temperamentvoll, in der DDR, die waren ganz bei der Sache, aber ihr Benehmen, ihre Art, aus der Kabine heraus zu sprechen, ja selbst der Sprung aus der Kabine auf die Erde, das gleicht einander derart, als kämen sie alle von derselben Mechanisatorenschule. Die mongolischen Traktoristen bilden da keine Ausnahme, wenngleich ihnen manches schwerer fällt als ihren Kollegen in Ländern mit traditionell entwickelter Landwirtschaft.

In der Mongolei hat man sich die Elemente der modernen Feldbaukultur rascher und gründlicher angeeignet, als das zu erwarten war. Das hat, wie ich meine, eine Vielzahl von Gründen; einer davon ist sicher der exakt gewählte Zeitpunkt, zu dem man sich mit dem Neuland zu befassen begann und der genau den Bedürfnissen der mongolischen Gesellschaft entsprach. Nach Ergebnissen von Expeditionen, die die Möglichkeiten der Bodennutzung untersuchten, können in der Mongolei bis zu zwei Millionen Hektar als Ackerland genutzt werden, fruchtbarer Boden in Flußtälern mit viel Sonnenschein, zudem noch für Kraftfahrzeuge erreichbar. Dann gab es die Erfahrungen, die bei der landwirtschaftlichen Erschließung sowjetischer Regionen in Mittelasien, Kasachstan und Sibirien gesammelt worden waren, wo man bereits all das hinter sich hatte, was den Mongolen noch bevorstand. Die Sowjetunion übernahm es, für die Erschließung von Neuland Kredite zu gewähren, Siedlungen zu bauen und die Technik zu liefern.

Die Mongolen hatten auch insofern Glück, als sie sogleich Zugang zu moderner Landtechnik erhielten. Als man feststellen mußte, daß die starken Winde die gepflügte Bodenschicht abtragen, brauchten die Araten nicht erst lange geistiges Potential, Mittel und Zeit aufzuwenden, um Schutzmaßnahmen zu erarbeiten. Sie richteten ihre Energie auf die Lösung anderer Probleme und schickten Agronomen nach Kasachstan. Den Mongolen wurde unentgeltlich neue Technik geliefert, man lehrte sie, streichblechlose Bodenbearbeitungsgeräte zu bedienen. Die Araten übersprangen bei ihrer Entwicklung ein, zwei Stufen und ließen dabei ihre dem Anlaß entsprechenden traditionellen Charaktermerkmale erkennen – leichte Auffassungsgabe, Umsicht und ein regelrecht kindliches Interesse für Dinge, die ihnen das erste Mal in die Hände gerieten.

Suwdaa hat, wie sie sagt, während ihrer Ausbildung nie irgendwelches Befremden gespürt oder innere Schwierigkeiten gehabt mit Ausnahme solcher Situationen, in denen ihr russische Vokabeln fehlten, um einen Gedanken zu formulieren. Das Leben in der Stadt, dazu noch in einer fremden, und unter Menschen, die eine andere Sprache sprechen, belastete sie nicht, es gefiel ihr. Die Kolleginnen im Internat beschafften sich Kord, nähten sich enge Hosen, und abends schminkten sie sich Lippen und Lider. »Genauso, wie ich es früher im Kino gesehen hatte!« Hosen und Schuhchen liegen jetzt im Holzkoffer unter dem Bett und warten auf den Tag, an dem die Mädchen frei haben und ein Lastkraftwagen sie in die Siedlung zurückbringt. Im Klub mischen sich die Traktoristinnen dann bei Grammophonmusik unter die Tänzer.

Nein, Suwdaa möchte, wie sie sagt, nicht mehr als Nomadin in der Gegend umherziehen.

Die Siedlung ist mit den sozialen Standardeinrichtungen ausgestattet: Schule, Läden, Gaststätte, Bad und Waschstützpunkt sowie Bäckerei. Leute mit Familie erhielten Wohnungen in zweigeschossigen Häusern, man wohnt auch noch in Jurten. Als persönliches Beförderungsmittel hält man in den Höfen Pferde, manch einer besitzt auch noch Kühe und Schafe. Von den in der Siedlung lebenden sowjetischen Fachleuten hat man es abgeguckt, unter den Fenstern kleine Vorgärten anzulegen, wo Kraut, Zwiebeln, Kartoffeln, Tomaten gedeihen sowie Sonnenblumen, die bei Hagel die Saaten schützen sollen. Früher wollten alle vor dem Naadamfest, also in der ersten Julidekade, in Urlaub gehen, um nach den Feiertagen eine längere Ruhepause genießen zu können. Mit dieser Tradition haben die Leiter der Wirtschaften aber gebrochen, in dieser Zeit wird nämlich gerade der Boden bestellt. Zum Naadamfest bekommt man frei, aber nicht länger als fünf Tage.

»Welche Weizensorte säen Sie aus?« frage ich Suwdaa.

»Albidum 43«, antwortet sie. »Wir haben sie aus der Sowjetunion bekommen. Ein guter Weizen — kurze Vegetationsperiode, legt sich nicht und körnt nicht aus.«

»Ißt du selbst Brot?«

»Sogar Plinsen kann ich backen.«

»Und Kartoffeln?«

»Die am liebsten mit Sahne!«

Wie ich beobachten konnte, ist die Kost der mongolischen Ackerbauern abwechslungsreicher als die der Vieh züchtenden Bevölkerung. Sie nehmen mit größerer Selbstverständlichkeit Kartoffeln und Gemüse zu sich, wenn auch meist als Beigabe zu den traditionellen Fleischgerichten und in Suppen. Hier war es nicht erforderlich, den Leuten die Kartoffel mit Gewalt aufzuzwingen wie im alten Rußland zu Katharinas Zeiten, und nicht allein deshalb, weil das einundzwanzigste Jahrhundert vor der Tür steht und die Mongolen mehr Kontakt zur modernen Welt haben, sondern dank der größeren Aufnahmebereitschaft der Mongolen, die mit dem Übergang zur seßhaften Lebensweise aufholen wollten, was sie von Ackerbau treibenden Völkern trennte. Ihr Interesse gilt pflanzlichen Produkten, die noch vor kurzem aus anderen Ländern eingeführt werden mußten, jetzt aber immer häufiger aus mongolischen Landwirtschaftsbetrieben selbst kommen; das beseitigt die früher üblichen jahreszeitlich bedingten Unterschiede in der Ernährung und gewährleistet eine mehr oder minder vollwertige Kost das ganze Jahr über. Mit Gemüse und Obst werden die Kinder in Krippen, Kindergärten und Schulen versorgt, so erzieht man denen, die morgen einmal Hauptverbraucher dieser Lebensmittel sein werden, die Gewöhnung an die neue Ernährung schon frühzeitig an. Vielleicht wird diese potentielle Verbrauchergeneration gleichzeitig auch die erste Generation echter Pflanzenzüchter sein. Heute bereits sieht man neben dem Schulgebäude in der Steppe, ja sogar in der Wüste junge Naturforscher eifrig im Gemüse- oder Obstgarten mit dem Spaten hantieren. Kinder sind aufnahmebereiter als Erwachsene. Sie werden Nutznießer einer neuen Ernährungsweise sein, die eine bessere körperliche und geistige Gesundheit gewährleisten hilft.

Wenn mich noch vor wenigen Jahren Bekannte — Araten — in meiner Wohnung in Ulan-Bator besuchten und ich sie fragte, ob sie Tee oder lieber Kaffee wünschten, habe ich nie gehört, daß einer Kaffee bevorzugte. In letzter Zeit jedoch sind die Antworten schon nicht mehr so eindeutig, und ich habe festgestellt, daß gerade jene Kaffee bevorzugen, die geistig tätig sind oder solche, die Ackerbau treiben. Offensichtlich passen sie sich schneller an die neuen Geschmacksempfindungen an.

Zum Schluß noch ein Wort über die freundschaftlichen Beziehungen Sudwaas zu einer landwirtschaftlichen Versuchsstation, die am Rande der Siedlung inmitten eines Versuchsgeländes liegt — ein Getreidefeld, Obstgärten, ein Sanddornwäldchen, ein Melonenfeld und Bienenstöcke. Wenn man es recht bedenkt, ist allein die Existenz solcher Forschungszentren für mongolische Verhältnisse an sich schon etwas revolutionär Neues. Vorurteile gegenüber Möglichkeiten und Perspektiven der Wirtschaft des Landes werden damit abgebaut. In den Versuchsstationen erproben junge mongolische Wissenschaftler, auch sie gestern noch Nomaden, verschiedene Pflanzensorten, selektieren, ermitteln die günstigsten Aussaattermine für Kulturen und versuchen, Nutzpflanzen einzuführen, von denen ihre eigenen Vorfahren nicht einmal gehört haben. In den Gegenden, von denen hier die Rede ist, kann man, wie man jetzt sieht, alles anbauen: Winterroggen, Mais, Sonnenblumen, Kolben- und Mohrenhirse, Soja. Selbst mit Reis hat man experimentiert, aber der Reis kam nicht fort. Weizen vom Staatsgut »Chalchyn Gol« liefert Erträge bis zu zwanzig Dezitonnen vom Hektar. Die jungen Sortenzüchter haben die »Anziehungskraft« der in der Gesellschaft noch lebendigen Traditionen überwunden und nötigen in mühevoller Arbeit ohne Scheu vor eigenen Fehlern die Steppe, Getreide hervorzubringen. Daß diese Leute sozusagen über ihren eigenen Schatten springen, ist vielleicht ihr größter Sieg, den sie davongetragen haben.

Suwdaa wird häufig gebeten, mit dem Traktor und einem angekoppelten Pflug oder Grubber über die Versuchsfelder zu fahren, weil man sich auf ihre absolute Gewissenhaftigkeit und Korrektheit bei der Erledigung solcher Aufgaben verlassen kann. Die Furchen, die sie zieht, brauchen nicht mehr überprüft zu werden. Dieser Verbindungen wegen oder vielleicht auch aus anderen Gründen liest unsere Suwdaa viel und will sich am Institut für Landwirtschaft bewerben. Wir wollen nicht orakeln, wie sich das weitere Schicksal dieses Mädchens gestaltet, obwohl man als sicher annehmen kann, daß sich durch das Studium am Institut bei ihr die Gewohnheiten der seßhaften Lebensweise noch weiter festigen werden, sich ihr Leben stärker dem Stadtleben angleichen wird. Vielleicht kommt sie in der Ferienzeit zu ihrem Vater in die Ostgobi, wohnt in der Jurte, wird sich wieder mit dem schmalen Messer genüßlich ein Stück Hammelfleisch abschneiden, wie sie es als Kind, den Vater nachahmend, getan hat, aber den Bazillus »Ackerbau« wird sie nicht mehr los. Solche Mechanisatoren mit einem Werdegang wie Suwdaa oder einem ähnlichen gibt es im Lande schon an die dreißigtausend.

Wir verließen das Feldlager am späten Abend. Vom Chalchyn Gol her wehte ein heftiger Wind, der den Wermut gegen den Boden drückte. Suwdaa stand am Traktor, im Scheinwerferlicht, das ihr unter dem Strohhut hervorquellendes Haar der Dunkelheit entriß. Ihr Gesicht sah ich nicht. Sie hielt die Hände auf dem Rücken verschränkt, so als zöge sie unter dem Sternenhimmel einen Traktor hinter sich her, einen Pflug, einen Acker, die ganze Erde.

Am Chalchyn Gol

Ein Kindertraum hat sich mir erfüllt: Ich bin in einem Unterstand am Chalchyn Gol. In Augenhöhe liegen rußgeschwärzte leere Patronenhülsen vor mir, die aus dem Gras herausschauen, und ein zertrümmertes Getriebegehäuse von einem Panzer oder Panzerspähwagen, und ich versuche, zu entziffern, was da einer mit einem Nagel darauf eingeritzt hat: »Kalmykow schlug die Samurai ...« Er, der Soldat Kalmykow, wollte nicht spurlos in diesem Gras verlorengehen, und der im Steppengras zurückgebliebene rostige Haufen Metall mit seiner letzten Nachricht ruht nun unter einer Stacheldrahtrolle wie unter einer Dornenkrone. Neben meinem Gesicht rauschen Ähren; sie schlagen einen Bogen um das Getriebegehäuse, sie umstehen das Bruchstück einer Flugzeugtragfläche, ohne es zu berühren. Ein Traktorist hat das Feld bestellt, diese Zeugen des Krieges aber dabei nicht einmal gestreift. Hinter Büschen, zwei Schritt weg, gibt es auf dem Hügel eine Erdhütte – die einstige Kommandozentrale von Marschall Tschoibalsan und Truppenkommandeur Shukow.

»Treten Sie doch ein wenig zur Seite«, bittet mich der Kommandeur des Wachpostens, Leutnant Dunschig, als wir aus dem Schützengraben gestiegen sind, »dieses Vogelnest hier darf nicht in den Schatten geraten.« Ringsum weit und breit kein Bäumchen, nur grüne Hügel und Steppe bis zum Horizont, den Kamelhöcker gewellt erscheinen lassen. Ein Vogelnest im Gebüsch, zwei Dutzend blanke Eier, die jeden Augenblick unter den Schnabelhieben ihrer Insassen auseinanderbrechen können. »Die alten Leute sagen«, fährt der Leutnant fort, »wenn ein Schatten auf ein Nest fällt, kehrt die Vogelmutter nicht zu ihm zurück.«

Diese Bemerkung des Leutnants machte mir bewußt, wie zählebig Überlieferungen doch sind. Seit dem 13. Jahrhundert hatte sich bei Generationen von Menschen, mit unterschiedlichster Sprache und an entgegengesetzten

Moderne Neubauten in Ulan-Bator. – Die Hauptstadt ist zugleich das wichtigste Industriezentrum des Landes

Enden der Erde lebend, die Vorstellung herausgebildet, die Mongolen seien ein kriegerisches Volk. So also begründeten die Reiter Tschingis-Khans für viele Jahrhunderte im voraus den Leumund eines Volkes, das aber in den sieben letzten Jahrhunderten keinen einzigen Krieg mehr geführt hat. Die Lieder der Mongolen kennen keine militanten Marschrhythmen, und selbst in seiner Nationaltracht bindet der Mongole an der Stelle, wo Angehörige anderer Völker eine Waffe tragen, einen Beutel an mit einem Feuerstein, ein Säckchen mit einer Tabakdose, eine Schale für Tee, zwei Stäbchen und ein schmales Messer, mit dem der Mongole in der Jurte, auf die er unterwegs stößt, sein Fleisch schneidet. Sieht man von den Volksaufständen und revolutionären Kämpfen des Jahres 1921 ab, als Maimatschin (Kjachta) und Urga (Ulan-Bator) befreit wurden, ergibt sich, daß seit dem Mittelalter die Ereignisse am Chalchyn Gol für die Mongolen den ersten großen kriegerischen Konflikt darstellten. »Als ich das erste Mal auf einen Menschen zielte«, sagte mir ein Teilnehmer jener Kämpfe, »zitterte alles an mir, das Gewehr schwankte von einer Seite zur anderen, aber dann habe ich mich daran gewöhnt ...«

Ich bückte mich und hob unter einem Busch eine eingedrückte Zinkschachtel auf, wischte mit dem Ärmel den Sand ab: »Glawmauser. Patronen 7,63 mm. Serie 002, 1939.« Mich irritierte der Gedanke, daß ich diese Gegend möglicherweise schon einmal gesehen haben könnte und jetzt sozusagen wiedererkannte, obwohl ich doch das erste Mal hier war. So sah ich in Gedanken diese Gegend, als ich den Erzählungen des alten Chorloo lauschte, eines ehemaligen Sergeanten und Kommandeurs eines 76-mm-Geschützes. Ich hatte diesen Chorloo, Ehrenveteran der Mongolischen Volksarmee, in seiner Jurte am Rande der Siedlung Berch getroffen. Die sehnigen Hände auf die gespreizten Knie gestützt, hatte mich der alte Mann, Tränen in den Augen, angeschaut und mich ausgeforscht, ob ich in der Sowjetunion nicht einmal einen Leutnant Matejew A. A. getroffen hätte, Instrukteur seiner Batterie im Krieg am Chalchyn Gol. Chorloo betonte mit besonderem Nachdruck dieses »A. A.«, wohl in der Hoffnung, diese Einzelheit wecke in mir eine Erinnerung. In dieser Gegend oder einer anderen, ihr ähnlichen, geriet die Geschützbedienung damals in einen Kessel. Bei den mongolischen Artilleristen befand sich Matejew, Leutnant Mjataw, wie die Mongolen ihn nannten. Drei Tage und drei Nächte erwiderte die Batterie das Feuer, doch die Japaner gruben sich einen halben Kilometer entfernt ein und kamen bis auf vierhundert, später dreihundert Schritt heran. Die Sonne brannte, es gab weder Essen noch Wasser, und die Soldaten waren am Ende ihrer Kräfte. Matejew befahl, mit dem Spaten den Sand umzugraben und sich darauf zu legen, damit die Brust die Kühle spürte. Den Soldaten schwindelte, kniend und schwankend wühlten sie den Sand auf. Am vierten Tag traten Abteilungen der Sowjetarmee in diesem Abschnitt zum Nahkampf an, und Matejew führte die mongolischen Artilleristen ins Gefecht. Sie brachen aus der Umzinglung aus, und als dann alles vorbei war, als von allen Seiten sowjetische Soldaten herandrängten und ihnen ihre Feldflaschen mit Wasser reichten, da weinten die Artilleristen, und mit ihnen weinte auch Leutnant Mjataw.

Ich konnte dem alten Kanonier nicht helfen. Er aber blickte mir unverwandt in die Augen und wiederholte immer wieder die Angaben, die sich seinem Gedächtnis eingegraben hatten. Danach stammte Leutnant Mjataw aus dem Ural, er war Absolvent der Militärschule Moskau und hatte stets ein Lächeln auf dem Gesicht. Und ein sehr gütiger Mensch muß er auch gewesen sein. In der Batterie diente ein junger Soldat namens Sodnomdshamz. Einmal hatte er den Erdsporn der Geschützholme nicht richtig verankert oder überhaupt vergessen, sie zu verankern. Beim Abfeuern wurde das Geschütz beiseite geschleudert, und nur dem Zufall war es zu danken, daß die Bedienungsmannschaft am Leben blieb. Der Soldat sollte vors Kriegsgericht gestellt werden, doch Leutnant Matejew trat für ihn ein. Der Soldat, sagte er, hätte übereilt gehandelt, ihm würde so etwas nicht wieder passieren. Der Kanonier kämpfte dann auch tapfer bis zum Ende. Seinen fast gleichaltrigen Instrukteur (alle waren sie kaum über zwanzig) nannte er auf mongolisch »ezeg«, was Vater bedeutet.

Wie sich das Schicksal von Matejew A. A., Offizier der Sowjetarmee, im weiteren gestaltet hat, weiß ich nicht, stand doch der Große Vaterländische Krieg erst noch bevor. Wenn er ihn aber überstanden hat, wenn er noch lebt und gesund ist, dann möge er wissen, wie dankbar man sich seiner am Chalchyn Gol erinnert.

Leutnant Dunschig sattelte sein Pferd, ich folgte seinem Beispiel, und wir ritten, die Tiere mit der Peitsche antreibend, zum Fluß hinunter. An der Übergangsstelle ist der Chalchyn Gol nicht tief, wir mußten aber dennoch die Beine in den Steigbügeln anheben. Mir hatte man ein altes Pferd gegeben, was bin ich auch schon für ein Reiter! Es trödelte lange durch das Wasser, ließ sich von der Strömung abtreiben, während der Hengst des Kommandeurs bereits am anderen Ufer prustete. Wir ritten den Grenzstreifen ab. In diesem Abschnitt war auf chinesischer Seite ein Steppenbrand ausgebrochen, das Feuer hatte auf mongolisches Gebiet übergegriffen. Von beiden Seiten kamen Grenzsoldaten – Mongolen und Chinesen – zur Brandstelle gesprengt. Die Offiziere grüßten einander, und man ging daran, das Feuer zu

Blick aus dem Hubschrauber auf ein altes Viertel von Ulan-Bator, für das noch eingezäunte Jurten charakteristisch sind. – Das Kloster Gandaan, in dem 1979 auch der Dalai-Lama bei seinem Besuch der MVR zu Gast war

löschen. Als die Arbeit getan war, zogen sich die Grenzer schweigend auf ihre Ausgangspositionen zurück. »Andere Vorkommnisse hat es im Grenzbereich Chamar-Dawaa nicht gegeben«, sagte der Leutnant.

Dieser Grenzposten war es, der im Jahre 1939 als erster in die Kämpfe am Chalchyn Gol geriet. Teilnehmer dieser Schlacht können so manches darüber erzählen; mir ist da folgende Einzelheit in Erinnerung geblieben: Außer dem Kommandeur des Grenzpostens, Tumurbaatar (heute Held der MVR), waren alle zweiunddreißig Grenzer, wie mir einer von ihnen berichtete, junge Rekruten und sämtlich Analphabeten. Nun ist ja bekannt, daß 1933 in der Mongolei nicht einmal drei Prozent der Kinder im Alter von acht bis siebzehn Jahren eine Schule besuchten. Wenige Stunden vor Ausbruch des Krieges saßen die jungen Grenzer im Gras vor ihrer Erdhütte an einer großen, mit in Öl gelöstem Ruß gestrichenen Tafel und malten mit dem Peitschenstiel ihre ersten Buchstaben. Von Kindheit an hatten sie ihre Herden gezählt, doch Zahlen schreiben konnten sie nicht. Als dann die Japaner die Grenze überschritten, fremde Kavallerie im Trab auf die Soldaten zukam, griffen diese zu ihren Drillingsbüchsen und sprangen in die Sättel. Im Grenzposten steht an der Tafel, vor der sie gesessen hatten, heute ein kleiner Obelisk mit ihren Namen.

Ich stand an diesem Obelisk und beobachtete eine Abteilung mongolischer Grenzer der achtziger Jahre, eine neue Generation, die zur abendlichen Vergatterung angetreten war. Die Soldaten waren von stattlichem Wuchs (die Akzeleration ist auch an den Mongolen nicht vorübergegangen) und kräftigem Körperbau, denn alle oder fast alle besaßen sportliche Qualifikation. Unter den Grenzsoldaten gibt es Meister des Sports, ja sogar internationale Meister. Mehr als die Hälfte dieser Soldaten (60 Prozent) haben die Zehnjahresschule absolviert, die übrigen sind Abgänger der achten Klasse. Sie handhaben die neue Militärtechnik, kennen sich in der modernen Nachrichtentechnik aus, fahren Autos und Motorräder.

Bei allen sozialen und psychologischen Unterschieden zwischen den mongolischen Grenzern der dreißiger und denen der achtziger Jahre gibt es doch etwas Gemeinsames, was sie verbindet und ihre unlösbare Einheit verrät. Das ist ihre Liebe zu Haustieren, besonders zu Pferden. Der Grenzposten verfügt über dreißig Kamele, zweihundert Pferde und fünfhundert Schafe. Haben die Soldaten wachfrei, hüten sie das Vieh, treiben es zur Tränke, schwämmen und putzen es, nicht etwa als Strafdienst, als außerdienstliche Maßnahme, sondern ausschließlich freiwillig. Die Pferdeherde pflegen, das dürfen nur die Besten bei der Gefechts- und Politausbildung, es gilt als höchste Auszeichnung. Der Soldat schnitzt sich einen hölzernen Striegel, bringt

Verzierungen darauf an und arbeitet seine ganze Liebe zu Pferden ein. Wenn die halbnackten Soldaten im Fluß die Pferde schwemmen und dabei ihre Rückenmuskeln spielen lassen, glaubt man, ein Bild von Rubens vor sich zu haben.

Ähnliches erlebte ich auch bei Grenzsoldaten in der Südgobi, die auf schwer durch den Sand stampfenden Kamelen Streife ritten. Die Augen zusammengekniffen, beobachteten sie aufmerksam die vom Wind geglätteten Hänge der Wanderdünen, ihre Blicke verweilten an den flachen Vertiefungen, die nur dem verdächtig vorkommen, der schon von Kind an vom Wind gewirbelten Sand von einer älteren Hufspur zu unterscheiden weiß. Diese Wüstenbewohner, Nachfahren früherer Kamelkarawanenführer, können lange ohne Pause im Sattel sitzen, ohne daß Auge und Ohr an Schärfe verlieren. Der Dienst bei den Grenztruppen ist für junge Leute, die aus der Wüste und der Steppe stammen, außerordentlich attraktiv und interessant: Sie sind unter Altersgenossen, mit vielen Menschen zusammen, man schläft in einer Baracke in Doppelstockbetten, man steht auf Kommando auf, läuft gemeinsam, treibt Frühsport, der Tag ist genau eingeteilt, man darf nirgendwo zu spät kommen, und das betrifft nicht nur einen selbst, sondern alle neuen Genossen, die das Haar ebenso kurzgeschoren tragen wie man selbst. Die jungen Männer aus ländlichen Gegenden sind gewöhnlich hager, sehnig, sportlicher und disziplinierter als ihre Altersgenossen aus der Stadt.

Die Jurte ist es wohl, die ihre Bewohner von Kind an zur Selbständigkeit erzieht, die mongolischen Soldaten führen sich nämlich ausgezeichnet auf. Sie stopfen sich ihre Strümpfe, putzen ihre Stiefel, nähen sich die weißen Kragenbinden in ihre Feldbluse – all das macht ihnen keine Mühe, sie müssen nicht erst vom Feldwebel Weisung erhalten. Sie helfen einander im Soldatenalltag. Mitunter ziehen Leute gemeinsam auf Wache, die aus der westlichen wie aus der östlichen Mongolei kommen, die aus den dort lebenden vielen Völkerschaften stammen und die sich nicht nur durch Bräuche und Traditionen, sondern mitunter auch durch die Sprache voneinander unterscheiden. Obwohl Chalchyn Gol in der Übersetzung »Fluß der Chalcha-Mongolen« bedeutet, sind es auch Burjaten, Bajaten, Dörbeten, Usbeken, Kasachen, Udsumtschinen, Chotonen, Zaatan und andere, die gemeinsam mit den Chalcha-Mongolen die Staatsgrenze bewachen …

Die Jahre vergehen, der Zeitpunkt der Entlassung aus dem aktiven Wehrdienst rückt näher, und da zeigt sich, daß der Arate, der gestern die Militäruniform angezogen hat, heute schon nicht mehr der gleiche ist, der vor drei Jahren hier eintraf. Er weiß jetzt mehr, ist gewandter, Technik und Transportmittel sind ihm vertraut. Er hat unter seinen Altersgenossen aus der

Die buddhistischen Mönche von Gandaan nehmen aktiv am gesellschaftlichen Leben ihres Landes teil. – Rechts: Maske eines Dämons, darunter zwei Plastiken aus dem ehemaligen Kaiserpalast in Ulan-Bator

Stadt Freunde gefunden. Den streng geregelten Tagesablauf empfindet er schon nicht mehr als Belastung, im Gegenteil, er erleichtert ihm das Leben. Die Briefe von daheim machen ihm nicht mehr so das Herz schwer wie in der ersten Zeit, und seine Zukunft sieht er nicht in seinem früheren Milieu, sondern in einem ganz neuen, in der Stadt. Kehrt der Soldat aber doch wieder in die Steppe zurück, dann wird er gewöhnlich Mechanisator oder Kraftfahrer, denn eine Tätigkeit in diesen Berufen kommt dem am nächsten, was er auch beim Militär tun mußte. Im neuen Beruf empfängt man ihn mit offenen Armen, Arbeitskräfte werden ja überall gebraucht. Er weiß das, wägt zwischen den verschiedenen Möglichkeiten ab und gibt schließlich der den Vorzug, die ihm ein großes Kollektiv oder die Nähe von Freunden aus der Armeezeit bietet.

Man sagt, um die zwanziger Jahre herum hätten am Chalchyn Gol, wo Ende der dreißiger Jahre die Kämpfe stattfanden, dreitausend Jurten gestanden. Hier lebten wohlhabende Chalcha und Barguten. Niemand weiß, was damals zwischen ihnen vorgefallen ist, was sie insgeheim abgesprochen haben, jedenfalls wurden in einer Septembernacht noch vor Sonnenaufgang die Jurten abgebaut, und als sich der von den Herden aufgewirbelte Staub verzogen hatte, war auch nicht die Spur mehr von ihnen zu finden, so als hätte hier nie eine Siedlung gestanden. Nur ein schwarzer Hund mit zerquetschter Pfote, der unter die Räder eines Wagens geraten war, winselte kläglich, bald in die eine, bald in die andere Richtung gewandt. Die Chalcha zogen nach Westen und stellten ihre Jurten rund um die mongolischen Somone auf, während die Barguten nach Osten zu den Mandschuren wanderten. Mit ihnen rückte auch der damalige Kommandeur des mongolischen Wachpostens ab, der eine Bargutin geheiratet hatte. Er kehrte im Sommer 1939 als Offizier der japanischen Armee zurück, kämpfte gegen die Mongolen und wurde von jenen getötet, mit denen zusammen er einst Dienst an der Grenze getan hatte.

Diese Geschichte erzählte mir Major Genden, Kommandeur des Grenzpostens, im Chalchyn-Gol-Krieg Kommandeur einer Abteilung. Sie fiel ihm wieder ein, als wir durch die Jurtensiedlung der landwirtschaftlichen Vereinigung »Jalalt« gingen, die an der Mündung des Orschuun in den Chalchyn Gol liegt. Die Viehzüchter ziehen im Sommer in der Nähe umher, im Winter aber entfernen sie sich hundert Kilometer weit und halten mit Geschrei die Herden von den von Wermut überwucherten Schützengräben fern.

»Gibt es hier noch Hirten, die damals an den Kämpfen teilgenommen haben?« erkundigte ich mich.

»Leute, die Schafe für die Armee trieben, die gibt es noch, aber ehemalige Kriegsteilnehmer haben wir hier keine mehr.«

»Sollte wirklich niemand mehr in der Gegend leben, wo er einmal gekämpft hat?«

»Nein, niemand ... Ach ja, doch, ein alter Mann, ein früherer Lama, er hat damals Brot gebacken.«

»Für wen denn?«

»Na für die Armee!«

»Und wann war das?«

»Mitten während der Kämpfe.«

»Welche Jurte ist die seine?«

»Dort, die dritte von links. Aber gekämpft hat er nicht, er ist doch Lama gewesen!«

Der Tür gegenüber saß in seiner leeren Jurte auf dem Bodenfilz, die Beine gekreuzt, ein weißhaariger alter Mann in der Haltung eines Potentaten, der seinem Untertan gestattet, ihm zu Füßen zu fallen. Ein Bündel Lichtstrahlen entriß dem Halbdunkel ein pergamentenes, von winzigen Fältchen gefurchtes Gesicht mit eingefallenen Wangen und einem schmalen grauen Bärtchen, das einen hölzernen Rosenkranz in seinen dunklen Händen berührte. Der alte Mann saß reglos da, er lud mich auch nicht zum Sitzen ein, beobachtete nur aus den Augenwinkeln, wie ich näher trat. Um den halboffenen Mund spielte ein leises Lächeln, das mir schon im voraus alle meine noch zu erwartenden Fehler verzieh. ›Tritt ein, wenn du möchtest, ich sehe dich so, wie du bist, mit deinen nebensächlichen Fragen, die meinen Gedanken nur lästig sind‹, stand auf seinem reglosen gütigen Gesicht zu lesen.

Der alte Mann trug einfache Leinenkleidung, die ihm von den knochigen Schultern herabhing. Im ersten Moment aber schien mir, als trüge er weißen Atlas, säße er auf einem seidenen Kissen und schwebe über der Filzmatte wie ein weiser geheimnisvoller Geist. Vielleicht ging in diesen Minuten ein alter Wunsch von mir in Erfüllung, in der Wüste einmal einem geistlichen Lehrer zu begegnen. Damals wußte ich noch nicht, daß er Kind eines Nomaden, eines Schneiders, war, das man mit sieben Jahren in das Kloster Tamzag-Bulag gegeben hatte, daß er bis zu seinem zweiunddreißigsten Lebensjahr mit den buddhistischen Brüdern bei Wacholderdunst und beim Duft brennender Stearinkerzen seine Gebetsübungen verrichtet hatte, im Glauben an seine Bestimmung, fremde Leiden zu lindern. All das erfuhr ich erst später, von ihm selber. In jenen ersten Minuten aber, als ich ihn mir so anschaute oder vielmehr, als er mich gnädig mit seinen erhabenen Gedanken

Moderner Hotelkomplex in der rasch wachsenden Hauptstadt. – Die Stadt Zezerleg ist Zentrum des Aimaks (Bezirks) Archangai

zu durchdringen geruhte, vermochte ich mir nicht vorzustellen, wie seine Erscheinung mit Begriffen wie »Brot«, »Bäckerei« und »Chalchyn Gol« in Verbindung zu bringen sei.

Major Genden flüsterte mir noch schnell zu, der alte Mann heiße Sambuu, sei achtzig Jahre alt und lebe zusammen mit einem Adoptivsohn, einem Motorenschlosser, einem einäugigen jungen Mann, den Sambuu als elternloses erst sieben oder acht Tage altes Kind zu sich genommen habe.

Endlich fragte ich den Greis nach dem, was mich bewegte; meine Frage verwunderte ihn überhaupt nicht, es war, als habe er sie erwartet. Er bestätigte lakonisch, daß sich alles so zugetragen habe, wie der Major es erzählt hatte. In den dreißiger Jahren öffneten sich die Klostertore, die Lamas kehrten ins weltliche Leben zurück, auch er verließ die klösterliche Jurte und ließ sich in ebenjenem Tamzag-Bulag als Bäcker nieder; dieses Handwerk hatte er im Kloster erlernt. Als in der Gegend die Kampfhandlungen begannen, gab man ihm neun Gehilfen bei, darunter einen weiteren Lama. Autos kippten Brennmaterial auf dem Hof ab, Soldaten schleppten Säcke mit Weizenmehl heran, und er bastelte sich runde und ziegelförmige Backformen. Brot wurde in Massen gebraucht, innerhalb von vierundzwanzig Stunden verknetete man fünfundvierzig Sack Mehl. Tag und Nacht wurde gebacken, in der Bäckerei war es heiß, nicht alle hielten die Anstrengungen aus und fielen um. Im Hofe aber warteten Armeelastwagen und nervöse Offiziere. Sambuu half den Soldaten, die Säcke mit dem Brot zu schleppen. Einmal kam Tschoibalsan in die Bäckerei und schüttelte ihm die Hand: »Danke, Sambuu-guai, du bäckst ausgezeichnetes Brot!«

»Guai« ist im Mongolischen eine ehrerbietige Anrede an Ältere.

»Wissen Sie«, sagte ich, »in der Literatur habe ich nichts gefunden, was auf eine Bäckerei am Chalchyn Gol hinweist.«

Der Alte lächelte:

»Man soll sich nicht grämen, wenn die Menschen einen nicht kennen, man soll sich vielmehr darüber grämen, daß man selber die Menschen so wenig kennt.«

Er senkte den Blick und ließ den Rosenkranz durch die Finger gleiten.

»Seither haben Sie wohl diese Gegend am Chalchyn Gol überhaupt nicht mehr verlassen?«

»In der Heimat ist einem auch grobe Leinwand weich, in der Fremde aber ist selbst Seide nicht weicher als Leinwand.«

»Auch Ihre Jurte ist immer noch dieselbe?«

»Teppiche, Seide und Korallen glänzen, solange der Mensch lebt. Ist er jedoch nicht mehr, werden sie matt wie alle Dinge eines Toten.«

»Und wovon leben Sie? Haben Sie Schafe, Kühe oder Ziegen?«

»Wann der Tod kommt, weiß ich nicht. Wozu brauche ich Nahrung für ein ganzes Jahr?«

»Haben Sie Freunde?«

»Freund sind mir die, die sich von den acht Wünschen befreit haben.«

»Wovon?« Ich verstand nicht recht.

»Von den acht Wünschen des Erdendaseins: Glück für sich selbst — das Leid den anderen; Reichtum für sich selbst — Armut den anderen; Lob für sich selbst — Tadel für den anderen; einen guten Namen für sich selbst — einen schlechten für die anderen.«

Ich wandte mich zu Major Genden um:

»Ich dachte, dieser Mann ist Veteran vom Chalchyn Gol?«

Der alte Mann schüttelte den Kopf: »Nein, ich habe nicht gekämpft ... ich habe nur Brot gebacken.«

Sambuu-guai führte uns ans Ufer des Chalchyn Gol, zu den Ruinen des Ich-Burchan, des »Großen Burchan«, erbaut von dem mongolischen Fürsten To-Wan in den sechziger Jahren des 19. Jahrhunderts. Kolonnen von bettelarmen Krüppeln hatten damals über ihre Köpfe hinweg die Steine weitergereicht und auf dem sanft ansteigenden Ufer drei ineinandergeschachtelte Rechtecke gebaut, das äußere maß einhundert mal zweihundertfünfzig Schritt. Nach den Worten des alten Mannes errichteten sie im Mittelpunkt ein riesiges steinernes Standbild der buddhistischen Gottheit Dshanraisig mit vielen Armen, die sich nach allen Himmelsrichtungen ausstreckten, daneben Darstellungen eines Elefanten, eines Hasen, eines Affen und anderer Tiere der buddhistischen Mythologie. Im inneren Quadrat, das an eine Tempelikone erinnerte, standen in Stein gehauene Frauengesichter, Suburgane und Lotosblumen, zu einer bizarren Komposition, einer Art Schutzmauer zusammengefügt, die in den Augen der Gläubigen andersgläubigen Völkern den Weg nach Westen versperrte, für alle übrigen aber ein herrliches Denkmal mongolischer Bildhauerkunst. Man erzählt, Karawanen hätten früher einen Umweg von hundert Kilometern gemacht, nur um den Großen Burchan am Chalchyn Gol zu sehen. Archäologen haben an dieser Stelle ein weitaus älteres Denkmal aus dem neunten Jahrhundert entdeckt. Die Zeit hatte ihm übel mitgespielt, und der kunstverständige Fürst hatte das alte Bauwerk in der Art und Weise restaurieren lassen, wie sie den religiös-ästhetischen Gefühlen seiner Generation entsprach.

»Das ist also der Ich-Burchan«, sagte Sambuu-guai.

Wir standen auf dem Gras im Zentrum der steinernen Rechtecke, inmitten von Ruinen. Ich bückte mich und riß ein Stück Kalkstein aus dem Erdboden. Es zeigte ein schönes Frauengesicht, gestaltet nach den Gesetzen der griechischen und römischen Kunst, gleichzeitig aber auch beeinflußt von buddhistischen Glaubensvorstellungen. Das reine Oval des Gesichtes, die gerade Nase, die großen Augen, die hohe Stirn, mit Lotosblättern geschmückt, die eine gemusterte Krone bildeten, an den Ohren große Gehänge, die bis zu den Schultern reichten. Das alles schien gleichsam aus dem Stein herauszuwachsen, der um den Kopf, oberhalb der Lotosblätter, eine Art Aureole bildete. Es war das Gesicht eines etwa zwanzigjährigen Mädchens mit einem Lächeln, das nicht ein äußerer Umstand, sondern wohl eigene Gedanken hervorgelockt haben mochten, das Lächeln einer Mona Lisa, gleichzeitig aber auch das Gesicht eines Mädchens von heute, einer Studentin etwa, die sich mit einem Lotoskranz geschmückt hat. Ich weiß nicht, wer für diese wundervolle Plastik Modell gestanden hat; es besteht wohl kein Zweifel, daß der Künstler von der Natur selbst inspiriert worden ist. Wir befestigten die »Mona Lisa« wieder in den Steinen, mit dem Gesicht zum Chalchyn Gol.

Als wir gleich darauf einen zweiten Steinbrocken aufhoben, brachen wir in einen Ruf der Bewunderung aus: eine weitere Schöne! Und was für eine! Das gleiche ebenmäßige Oval des Gesichts, aber schmalere Augen mit riesigen halbkreisförmigen Brauen, auf dem Kopf das hochstehende Haarbüschel, das in der buddhistischen Mythologie den Sitz göttlicher Weisheit darstellt. Wer mochte das sein? Vielleicht die bezaubernde Tara, die Nothelferin, die den Menschen durch den wilden Strom des Lebens geleitet? Man sagt, sie sei aus einer Träne des heiligen Awalokiteschwara geboren. Das geheimnisvollste an dieser Plastik waren die Darstellungen von Schlangen um das Haupt. Sähe man diese Plastik in einem Museum, außerhalb des Ich-Burchan, könnte man denken, es sei die Medusa Gorgo, von einem unbekannten Meister dargestellt. Das Wesen dieser Frau ist allerdings ein anderes: Diese hier ist zu nichts Bösem fähig.

Die beiden Plastiken waren angeschlagen, stellenweise abgebrochen und zerbröckelt, als hätte jemand Nägel hineingetrieben oder mit dem Hammer auf den Stein eingeschlagen. Das sah nicht aus nach Einwirkung von Wind, Schnee, Regen, und Steinschlag konnte es auch nicht gewesen sein, woher auch. Ich konnte mir einfach nicht zusammenreimen, welch zerstörerische Kraft es war, die diese herrlichen Kunstwerke vernichtet hatte.

»Gehen wir doch einmal hinunter zum Fluß«, schlug Sambuu-guai vor.

Fast unmittelbar am Wasser liegt der Komplex des Kleinen Burchan, genauer gesagt, auch hier nur die Ruinen davon. Auf den Fluß hinunter schaut ein kanonischer Buddha mit dem dreischichtigen Haarbüschel, in den Händen ein Gefäß, die Augen halb geschlossen, die langen Ohren, die Weisheit symbolisieren, berühren die Schultern. Links von ihm ein Frauenkopf, von einer anderen Plastik abgeschlagen, mit den gleichen Lotosblütenblättern auf dem Kopf wie bei unserer »Mona Lisa«, doch mit einem nachdenklicheren, vielleicht sogar melancholischen Gesichtsausdruck. Auf der anderen Seite des Buddhas ein Hochrelief, das einen tanzenden Dokschid, einen Streiter für den buddhistischen Glauben, mit einem furchteinflößenden, die Feinde der Religion abschreckenden Antlitz darstellt. Das Haupt krönen fünf Schädel.

Ganz in der Nähe mündet der Chalchyn Gol in dichtem Weidengebüsch in den Buir nuur (Buirsee), bildet angesichts chinesischen Bodens hier neutrales Gewässer. Die mongolischen Fischer fangen an der Mündung Taimen, Hecht, Wels und Karpfen; wenn Sturm aufkommt und die Boote in fremde Gewässer treiben will, werfen die Mongolen die Motoren an und preschen mit Geknatter zurück zur Fischersiedlung, wo ihre Frauen in Gummistiefeln den Fang vom Vortag einsalzen.

»Wodurch ist Ich-Burchan zerstört worden?« fragte ich.

Major Genden antwortete:

»Die Japaner haben es unter Direktbeschuß genommen.«

Sambuu-guai wiederholte:

»Nein, ich habe nicht gekämpft ... Ich habe nur Brot gebacken!«

Bei Tschingis-Khan

Ein Kranich knickte raschelnd das Schilf, flatterte unmittelbar vor meinen Stiefeln auf und verdunkelte für einen Augenblick die Sonne. Sein Flug sah harmonisch aus und makellos schön, und je länger ich ihm mit den Augen folgte, um so deutlicher schien mir, daß sich auf dem Kranichrücken ein Dao-Einsiedler abzeichnete. Der Mönch ließ die unter seinem Gewand verborgenen Füße auf die linke Schwinge sinken und schwebte zum Himmel empor, einer weißen Wolke zu. Ich wußte, wie dieser altehrwürdige Greis aus der Sekte der Goldenen Nenüfar heißt, der da vor meinen Augen den weißgefiederten Kranich gesattelt hatte. Ich suchte im Gras nach seinen Spuren, nach irgendeinem winzigen Überbleibsel, das von seinem kurzen Aufenthalt hier am Buir nuur zeugen mochte, obwohl mir der Verstand sagte, daß nach nunmehr 760 Jahren das Ufer wohl kaum noch etwas davon bewahrt haben konnte; aber ich wollte doch so gern etwas finden, und sei es, in einem morschen Stück Holz etwa einen Rest von dem Wanderstab zu erkennen glauben, auf den sich der Mönch gestützt hatte, als er Ende April oder Anfang Mai 1221 hier, zu abendlicher Stunde vor den grünen Wellen stehend, im Kreise andächtig lauschender Schüler und der Welt entrückt, als denke er laut, seine Verse deklamierte:

»Mich erreichen die Zwistigkeiten der Welt nicht, in der Einsamkeit herrscht allein der Gedanke eines Mannes des Geistes ...«

Ich folgte im Auto seiner Spur, genauer gesagt, der Richtung, und machte etwa dort halt, wo die Daoisten damals ihr Lager aufgeschlagen hatten, soweit sich das nach einem Blick in die Tagebücher des den Tschang-Tschun begleitenden Schülers Litshitschang feststellen ließ. Dieser Schüler hat uns sein Werk »Si ju tsi oder die Reise nach Westen« hinterlassen, das in Rußland in der Übersetzung des Archimandriten Palladius (Kafarow) in den »Veröffentlichungen der Mitglieder der Russischen Geistlichen Mission in Peking« 1866 erschienen ist.

Ein sonderbares Völkchen sind diese Daoisten schon gewesen. Verehrer einer unsichtbaren Energie, einer im Geheimen wirkenden Kraft des Weltalls. Das ganze Leben in der Betrachtung des Dao verharrend und mit ihm eins geworden, hofften sie, die Seele von Furcht zu befreien. Tod und Leben waren für sie wie Kälte und Wärme. Als Philosophen, Poeten und Einsiedler wandelten sie auf der Erde, sie wollten Einfluß nehmen auf die Wirklichkeit, ohne zu handeln, allein durch das Beispiel ihres eigenen würdigen Lebens. Es hieß, die daoistischen Mönche suchten nach Mitteln zur Verlängerung des menschlichen Lebens über seine normalen Grenzen hinaus. Ihre Lehre, ihre Apologeten haben Spuren in den Hirnen vieler bedeutender Persönlichkeiten hinterlassen. So erzählt man, bei Lew Tolstoi in Jasnaja Poljana habe man sich ein Spiel ausgedacht, bei dem jeder die seiner Ansicht nach zwölf bedeutendsten und die zwölf beliebtesten Persönlichkeiten der Menschheitsgeschichte aufschreiben mußte (Bedingung: Nicht genannt werden durften Christus und Lew Tolstoi.) Tolstoi schrieb die bedeutendsten und die beliebtesten auf ein und dieselbe Liste und nannte nach Epiktet, Mark Aurel, Sokrates, Platon, Buddha, Konfuzius auch Laozi (Lao-tse), den Begründer der daoistischen Schule.

Einer der bedeutendsten Daoisten des dreizehnten Jahrhunderts war Tschang-Tschun aus der Sekte Goldenes Nenüfar, ein bescheidener, friedliebender Weiser, ein Gelehrter und Poet, ein Mann mit einer großen Seele und einem starken Charakter, der auch vor den Mächtigen der Welt stolz auftrat. Die Herrscher benachbarter Länder riefen den Einsiedler ins Land, denn sie hofften, an Weisheit zu gewinnen und in der Meinung ihrer Mitmenschen noch höher zu steigen, doch der Daoist schenkte ihnen keinerlei

Beachtung. Er antwortete in dem Sinne, daß es pausenlos Wind und Staub gebe und der Himmel sich verdunkelt habe, er aber sei alt und schwach, könne das Reisen nicht vertragen, außerdem, so schrieb er, »stünden Entscheidungen über Kriegs- und Staatsangelegenheiten nicht in seiner Macht«. So lebte der alte Mann sein Leben, vervollkommnete sich im Dao, schrieb Verse im Kreise seiner ihn verehrenden Schüler, als plötzlich zur Verwunderung der gesamten Daoistenschule der 72jährige Tschang-Tschun eine lange und gefährliche Reise antrat und sich durch die Mongolei nach Turkestan, bis an die Grenze zu Indien begab. Tschang-Tschun folgte einem Ruf Tschingis-Khans – der Greis mußte ihm folgen, nicht etwa aus Furcht vor dem Beherrscher der halben Welt, sondern auf Grund irgendwelcher komplizierter Zwänge, die nicht einmal er selbst hätte artikulieren können und die uns nur die Möglichkeit lassen, Vermutungen anzustellen.

Nicht eindeutig klar in dieser Geschichte ist auch die Position von Tschingis-Khan, einem schon damals mächtigen Herrscher mit einer bereits gefestigten Vorstellung von den Werten des Lebens, die seine Gedanken in der nicht auf Kriegszügen verbrachten Zeit beschäftigten. Einmal forschte er die ihm Nahestehenden aus, worin ihrer Ansicht nach das höchste Glück des Menschen bestehe. »An einem schönen Herbsttag sich auf Jagd begeben«, antwortete ihm ein Nojon, »auf einem guten Pferd sitzen, mit einem Habicht oder Falken auf der Hand, und zuschauen, wie er seine Beute schlägt.« Auch die anderen antworteten ähnlich. Tschingis-Khan aber entgegnete: »Der höchste Genuß und das größte Vergnügen für einen beweibten Mann besteht darin, einen Rebellen niederzuwerfen und einen Feind zu besiegen, ihn mit Stumpf und Stiel auszurotten, alles an sich zu reißen, was jener besitzt; dessen Ehefrau zum Schluchzen und Weinen zu bringen; dessen flinke Pferde zu besteigen; die Leiber der liebreizenden Ehefrauen des Feindes in ein Schlaflager zu verwandeln, ihre rosenfarbenen Wangen anzuschauen und sie zu küssen, sich an ihren süßen beerenroten Lippen festzusaugen!«

Und ebendieser Eroberer erfährt von dem arglosen, bescheidenen, Verse schmiedenden Daoisten, seinem direkten Antipoden, lädt den Weisen in sein Lager ein, er bittet demütig, fast flehentlich: »Der Himmel hat China seiner unmäßigen Üppigkeit und Wollust wegen und ob seines Hochmutes verworfen. Ich aber, ein Bewohner der nördlichen Steppen, habe keine ausschweifenden Neigungen. Ich liebe die Einfachheit und Reinheit der Sitten, lehne Üppigkeit ab und übe Mäßigkeit. Ich trage das gleiche Gewand wie die Pferdehirten und nehme die gleiche Kost zu mir. Im Laufe von sieben Jahren habe ich große Taten vollbracht und in allen Weltteilen meine Macht gefestigt. Mein Stand ist hoch, die Pflichten sind wichtig, doch ich fürchte, daß meiner Regierung etwas fehle. Wie man ein Schiff baut, es mit Rudern ausstattet, um über Flüsse zu setzen, so lädt man auch weise Männer ein … Ich habe unablässig an Dich gedacht. Fürchte Dich nicht vor den weiten Sandsteppen, komme aus Mitleid mit dem Volke, mit dem heutigen Stand der Dinge oder zumindest aus Barmherzigkeit mir gegenüber: Nenne mir ein Mittel zur Verlängerung des Lebens. Ich selbst werde Dir aufwarten.«

Tschingis-Khan schickte zu Tschang-Tschun den zu den Mongolen übergegangenen Liu-Tschun-liu, einen Meister in der Herstellung von Pfeilen, einen seiner Vertrauten, stattete ihn mit einer goldenen, von einem Tigerkopf gekrönten Paiza aus, auf der folgendes eingraviert war: »Ist berechtigt, unumschränkt zu verfügen, so als ob ich persönlich reiste.« Diese Dienstvollmacht genügte, daß der Bote innerhalb eines Jahres am Aufenthaltsort der Daoisten anlangte. Als er dem Mönch die Einladung überreichte, sah er auf dessen Gesicht ein unschlüssiges Schwanken. »Dein Name wird an den vier Meeren mit Hochachtung genannt«, beeilte er sich hinzuzufügen, »mein Herrscher schickte mich eigens über Berge und Meere, er stellte weder die Frist eines Jahres noch eines Mondes, nur daß ich dich erreichen möge.« – »Unter solchen Gefahren zu reisen – da hast du es wirklich schwer gehabt«, antwortete der Daoist nachdenklich. Der Bote seufzte: »Mit allerhöchstem Befehl versehen, konnte ich ja gar nicht anders, als alle Anstrengungen zu unternehmen …«

Also begab sich Tschang-Tschun auf die Reise.

Der Weg der Karawane führte durch die Steppe, zwischen grünen Hügeln hin, über Salzsümpfe, Kurgane, Wasserlachen. Lange Zeit trafen die Reisenden keine Menschenseele, sie wunderten sich über dieses Land, auf dem weder Getreide wächst noch Bäume rauschen, wo lediglich dürres Gras sich unter dem Wind duckt. Am Ufer des Buir nuur standen weiße Jurten – das Standlager eines Bruders von Tschingis-Khan. Die Daoisten wurden mit allen Ehren empfangen, und man lauschte ihren weisen Reden. Nach sechzehn Tagen rüstete man für sie hundert Pferde und Ochsen und wies ihnen die weitere Richtung. »Die Nacht ist still und schweigsam«, freute sich der Mönch, »der Mond steigt hoch am Himmel empor, Berge, Flüsse, Erde – alles ist verschwunden, geblieben ist nur das eins mit der Natur gewordene Dao und De …«

Die Reisenden überquerten das Changaigebirge, zogen am Ufer des Tschuluut entlang zum Dreistromgebiet, wo Ider, Bugsui und Delgermurun sich zu dem in dieser Gegend reißenden Selenge vereinigen. Auf der anderen Seite des Flusses befand sich das Standlager einer der vier Hauptfrauen Tschingis-Khans. Die Daoisten machten Rast und sandten einen Boten hinüber, der sie melden sollte. Die Frau des Khans befahl dem Boten, den weisen Mönch zu bitten, bei ihr einzukehren und sich auszuruhen. Die Karawane setzte über den Fluß, die Räder tauchten bis zur Nabe ins Wasser. Am anderen Ufer standen Tausende von Wagen und Jurten. Man bewirtete die Daoisten mit Kumys und Sahne, schenkte ihnen säckeweise Reis sowie Silber zum Kauf von Mehl. Tschang-Tschun war gerührt und brachte in einem Brief an Tschingis-Khan seine Zweifel zum Ausdruck, ob seine Ankunft für jenen überhaupt von Nutzen sein könne. »In Lebensdingen bin ich unerfahren, im Studium des Dao habe ich es nicht sehr weit gebracht, und obgleich sich mein Ruhm in vielen Reichen verbreitet hat, stehe ich, was meine Frömmigkeit betrifft, nicht höher als andere gewöhnliche Menschen und bin von Scham gepeinigt. Wer kennt schon die geheimen Gedanken ... Mein Äußeres ist verdorrt, mein Leib ausgezehrt.«

Das Ochsengespann zog den Wagen durch die mongolische Steppe. Tschang-Tschun betrachtete eingehend die für ihn neuen Landschaften. »Der Weg führte in Windungen durch hügelige Gegend. Wohin wir auch kamen, allenthalben sah man Salzstreifen und Lachen mit stehendem Wasser. Den ganzen Tag habe ich nicht einen einzigen Wanderer getroffen, und vielleicht einmal im Jahr kommt einem ein Pferd entgegengelaufen. Auf dieser Erde wächst kein Baum, nur wildes Gras. Der Himmel hat hier keine hohen Berge hervorgebracht, nur Hügel. Getreide gedeiht hier nicht. Man ernährt sich von Milch, kleidet sich in Fell, lebt in Filzjurten und ist ebenfalls guter Dinge«, schreibt der Reisende in seinem Tagebuch.

Wortkarge Krieger trieben die Herden und schützten die Karawane. Ging es bergan, banden sie Stricke an die Wagendeichseln und halfen so den Pferden beim Bezwingen des Passes, ging es steil bergab, bremsten sie die Räder. Der greise Mönch schob den Vorhang des Wagens beiseite und betrachtete die Gegend. »Vor uns das Land der bleichenden Gebeine«, sagte ein Reiter zu ihm, sich aus dem Sattel herunterbeugend. — »Was ist denn das — dieses Land der bleichenden Gebeine?« fragte der Weise zurück. — »Ein Feld des Todes, ein ehemaliges Schlachtfeld. Zu Tode erschöpfte Krieger schleppten sich bis hierher und starben.«

Unterwegs erreichte Tschang-Tschun ein Bote Tschingis-Khans mit einem neuen Brief: »Kriegs- und Staatsangelegenheiten sind nicht mein Begehr ... Wer zu mir kommt, der ist mit mir; wer mich verläßt, der ist wider mich. Ich gebrauche meine Macht, um durch zeitweilige Werke Ruhe von Dauer zu erreichen, in der Hoffnung innezuhalten, sobald sich mir die Herzen unterwerfen. Zu diesem Zweck trage und zeige ich stolze Größe und weile unter Wagen und Kriegern ...«

Wie es heißt, hatte Tschingis-Khan nicht lesen und schreiben gelernt, der Wortlaut in diesen Briefen war also nicht sein Werk, sondern vielmehr das seines vertrautesten Ratgebers Jelui Tschuzai, eines zu den Mongolen übergegangenen hochwüchsigen, langbärtigen Kitan. Diesem schreibt man auch den berühmten Ausspruch zu, es sei wohl möglich, im Pferdesattel einen Staat zu erobern, unmöglich aber, ihn vom Sattel aus zu regieren. Die Mongolen hielten im Lager des Khans begabte Leute, die kluger Gedanken fähig waren, sie hörten auf sie und nutzten deren Intelligenz, wenn sie wichtige Maßnahmen überdachten. Das erforderte selbst zu jener Zeit von einem Monarchen zumindest Charaktergröße. Die Aufrichtigkeit des Khans rührte Tschang-Tschun. Er ermannte sich, und der Gedanke, daß seine Lehre im Herrscher etwas bewirken, zumindest dessen verwegene Wünsche dämpfen und die rauhen Sitten mildern könnte, verlieh ihm neue Kräfte. »Ich begebe mich zum Aufenthaltsort des Khans, der sich jetzt am Oberlauf des Flusses befindet«, lauteten die Zeilen, die der weise Alte dem Papier anvertraute. »Ich begebe mich zu ihm, um die Kriege zu beenden und Frieden zu stiften ...«

Doch der Mönch überschätzte seine Möglichkeiten: Er meinte, Tschingis-Khan sei wie er selbst geartet, habe die gleiche empfängliche und für die Schönheiten der Welt offene Seele, ohne zu argwöhnen, daß menschliche Töne auf den Lippen eines Menschen mitunter entwaffnend wirken können.

Begleitet von den der Karawane entgegengesandten Reitern, überquerte Tschang-Tschun den Amudarja und erreichte Tschingis-Khans Lager südlich des Hindukusch. Die Ebene stand voller Jurten auf Ochsengespannen. Die Soldaten ließen ihre Pferde weiden, tranken Milch aus Lederschläuchen und aßen aus Tontöpfen dampfendes Hammelfleisch. Die Krieger trugen Bögen, Streitäxte und Lanzen mit Haken, ihre Häupter waren durch Eisen- und Lederhelme geschützt. Bei den Zelten sitzend, schärften sie ihre Pfeilspitzen an Steinen. Zwischen den Wagen standen Mauerbrecher und Schleuderwaffen, etwas abseits lagerten die Musikanten. Diese ganze bunte, wimmelnde Heerschar stand bereit, in Windeseile aufzubrechen und mit »Urai«-Geschrei Festungen und Städte zu stürmen. Ich weiß nicht, was Tschang-Tschun in dem Heerlager empfunden hat, doch ist glaubhaft überliefert, daß er bei diesem Anblick, der ganze Völker in Angst und Schrecken versetzte, nichts von seiner Würde preisgegeben habe.

Man führte Tschang-Tschun zum Zelt des Khans. Zu beiden Seiten des Eingangs standen bewaffnete Wachen. Als der Weise Tschingis-Khan erblickte, fiel er nicht vor ihm auf die Knie, wie es üblich war, sondern grüßte den Herrscher zur Verwunderung der Wache lediglich durch Aneinanderlegen der Handflächen und ein Neigen des Kopfes. Er sah vor sich einen Mann von hohem Wuchs, kräftigem Körperbau, mit durchdringend blickenden Katzenaugen. Unter der runden Mütze fiel ihm eine Art Pony in die Stirn, hinter den Ohren standen ihm Zöpfe ab, die von Ringen zusammengehalten wurden. Tschingis trug ein einfaches Leinengewand, während seine Vertrauten in golddurchwirkten Gewändern einhergingen. Die mächtigsten Welteroberer – Tschingis-Khan und Attila – haben sich stets wie gemeine Soldaten gekleidet.

»Du bist zehntausend Li weit zu mir gekommen, das ist mir angenehm«, sagte Tschingis-Khan zur Begrüßung.

»Der Himmel will es so«, antwortete Tschang-Tschun.

Tschingis-Khan ging sogleich ungeduldig auf sein Ziel los:

»Frommer Mann, hast du ein Mittel, das mir ewiges Leben sichert? Kannst du es mir beschaffen?«

Tschang-Tschun und Tschingis-Khan blickten einander in die Augen.

»Es gibt Mittel, die dem Menschen das Leben erhalten«, erwiderte der Weise, »aber es gibt keine, die ihn unsterblich machen.« Furchtlos schaute Tschang-Tschun Tschingis-Khan ins Gesicht. Erstmals vernahmen dessen Ohren, daß es Dinge gab, die für ihn unerreichbar waren, und im Gesicht des Khans malten sich so etwas wie Schwäche, Hilflosigkeit. Der Wert seiner Eroberungen war fragwürdig schon allein dadurch, daß er eingeschränkt wurde durch die Begrenztheit des Menschenlebens, die genauso unabwendbar war wie die des letzten Hirten oder die der von ihm unterworfenen Völker. Man muß den Mut des Weisen bewundern, der sich nicht scheute, das auszusprechen. Tschingis-Khan wußte die Offenheit seines Gastes zu schätzen und bot ihm Kumys an. Doch der Daoist rührte die Schale nicht an. Auch diese Geste gefiel dem Khan. Tschingis konnte nämlich Betrunkene nicht ausstehen und wiederholte im Kreis seiner Heerführer immer wieder: »Wenn es schon nicht ohne Trinken geht, dann sollte man sich möglichst nicht öfter als dreimal im Monat betrinken. Ein einziges Mal gefiele mir noch mehr; überhaupt nicht trinken wäre noch besser. Aber wo findet man schon jemand, der sich noch nie betrunken hat!«

Am gleichen Tag, kaum daß sich Tschang-Tschun in dem ihm zugewiesenen Zelt eingerichtet hatte, sandte Tschingis einen Vertrauten zu ihm mit der Einladung, am Tische des Khans zu speisen. Der Gast jedoch schüttelte seinen weißen Bart. »Ich bin ein Einsiedler, ein stolzer Wilder, ich liebe das Alleinsein!«

Wie sich ein Schüler Tschang-Tschuns, der den weisen Alten auf seiner Reise begleitete, zu erinnern wußte, bat der große Khan in einer hellen

Nacht den greisen Lehrer erneut zu sich, er ließ sich über die daoistische Lehre berichten und gab sich zufrieden. Einige Tage später lauschte Tschingis erneut den Worten Tschang-Tschuns. »Er hörte dem Lehrer mit offensichtlichem Vergnügen zu und gab den Anwesenden Befehl, dessen Worte aufzuschreiben … Er sagte zu ihnen: ›Schen Sjan (so ehrerbietig nannte Tschingis den Eremiten) hat mir dreimal erklärt, welche Mittel dem Menschen das Leben erhalten; ich habe seine Worte tief in meinem Herzen verschlossen, es ist nicht notwendig, sie der Öffentlichkeit preiszugeben.‹ Dann begaben wir uns im Gefolge des Khans nach Osten; von Zeit zu Zeit unterwies ihn der Weise in seiner Lehre.«

Den Weisen ermüdete die Hektik im Lager, und er bat, den Khan davon zu unterrichten, er liebe die Einsamkeit, vor dem Zelt des Khans aber lärmten die Krieger, so daß sein Geist nicht zur Ruhe komme, weshalb der Große Khan ihm erlauben möge, ungehindert vorn oder hinten im Gefolge zu reisen. Tschingis erlaubte es …

Ihre Begegnungen dauerten an. Der junge daoistische Chronist bezeugt noch ein weiteres Gespräch zwischen Tschingis und Tschang-Tschun.

»Was ist Donner?« fragte Tschingis-Khan.

»Ich habe gehört«, erwiderte der Mönch, »deine Untertanen baden im Sommer nicht in Flüssen und waschen auch ihre Kleidung nicht darin, da sie den Zorn des Himmels in Gestalt von Blitz und Donner fürchten. Aus dem gleichen Grund, heißt es, fürchten sie sich, Filz zu walken oder im Wald Pilze zu sammeln. Doch besteht darin etwa die Ehrerbietung gegenüber dem Himmel?«

Tschingis-Khan versank in Nachdenken.

»Von den dreitausend echten Sünden«, fuhr der Mönch fort, »ist mangelnde Ehrerbietung gegenüber den Eltern die schlimmste. Deine Untertanen aber, so hörte ich, achten nur wenig jene, die ihnen das Leben geschenkt haben. Du, Khan, wolltest deine Macht und deine Tugenden nutzen und das von dir regierte Volk bessern!«

»Deine Worte sprechen mir aus dem Herzen«, sagte Tschingis und befahl, diese Bitte auf einem goldenen Täfelchen zu notieren.

Die Zeit verging. Tschang-Tschun empfand das Leben in der Fremde, in einem Kriegslager, wo alles nach festgelegter Ordnung ablief, als Last, daran änderte auch der Inhalt der geistreichen Gespräche zwischen Monarch und Mönch nichts. Und so wünschte der alte Mann, in seine Heimat zurückkehren zu dürfen. Unter verschiedenen Vorwänden hielt man ihn zurück, zögerte die Antwort hinaus und bat ihn, noch eine Weile Gast zu sein und den Gastgebern Zeit zu lassen, sich über die Geschenke Gedanken zu machen.

Tschingis-Khan bot dem Weisen Kühe und Pferde an, der aber schlug sie aus und wiederholte, Postpferde zur Rückkehr in die Heimat genügten ihm.

Der große Khan konnte sich in die Psyche anderer hineinversetzen, was seinen psychologischen Experimenten mit ihm Nahestehenden nur dienlich war. Als sein Lieblingsenkel Mutugen im Kampf gefallen war, verschwieg er den Tod des Kriegers lange vor dessen Vater, seinem Sohn Tschagatai. Einmal nutzte er einen günstigen Augenblick und beschuldigte Tschagatai vorsätzlich des Ungehorsams; und als jener mit den Worten auf die Knie niederfiel: »Wenn ich dir je den Gehorsam verweigere, möge ich sterben!«, sagte Tschingis-Khan: »Dein Sohn ist tot, ich befehle dir, nicht zu weinen und nicht zu trauern und diesem meinen Befehl nicht zuwiderzuhandeln!« Nach den Worten Raschid-ad-dins »ertrug Tschagatai tapfer das Brennen seines Herzens und der Leber und weinte nicht, sondern nahm nach wie vor Speise und Trank zu sich«. Um eines Menschen willen war Tschingis-Khan also auch zu solcher Handlungsweise fähig.

Schließlich ließ er den Weisen ziehen. Ihn noch länger zurückzuhalten wäre ungebührlich gewesen. Vornehme Männer und hochdekorierte Heerführer begleiteten die Karawane, beköstigten den Weisen und seine Schüler mit Trauben und Obst, und beim Abschied wischten sie sich die Tränen aus den Augen.

Wieder ging es auf verschlungenen Wegen durch die mongolische Steppe. Ein Bote holte die Karawane ein und überbrachte einen Brief Tschingis-Khans: »Du hast Dich von mir verabschiedet, bist während der Frühlingsmonate aufgebrochen und hast mit Eintritt des Sommers unterwegs Hitze und Mühsal erdulden müssen. Hast Du unterwegs auch gute Postpferde erhalten? Bist Du mit den Dir für die Reise zugestellten Lebensmitteln ausgekommen? ... Bist Du gesund an Körper und Geist? Ich hier denke ständig an Dich. Du, ich habe Dich nicht vergessen. Vergiß auch Du mich nicht.«

Seltsam, wie stark sich ein Eroberer fremder Länder und ein Weiser zueinander hingezogen fühlten. Wie der Mongolei-Kenner D. Klemenz einmal treffend bemerkte, »konnten diese zwei Männer zwar nicht längere Zeit Freundschaft halten, doch fühlten sie eine sonderbare Zuneigung füreinander, wie man sie zwischen zwei starken Persönlichkeiten völlig gegensätzlichen Charakters mitunter beobachten kann«.

Beide, Tschingis-Khan und Tschang-Tschun, starben im August 1227. Den Tod schon vor Augen, entwarf Tschingis-Khan noch den Plan zur Eroberung des Tangutenreiches. Er gab Befehl, seinen Tod vor den Feinden geheimzuhalten, und falls der Herrscher der Tanguten seine Hauptstadt verließe, sei er zu töten und alle Bewohner der Stadt seien zu bestrafen. So geschah es denn auch. Unter Wahrung strengster Geheimhaltung überführte man den Leichnam Tschingis-Khans in die Heimat. Die den Sarg begleitenden Krieger töteten alle, die ihnen unterwegs begegneten, damit der Tod des Khans nicht bekannt wurde.

Tschang-Tschun aber starb im Kreise seiner Schüler. Die Augen geschlossen, flüsterte er Verse: »Geburt und Tod sind wie Morgen und Abend. Trügerische Blasen steigen empor und verschwinden wieder, doch das Wasser bleibt davon völlig unberührt ...« Man bestattete den Weisen im Tempel der Weißen Wolken. In Stein gehauen wurden die Worte, die Tschang-Tschun an Tschingis-Khan gerichtet haben soll: »Unsterblichkeit bedarf keiner Arzneien und der Suche nach geheimnisvollen Beschwörungen, vom wahren Verdienst um Rettung zeugt einzig das Wort — Du sollst nicht töten!«

Ich stehe im nassen Schilf am Buir nuur, dort, wo Tschang-Tschun auf seinem langen Weg durch die Mongolei zum Lager Tschingis-Khans Rast gemacht hat, und verfolge den Flug des vor meinem Stiefel aufgeflatterten weißen Kranichs, der der Lieblingsvogel der Dao-Eremiten gewesen ist. Den Kranich hatte das Knattern der Bootsmotoren aufgeschreckt: Fischer vom Buir nuur fuhren hinaus, um ihre Netze aufzustellen.

Mongolische Pferde

Im Jahre 1945 tränkten sowjetische Soldaten ihre Mongolenpferde an der Elbe. In einer Herde von englischen Rasserennpferden oder schweren belgischen Brabantern, ja selbst von russischen Gespannpferden würde sich das kleinwüchsige Mongolenpferd mit seinen vorstehenden Rippen und den schlanken muskulösen Beinen, die jedoch Flugsand und steile Berghänge gleichermaßen gut bewältigen, wohl wie eine Schindmähre ausnehmen. Immer mit Nomaden unterwegs, hat es deren Wagen mit dem Hausrat gezogen, schwankend Lasten im Gebirge befördert, es verlangte weder Heu noch Hafer, sondern ernährte sich von Gras in der freien Steppe, und im Winter scharrte es sich mit seinen kleinen festen Hufen die Halme unter dem Schnee hervor. Das ganze Jahr über lebte es in der Steppe, unter freiem Himmel, bei Schnee- und bei Staubstürmen suchte es nie Schutz, sondern kniete nur nieder, konnte es doch nicht ahnen, daß Artgenossen von ihm anderswo ein Dach über dem Kopf haben. Das harte Dasein machte es zum ausdauerndsten Vertreter der Familie der Pferde.

Diese Eigenschaften des Mongolenpferdes bildeten sich vor zwei-, dreitausend Jahren heraus, als die im rauhen Kontinentalklima von der Sommersonne ausgedörrten und in der Winterkälte steinhart gefrorenen Steppen Zentralasiens zu den Gegenden gehörten, wo man das Wildpferd erstmals domestizierte. Vielleicht war es das Przewalskipferd gewesen? Das Mongolenpferd von heute und jenes Wildpferd haben den gleichen kräftigen Hals, den gleichen gedrungenen Rumpf, die gleichen kurzen Beine. Langsam nahm das Pferd ein ganz spezielles Exterieur an und vererbte dieses, bis es als große Rasse in Erscheinung trat, die in der Welt herumgekommen ist und sich der Welt präsentierte.

Die Krieger hetzten ihre Pferde bis zu zehn Tage hintereinander, ohne ihnen eine Ruhepause zu gönnen, ohne selbst Nahrung zu sich zu nehmen; bei den kurzen Rasten, so bezeugt es Marco Polo, ritzten sie manchmal eine Ader ihres Pferdes an, tranken sein Blut, stillten damit ihren Hunger und weckten so ihre Lebensgeister wieder. Seit das Mongolenpferd im Mittelalter im Galopp unter seinem ungestümen Reiter mit den vorstehenden Jochbeinen dahinstürmte, der sich in den Steigbügeln aufrichtete und seinen straffgespannten Bogen hochriß, seit es die Karren mit den quietschenden Holzrädern zog und dabei in Europas Erde seine Hufspuren hinterließ, hat es sieben Jahrhunderte lang keine Gewaltmärsche mehr erlebt. Erst 1914, im ersten Weltkrieg, nahm die russische Armee wieder 25 000 mongolische Pferde in Dienst, die staunend über die Frontlinie hinweg die schweren deutschen Wallache anstarrten. Nach den Gesetzen der Evolution hätte der tierische Organismus in der Zwischenzeit Veränderungen erfahren müssen, um so mehr, als das Verschwinden von Eigenschaften, die nicht trainiert werden, weniger Zeit verlangt, als für deren Erwerb nötig ist. Es schien, als habe bis zum zwanzigsten Jahrhundert dieses Pferd allmählich seinen ursprünglichen Charakter eingebüßt, als seien ihm die Belastungen vergangener Epochen heute kaum noch zuzumuten.

Neu ins Gespräch kam das Mongolenpferd im Großen Vaterländischen Krieg der Sowjetunion von 1941–1945. Die Araten wählten aus ihren Herden die besten Tiere aus, legten den kräftigsten Zaumzeug an und übergaben sie den Soldaten. Dabei murmelten sie Abschiedsworte, als verabschiedeten sie nahe Verwandte, die an die Front gingen. Eine halbe Million mongolische Pferde wurden in Güterwagen durch Sibirien gefahren. Folgsam stampften sie auf den Straßen Rußlands dahin, durchschwammen sie nachts die Flüsse der Ukraine, trotteten sie durch die Kiefernwälder Belorußlands, ohne Ruhepause zu verlangen. Im Kältedunst aber senkten sie bei kurzer Rast ihre fleischigen Hälse, damit die Soldaten sich ihre klammen

Hände in den dichten Mähnen wärmen konnten. Sie zogen Kanonen, Feldküchen, mit Lebensmitteln und Munition beladene Wagen aus dem Schlamm. Der mongolische Historiker Schuger, der alle Angaben über Pferde seiner Heimat gesammelt hat, die in berittenen Einheiten der Sowjetarmee bis Berlin gekommen sind, hat mir einmal eine Handvoll Briefe von sowjetischen Kriegsteilnehmern gezeigt. Mit seiner Erlaubnis zitiere ich hier einige, wobei ich, um mich nicht zu wiederholen, die rührenden Dankesworte an das mongolische Volk weglasse, das diese zuverlässigen Pferde gezüchtet und bereitgestellt hatte.

»Ich weiß noch, es wurden Beutepferde verteilt, die uns während der Schlacht von Stalingrad in die Hände gefallen waren, große Tiere mit schlanken Beinen, reine Kavalleriepferde. Zwar waren die deutschen ›Hunter‹ mit ihrer breiten Brust, dem massigen Körper und kräftigen Beinen ganz offensichtlich zu schwer, trotzdem zogen die Soldaten sie den Mongolenpferden vor. Kavalleristen sind eben ein eitles Völkchen, sie möchten mit ihrem eigenen schmucken Aussehen, mit ihrem Pferd, mit ihrer Ausrüstung glänzen. Da aber die Beutepferde für alle nicht reichten, wurden befehlsgemäß auch Mongolenpferde verteilt. Es dauerte gar nicht lange, da hatten die Kavalleristen ihre Ansichten geändert. Plötzlich stiegen die Mongolenpferde im Kurs, man lernte sie schätzen, und schon wollte jeder sein Beutepferd gern gegen ein Mongolenpferd tauschen. Das fing an, als bei wechselnder Gangart drei Tage und drei Nächte zu marschieren war. Nach den ersten vier, fünf Stunden waren die schweren deutschen Pferde schon völlig außer Atem, verschwitzt, am Kopf und auf der Kruppe stand ihnen der Schaum. Auch die Pferde anderer Rassen ermüdeten. Die Mongolenpferde hingegen wirkten so, als hätten sie den Marsch gar nicht mitgemacht. Eine Zeitlang gab es unterwegs weder Flüßchen noch Brunnen. Die anderen Truppenpferde, die vor Durst fast umkamen, verlangsamten ihr Tempo, konnten nur noch mit Mühe ein Bein vors andere setzen und fielen immer mehr zurück, die Mongolenpferde aber behielten ihr Marschtempo ungerührt bei. Damit gewann das Mongolenpferd immer mehr an Ansehen.«

»Die mongolische Pferderasse ist sehr widerstandsfähig gegenüber Temperaturschwankungen und genügsam in bezug auf Futter. Wir fütterten die Pferde mit fast verfaultem Stroh von den Dächern, dem wir Salz und Schnee beimischten. Gar nicht hoch genug einzuschätzen ist die Bedeutung der Pferde, die vor Beginn der Winteroffensive an der Westfront bei uns eintrafen. Alle Geschütze der Division wurden von Pferden gezogen, wodurch es der Artillerie möglich wurde, bei der Verfolgung zurückweichender Hitlertruppen noch vor der Infanterie zu sein. Und daß die 322. und 323. Schützendivision den Panzertruppen Guderians den Rückzug abschnitten, war nur dem hohen Angriffstempo zu danken, das durch die zuverlässigen Zugpferde der Artillerie gewährleistet wurde.«

»Und noch eine weitere Eigenschaft besaßen die Mongolenpferde: eine gewisse natürliche Immunität gegenüber verschiedenen Infektionskrankheiten. Bald kam es in der einen, bald in der anderen Einheit zu gefährlichen Erkrankungen im Pferdebestand. Quarantäne mußte verordnet werden, mitunter gar eine große Zahl von Pferden aussortiert und im Hinterland zurückgelassen werden. Unter den Mongolenpferden aber gab es, soviel ich weiß, keine ernsthaften Erkrankungen.«

»Als eine Kavallerieeinheit im Zuge der Operation ›Bagration‹ Lida und Grodno angriff, kam es zu einer komplizierten Situation. Die Befestigungen des Gegners mußten umgangen werden, doch das Gelände war schwierig: Sand, Sumpf, tiefe Schluchten. Panzer und Artillerie auf Raupenketten konnten wir nicht mitschleppen. Hier nun bewiesen die Mongolenpferde wiederum ihre Vorzüge. Auf ihren kleinen, kräftigen Beinen trippelnd, Kopf und Brust vorgereckt, überwanden sie die Hindernisse. So brach, überraschend für die Deutschen, das 22. Kavallerieregiment von Major Nikolajew als eines der ersten nach Lida durch. In seinem Rapport fügte der Kommandeur den operativen Daten die Notiz bei: ›Wir danken den mongolischen Freunden für ihre Pferde! Sie haben uns tüchtig aus der Klemme geholfen. Ohne diese Pferde hätten wir die Aufgabe nicht so gut gelöst.‹ «

»Drei der wichtigsten Operationen – ›Bagration‹, Weichsel-Oder- und Berlin-Operation – habe ich auf Mongolenpferden mitgemacht, und selbst in schwierigsten Situationen haben sie uns nie im Stich gelassen. Ich hatte einen Braunen, wir freundeten uns ziemlich rasch an, obwohl er die erste Zeit so seine Launen hatte. Ich nannte ihn Berkut*. Während einer Kampfhandlung auf deutschem Boden wurde ich aus dem Sattel geworfen, und ich verlor das Bewußtsein. Berkut ließ mich nicht im Stich, sein Wiehern rief meine Kameraden herbei, man eilte mir zu Hilfe und sagte mir später, daß ich mein Leben meinem mongolischen Pferd zu verdanken habe.«

Diese Briefe in Moskau zu lesen und die Zeilen mit gewissem inneren Abstand zu überfliegen ist das eine, etwas völlig anderes ist es jedoch, wenn man sie in Ulan-Bator liest, die Steppe vor Augen und die kräftigen, langhaarigen Pferde, wie sie Gras zupfen, wenn man sich in sein Auto setzen und in einer Viertelstunde zu so einer Herde heranfahren kann, zu den Nachkommen jener mongolischen Pferde, die den Krieg mitgemacht haben …

*Königsadler

Und was bedeuten sie dem Mongolen heute, diese Pferde?

Die Herden läßt man ohne Aufsicht in der Steppe weiden. Fast jedes dritte Pferd hat einen weißen Fleck an den Beinen oder am Kopf wie ein Brandmal, das die weißen Wolken, die niedrig über der Erde hinziehen, hinterlassen zu haben scheinen. Die Tiere sind kerngesund, von ruhigem Gemüt, begnügen sich mit wenigem, haben keine Launen und verlangen keine Sonderbehandlung. Lediglich die Rennpferde, die für die alljährlichen Naadam-Reiterfeste zugeritten werden, grasen an den Trainingstagen auf den besten Weiden mit besonders gutem Gras, wobei man streng darauf achtet, daß sie nur die ihnen zustehende Wassermenge saufen.

Es hatte geregnet, der dunstige Himmel hing bis auf die Erde herab und berührte fast das feuchte Gras. Schafe, Ziegen und Kühe hatten sich verstreut, die verschwommene graue Weite hatte sie geschluckt, lediglich die Pferde standen unbeweglich da im kalten, senkrecht niedergehenden Regen. Der Regen trommelte auf die braunen, rötlichen, schwarzbraunen und graugesprenkelten Kruppen, lief an den gewölbten glänzenden Flanken, den kurzen kräftigen Hälsen herab. Die Pferde rührten sich nicht, als seien sie Bronzestatuen. Wie lange mochten sie schon so gestanden haben? Zwanzig, dreißig Minuten? Der Pferdehirt saß, in sich zusammengesunken, im Sattel, ohne Schutz vor dem Regen, reglos wie sein Pferd, mit dem zusammen er das Ende des schlechten Wetters abwartete. Dieses Bild — die Steppe im Regen, die Pferde und ihr getreuer Hirt — hat sich mir eingeprägt in Form eines gewissen Hochgefühls, als sei man an einem feuchten, dunstigen, segensreichen Tag Zeuge der Erschaffung der Welt.

»Wem gehört denn die Herde?« fragte ich.

»Der landwirtschaftlichen Vereinigung.« Der junge Arate streifte die Nässe von der Mähne des Pferdes.

An diesem Hirten harmoniert alles mit den Traditionen der Steppe: Sein Deel schlägt von links nach rechts übereinander und schließt seitlich, so bläht der Wind die Kleidung nicht auf; in den oberen Teil bis zum breiten Gürtel kann man verschiedene Kleinigkeiten hineinstecken, die der Europäer in seine Taschen zu stopfen pflegt. Die Gutal des Hirten sind nicht Stiefel schlechthin, sondern manchmal geradezu seine Rettung. Stürzt man nämlich einmal vom Pferd und bleibt mit ihren aufwärts gebogenen Spitzen im Steigbügel hängen, so kommt man trotzdem nicht zu Schaden, da sie so weit gearbeitet sind, daß man jederzeit mit dem Fuß herausrutschen kann. Der Mongole macht sich nicht viel aus Schmuck, man kann aber nicht sagen, daß er gar keinen Sinn dafür hätte. Selbst der Bescheidenste aber bestellt sich sein Zaumzeug beim besten Schmied der Steppe. An den silbernen Beschlägen, die Sattel und Zaumzeug zieren, kreuzen sich Rhomben, Ringe und Quadrate – zerbrechliche Symbole aller guten Wünsche.

»Haben Sie auch eigene Pferde?« erkundigte ich mich.

»Was wäre ich für ein Mongole, hätte ich kein Pferd. Die drei Füchse da, das sind meine.«

»Und der Vater? Wieviel hatte der?«

»Mehr, viel mehr. Er hat aber alle abgegeben, als er in die Vereinigung eintrat.«

»Haben die Pferde Ihrer Familie auch den Krieg mitgemacht?«

»1921 war Großvater Reiter bei Suchbaatar, 1939 schwamm der Vater auf eigenem Pferd durch den Chalchyn Gol, und 1944 gaben wir fünf Pferde an die Sowjetarmee ab.«

»Die drei Füchse haben Sie wohl statt eines Motorrades?«

»Wieso, ich habe ja auch ein Motorrad. Aber da ist erstens der Kumys, eigener Kumys ...«

Auf vieles kann der Mongole verzichten, nicht aber auf starken, in der Nase kribbelnden Kumys, das obligate Getränk zu Feiertagen oder wenn ein Gast die Jurte betritt. Im Jurteneingang hängt ein Sack aus grob bearbeiteter Tierhaut, und alle, die in der Jurte leben, Erwachsene wie Kinder, rühren, jeder nach Kräften, mit einem flachen Holzlöffel in dem Sack mit Milch: zweitausendmal muß gerührt werden, damit der Inhalt sich in das bei den Steppenbewohnern so beliebte Getränk verwandelt.

Mongolei-Reisende haben immer wieder die charakteristischen Unterschiede bei den verschiedenen mongolischen Völkerschaften festgestellt, es fiel ihnen aber auch auf, wie erstaunlich ähnlich alle reagieren, sobald es um Pferde geht. Das allmähliche Speichern von Erbanlagen seit den längst vergangenen Zeiten der Reiterheere, als die Krieger sich einen gemeinsamen Schutzpanzer für sich und ihr Pferd schmieden ließen, verlieh dem psychischen Antlitz der Nation einheitliche Züge. Man kann zwar nicht behaupten, die Mongolen verdankten gewisse Gemeinsamkeiten ausschließlich dem Pferd, das sie ihr Leben lang begleitet, doch ihr jahrhundertelanger Umgang mit dem Pferd zählt sicherlich zu den Faktoren, die die Psyche des Volkes prägten. Im Sattel ist der Mongole ein anderer Mensch. Die eine Hand hält den Zügel, mit der anderen schlägt er auf die steile Kruppe, er reißt das Pferd hoch auf die Hinterbeine, läßt es auf der Stelle Kunststücke vollführen, Staub wirbelt empor, und in gestrecktem Galopp jagt er davon. Ich kann mir gut vorstellen, wie er schon als Kind, noch bevor er laufen lernte und im Gras bei der Jurte umherkroch, in den Sattel kletterte, mit Zaumzeug und Steigbügeln hantierte wie mit Spielzeug. Mit kaum drei, vier Jahren setzte man ihn in den Sattel und ließ ihn um die Jurte reiten. Welch unvergeßlicher Tag für ihn! Und wenn gerade einmal ein Fotograf von der Aimakzeitung am Nomadenlager vorbeikam, bat der Vater ihn, doch einmal den Sohn im Sattel zu knipsen. Wieder ein paar Jahre später beteiligte er sich dann wie alle Kinder der Steppe in Festtagskleidung an den Reiterspielen, und seit jener Zeit kennt er auch das Lied vom Dschonon Char (vom Königsraben); die am Ziel stehenden alten Männer sangen es, wenn sie dem Siegerpferd Mähne und Kruppe mit Kumys besprengten.

Es gibt zauberhaft schöne Sommertage in der ersten Julidekade, wenn mit der Morgensonne wie Glockenton ein Wort erwacht und über Bergen und Tälern hallt – Naadam ... Naadam ist ein traditionelles Sportfest, von alt und jung erwartet, ein Fest, auf das man sich lange vorbereitet. Man näht sich dazu die schönsten Kleider, und wenn man dann abends im Standlager zusammenströmt, wenn man die lange Pfeife schmaucht, diskutiert man wohl darüber, wer in diesem Jahr bei den altüberlieferten Spielen – Ringkampf, Bogenschießen und Reiten – als Sieger hervorgeht. Besonders die Pferderennen interessieren die heißblütigen Mongolen, so wie den Europäer Fußball oder Hockey interessieren, nur mit dem Unterschied, daß man hier nicht vor dem Fernseher hockt, sondern unbedingt dabei sein muß in der großen Menschenmenge, von ihr mitgerissen wird und die eigenen Temperamentsausbrüche an sie weitergibt. Bei Ulan-Bator, an der Straße zum Flughafen, schießt innerhalb eines Tages in der Steppe eine lärmende Zeltstadt aus dem Boden: Hunderte von Zelten, in denen die Reiter, ihre Verwandten und Freunde kampieren. Zelte für die Kampfrichter, Schutzdächer für die Büffets, in Verkaufsstände umfunktionierte Lastwagen, zwischen Pflöcken gespannte Seile zum Anbinden der Pferde sowie quietschende Wagen und Karren. Ein wahres Mongolenheerlager! Die jungen Leute lassen sich auf ihren Pferden bewundern und brillieren stolz mit den silbernen Beschlägen an Sätteln, Steigbügeln und Zaumzeug. Die Menge zieht von einem Pflock zum anderen, begutachtet die Pferde und erkennt an deren Äußerem unfehlbar, woher sie stammen. Diese hochbeinigen da kommen vom Ufer des Onon, jene schnellen, eleganten dort vom Cherlen und jene kräftigen und ausdauernden hier, die sind aus dem Aimak Bajan-Ulgii. Die Mongolen schätzen deren Fähigkeiten ein, schnalzen dabei mit der Zunge, nennen die Farben der Tiere. Was für Pferde kennt man selber so vom Hörensagen? Schecken, Falben, Rappen, Rehfalben, Braune, Isabellen, Mausfalben, Grauschimmel und vielleicht noch ein, zwei Dutzend andere. Die Mongolen aber kennen, so sagt man, dreihundert Farbtöne. Allein bei den Schimmeln gibt es etwa drei Dutzend Bezeichnungen; ich kann hier nur die nennen, die sich übersetzen lassen: Grau-, Blau-, Apfel-, Mohren-, Eisen-, Rot-, Muskatschimmel ... Man hat mir alle drei Dutzend genannt, aber mein Laienauge hat da immer nur Schimmel gesehen.

Pferde und Kinder sind die Helden beim Naadamfest. Jungen und Mädchen im Alter von sechs bis zwölf Jahren, junge furchtlose Jockeys; sie machen in ihren Jäckchen oder Seidendeels, mit ihren bunten Schirmmützen Staat, tun sich wichtig im Sattel und sitzen nur ungern ab. Die meisten kennen einander, wissen, wer aus welchem Aimak kommt. Die Neuen machen sich miteinander bekannt, beäugen eifersüchtig die Pferde der Rivalen. Abends, wenn die Erwachsenen in den großen Zelten sitzen und die Kumysschale kreist, liegen die Kinder im Gras, die Köpfe auf den Sätteln, wie Pflüger nach getaner Arbeit auf dem Feld. Besonders exotisch wirken die kleinen Mädchen, Amazonen in knarrenden Stiefelchen, mit ihren Pferdepeitschen. Sie sitzen im Sattel, als seien sie darin groß geworden, und auf der Distanz beim Rennen stehen sie den Jungen in keiner Weise nach. Die Kinder sind stolz ob des Interesses, das ihnen alle Erwachsenen entgegenbringen. Die Nummer auf dem Rücken finden sie schick, und das Lagerleben hier ist so recht nach ihrem Geschmack. Ich weiß nicht, sind diese Kinder aufgeregt oder nicht; was in ihren kleinen Herzen vorgeht, kann man nur ahnen, weil man ihnen äußerlich nichts anmerkt, sie geben sich betont ruhig, sogar phlegmatisch. Wenn sie mit einem sprechen oder ihre Pferde striegeln, strahlt aus ihren Gesichtchen der Stolz, Liebling des Volkes zu sein. Ich habe mich einmal mit einer der besten mongolischen Reiterinnen, acht Jahre alt, unterhalten. Mit ihren Eltern, sie sind Araten, ist sie schon in Moskau gewesen. Auf meine Frage, ob es ihr dort gefallen habe, verzog sie erschrocken das Gesicht: »Dort haben alle so gro-oo-ße Augen!«

Angepflockt schnauben die Pferde; ihre Köpfe sind mit schönen Federbüschen geschmückt, die Schweife gestutzt und gekämmt — ein Haar wie das andere, wie bei den wählerischsten Modefans. Sie warten auf ihre Stunde. Vorüber sind die Tage, da man sie in Schaffelle hüllte oder mit Filzdecken zudeckte, sie zwang, hoch in die Berge aufzusteigen, über kurze Distanzen zu galoppieren, damit sie Fett abbauten, der Bauch sich straffte, damit sie Rennpferdform erreichten. Die Pferde liefen über mittlere Distanzen, und jedesmal verkürzten sich die Zeiten. Dann strichen ihnen die Reiter mit Striegeln den schaumigen Schweiß ab, danach den wäßrigen Schweiß und führten sie erneut auf Distanz, damit sich die Muskeln kräftigten, damit das Blut schneller pulsierte und der Atem gleichmäßiger ging. Etwa zehn Tage vor dem Wettkampf läuft das Pferd seine zehn, dreizehn Kilometer; fünf, vier

Tage davor aber legt es in vollem Galopp schon fünfzehn Kilometer zurück. Wenn das Pferd danach unter dem Sattel nicht mehr schwitzt, wenn die gespannten Sehnen an den Nüstern spielen und es selbst einen frischen, munteren Eindruck macht, dann ist es für den Wettkampf bereit.

Und da bricht auch schon der Festmorgen an. Tausende von Menschen – die einen zu Pferde, die anderen im Gras sitzend – warten ungeduldig auf den Augenblick, da sich am Horizont eine Staubwolke zeigt. Zuerst kommen die Autos und Motorräder der Begleitung, ihnen folgen aus dem Dunst die ersten Reiter. Sie sitzen nicht, sie stehen in den Steigbügeln, hoch aufgerichtet, die schmale Brust vorgereckt, nur der Arm, der die Peitsche schwingt, holt weit aus, saust auf die Kruppen der Pferde nieder, die vorbeigaloppieren und geradezu über den Erdboden hin zu fliegen scheinen. Wenn dann bis zum Finish nur noch wenige Meter verbleiben, die Pferde fast Mähne an Mähne laufen, die jungen Reiter weder nach rechts noch links sehen und ihre Tiere antreiben, die ohnedies schon dahinstürmen, was die Kräfte hergeben, dann erhebt sich über der Steppe ein ohrenbetäubendes Getöse, kann man Temperamente sich entladen sehen, wie man es noch eine Stunde zuvor für unmöglich gehalten hätte. Da ist kein Platz für primitive Interessen, wie sie auf europäischen Rennbahnen gang und gäbe sind, wo man auf ein Pferd »setzt«. Dies hier ist ein reines herrliches Schauspiel, ein Fest jener alten Freiheit der Steppe, das der Welt Jahrhunderte hindurch gespeicherte Kraft und Verwegenheit präsentiert.

Was mich betrifft, der ich von Pferden wenig verstehe und alles andere als ein echter Pferdeliebhaber bin, mir gefallen am besten nicht die Reiterwettbewerbe selbst, sondern die Abende danach in den Zeltlagern. Dann haben sich die Leidenschaften gelegt, die Gäste sind wieder fort. Die jungen Reiter und Reiterinnen sitzen mit offenen Hemd- oder Blusenkragen an den Feuern im Kreis der Familie. Man ißt Fleisch, trinkt Tee, der normale Steppenalltag, so wie er gestern war und morgen sein wird, fordert wieder sein Recht. Allein das Panorama der Industriestadt hinter den Zelten erinnert daran, daß diese Zeltstadt nur zufällig hier entstand. Tritt an ein Feuer und setz dich dazu. Niemand wird dich fragen, wer du bist, woher du kommst, und man wird dir einfach eine Schale Milch reichen. Man könnte über Pferde reden, dir ist es ja im Grunde gleich, ob nun gerade dieses eine bestimmte Pferd gewonnen oder ob es diesmal Pech gehabt hat, doch die Leute freuen sich einfach, weil das Fest überhaupt stattgefunden hat. Und das schönste Pferd war auf jeden Fall das ihre und der oder die couragierteste im Sattel war eben ihr Sohn oder ihre Tochter, und noch das ganze Jahr, bis zum nächsten Naadam, wird man in der Jurte davon sprechen.

Melancholisch und wie erstorben wirkt die Steppe, wenn das Naadam zu Ende geht. Die Araten bauen die Zelte ab, laden ihren Hausrat auf die Fuhrwerke und satteln die Pferde. Als letzte verlassen jene das Lager, die sich noch mit Einkäufen in der Stadt aufgehalten haben. Doch dann hat sich am Horizont der Staub gelegt, den ihre nach den verschiedenen Himmelsrichtungen auseinanderstrebenden Karawanen aufgewirbelt haben, und die Steppe vor der Stadt ist verödet. Das Gras, auf dem vor kurzem noch die Zelte standen, wiegt sich wieder in der Sonne, ein leises Lüftchen wirbelt die noch warme Asche der Feuerstellen auf und spielt mit dem Etikett einer Bierflasche wie mit einem welken Blatt im Herbst. Dieses Jahr war es ein totes Pferd am Wegrand, das die Einsamkeit der Steppe nach dem Naadam nur noch unterstrich. Ich hatte beobachtet, wie dieser alte Braune, der sein Ende wohl nahen fühlte, eines Abends von seinen Besitzern Abschied nahm und, ohne noch einen Laut von sich zu geben, beiseite ging. Er tat noch etwa hundert Schritt, sank dann auf die Erde nieder, den Kopf vom Lager abgewandt. Die Leute sahen das alte Pferd fortgehen, doch niemand rief es zurück.

Das Mongolenpferd spürt, wie sehr der Mensch ihm verbunden ist, und ist ihm grenzenlos ergeben. Ein Pferdehirt hat mir einmal folgende Geschichte erzählt: Eines Tages wurden Pferde nach China getrieben. Der Pferdebesitzer stand neben seiner Jurte, bis sich die von den Tieren aufgewirbelte Staubwolke in der Steppe verzogen hatte. Etliche Monate gingen ins Land, vielleicht fünf oder sechs, da kam ein Pferd zurück. Es hatte sich selbständig gemacht und die Herde verlassen, war zurückgelaufen, hatte dabei die Staatsgrenze überquert und nach nur ihm bekannten Zeichen die heimatliche Steppe wiedergefunden.

»Es war Nacht, das Pferd wieherte an der Tür, stieß mit dem Maul gegen den Filz der Jurte, ich stand aber nicht auf, denn ich war überzeugt, ich hätte nur geträumt. Das Tier ist zwei- oder dreitausend Kilometer gelaufen! Dort der Goldfuchs war's, mein ältestes Pferd ...«

Wenn die Mongolin ihren Mann oder Sohn verabschiedet, gießt sie ihm Milch auf den Steigbügel, was bedeutet, daß sie dem Reiter und seinem Pferd alles Gute wünscht. Dem Pferd gefällt dieser Brauch. Wenn die Frau mit der Schale aus der Jurte tritt, schmiegt sich das gesattelte Tier an sie, hält ihr die Steigbügel hin und tänzelt. Der Brauch, Milch auf den Steigbügel zu gießen, ist dem Mongolen so vertraut, daß selbst heute noch eine Frau, die ihren Mann hinausbegleitet zum Motorrad, seinen Stiefel auf dem Gangschalter mit Milch bespritzt. An einem Wintertag habe ich einmal auf dem Bahnhof von Ulan-Bator Frauen beobachtet, die ihre Kinder zum Studium in der Sowjetunion verabschiedeten. Alle hatten sie Milch mit, doch die Zugbegleiterinnen, vielleicht gestern noch selber Steppenbewohnerinnen, gestatteten ihnen nicht, die Trittbretter der Wagen mit Milch zu benetzen. Was tun? Die Frauen eilten den verschneiten Bahnsteig entlang zur Lokomotive, stellten sich in einer Reihe auf und schütteten aus Flaschen Milch auf die stählernen Räder. Die Kälte ließ die Milch gefrieren, und als dann der langgezogene Pfiff ertönte, setzte sich die schwarze Lok mit weißen Rädern in Bewegung.

Ich hege dem Mongolenpferd gegenüber auch deshalb eine gewisse Dankbarkeit, weil es, ohne es zu ahnen, verschiedene Sprachen, darunter meine Muttersprache, das Russische, mit neuen Begriffen bereichert hat. Das Russische übernahm so wichtige Wörter wie »duga« (Krummholz), »chomut« (Kummet), »jamschtschik« (Kutscher), »telega« (Wagen) und »merin« (Wallach). Letztgenanntes Wort ist verwandt mit dem mongolischen »morj« (Pferd), altmongolisch »morin«. Das Wort »tereg« (Wagen) hat in der Heimat des Mongolenpferdes übrigens einen eigenen Klang bekommen, als hier die Hubschrauber aufkamen und für sie eine mongolische Bezeichnung gefunden werden mußte. Das russische Wort für »Hubschrauber« wurde mit »fliegender Wagen« übersetzt.

Endlich leuchtete über uns wieder blauer Himmel. Die Pferde patschten mit den Hufen in die Pfützen, schüttelten sich das Wasser aus den Mähnen und begannen, Gras zu rupfen, wobei sie einander mit den Hälsen fast berührten. Der Reiter fuhr sich mit der Hand über das nasse Gesicht und zog am Zügel, er hoffte wohl, daß ihm warm sein würde, wenn er die Herde umkreist hätte, und seine Kleidung getrocknet sei. Ich war wieder einmal verblüfft, nicht so sehr von dem wechselseitigen Verständnis zwischen Pferdeherde und Reiter als vielmehr von dem Synchronismus ihrer Handlungen, der Allgemeingültigkeit der Gesetze, denen der Gang der Dinge unterworfen ist.

Vielleicht, dachte ich so bei mir, wird sich in der Steppe sehr bald alles wandeln, wird das Land mit seinen Farmen, Äckern und Städten sich bis zur Unkenntlichkeit verändern, neue Technologien und noch mehr Maschinen verschiedenster Art werden hier Einzug halten. Doch was auf diese Gegenden auch immer zukommen mag – solange Menschen die mongolische Steppe bewohnen, wird bei ihnen auch das Pferd zu finden sein, das zur mongolischen Geschichte gehört und als Symbol im Wappen der Mongolischen Volksrepublik zu sehen ist.

Gespräch mit einem Kosmonauten

Im Sommer des Jahres 1925 landeten auf einer grünen Wiese bei Urga mit Getöse und Geknatter, Rauchfahnen im Schlepp, Flugzeuge. Ihre Tragflächen waren aus Sperrholz und mit Leinwand bespannt. Die Propeller rotierten noch eine Weile, ehe sie stillstanden. Aus den engen Kabinen sprangen Leute – Teilnehmer eines Fluges UdSSR–China, der zur Unterstützung des Befreiungskampfes der Völker des Ostens veranstaltet worden war. Man brachte die mit Lederjacken und Lederhelmen bekleideten Piloten ins Haus der Regierung. Unter den Fluggästen befand sich auch eine Korrespondentin der »Iswestija«, Sinaida Richter, die diesen Überflug in ihrem Buch »7 000 Kilometer durch die Lüfte« beschrieben hat:

»Premierminister Zerendordsh, im Deel, mit Zopf, das Greisengesicht voller Falten, stand mitten in einem kleinen Saal, umgeben von Ministern, wir traten der Reihe nach an ihn heran, und Genosse Wassiljew, Bevollmächtigter Vertreter der UdSSR, stellte uns vor. Danach gingen wir alle in einen Nachbarraum, das Arbeitszimmer des Premiers. Auch hier war die Ausstattung mehr als bescheiden. An der Wand hing neben dem Leninbild ein Porträt, das den Bogdo-Gegeen zeigte und eine Gruppe von Mongolinnen. ›Wer ist denn das?‹ – ›Die Frauen des Bogdo-Gegeen.‹ – ›Haben denn Heilige Ehefrauen?‹ – ›Nach dem Gesetz ist es nicht erlaubt, doch der Bogdo hatte mehrere.‹

Neben mir saß Dadiani, ROSTA-Korrespondent* in Urga; er nannte mir die Namen der Minister und charakterisierte diese kurz: Zerendordsh, Premierminister, stamme aus einer Familie von Leibeigenen, ein großer Staatsmann, der fähigste Mann in der Mongolei. Der alte Mann machte auch auf mich einen besonders nachhaltigen Eindruck. Er hatte ein ungewöhnlich ausdrucksstarkes Gesicht, und die Falten darin sprachen eine beredte Sprache. Wenn er zuhörte, schien er vor sich hin zu dämmern, wiederholte zerstreut sein ›Ja, ja‹, plötzlich jedoch war er hellwach, er lächelte und sah seinem Gesprächspartner mit scharfem Blick ins Gesicht. Dadiani fuhr fort: ›Jener da, der am Fenster, in der Uniformbluse, das ist der junge Tschoibalsan, Oberbefehlshaber … und der andere dort, im Deel, ist Zezenchaan, Innenminister, früher ein reicher Fürst, ein direkter Nachkomme Tschingis-Khans. Nach der Revolution verzichtete er freiwillig auf alle Titel, Ränge und seinen Besitz. Vor kurzem hat er auch den Zopf abgelegt …‹

Beim Bankett erhob Zerendordsh sein Glas:

*ROSTA (Rossiskoje Telegrafnoje Agentstwo) war die Vorgängerin von TASS (Anm. d. Red.)

›Wir sind Menschen dieser Erde und sind bisher auf dieser Erde umhergekrochen. Unsere irdischen Interessen sind begrenzt. Aber nun haben die Menschen begonnen zu fliegen. Wir können jetzt fliegen ... Ich bin ein alter Mann, Sie aber sind jung, Sie haben alle solche entschlossenen, sonnengebräunten Gesichter. Ich glaube an Sie, die ›roten‹ Flieger. Ich bin zwar alt, doch wenn ich Ihren Mut sehe, kommt Glanz in meine Augen, und Wünsche werden in mir lebendig. Ich sehe in meinen Träumen schon eine Fluglinie, die die Mongolei der Sowjetunion näher bringen wird, und ganze Karawanen von Flugzeugen, die in der Luft schweben.«

Das alte Buch mit den Erinnerungen von Sinaida Richter hielt ich auf den Knien, als die AN 24 der Mongolischen Luftfahrtgesellschaft MIAT über Ulan-Bator aufstieg und Kurs auf Irkutsk nahm. Zurück blieben unter uns die sechzehngeschossigen Gebäude der Hauptstadt, Theater, Plätze, das Rechenzentrum, das »Elefantenohr« der Relaisstation »Orbita«, unter uns zogen die Masten der Fernleitungen, junge Städte, Bahnhöfe, Kraftwerke, Kohlengruben und Straßen in der Steppe vorüber. Die reizende Stewardeß vermeldete in mongolisch und russisch, in welcher Höhe und mit welcher Geschwindigkeit wir flogen. Der alte Premierminister Zerendordsh hatte alles sehr richtig vorausgesehen. Ein Jahr danach machte die Sowjetunion der Mongolei zwei Flugzeuge zum Geschenk. Sie beflogen die Route Werchneudinsk (das heutige Ulan-Ude) — Ulan-Bator und legten damit den Grundstein für eine eigene Luftfahrt der Mongolei. Heute patrouillieren landeseigene mongolische Flugzeuge über Wäldern und Steppen, besorgen die chemische Bearbeitung der Saaten, befördern Menschen, Post und Nutzlasten. Die MIAT unterhält Verbindungen zu Luftfahrtgesellschaften von mehr als dreißig Ländern.

Fortschritt hin, Fortschritt her — aber irgend etwas mußte doch auch dem Charakter des Mongolen widerfahren sein in der Zeit zwischen dem Tag, da er in seinen Gutal durch das staubige Gras gerannt kam, um die ersten Flugzeuge zu betrachten, und jenem Tag, da er selbst ein Flugzeug startete, seinen Fuß auf das Deck eines Schiffes des Hydrometeorologischen Dienstes im Indischen Ozean setzte, in Dubna half, das Atom zu spalten, zur Überwinterung in die Antarktis fuhr. Unter allen Aspekten des wissenschaftlich-technischen Fortschritts eines Landes wie der Mongolei ist der interessanteste wohl der: Kommt das Rad des zwanzigsten Jahrhunderts auf dem in vielem schon von der Tradition abweichenden und gleichzeitig schon breiten Gleis mongolischen Lebens nicht ins Schleudern? Die europäischen Völker sind auf der Leiter ihrer geschichtlichen Entwicklung aufgestiegen und haben dabei auf jeder Sprosse Atem geschöpft, sich an die immer wieder neue Höhe gewöhnen können, sei es an die Dampfkraft, die Elektrizität, den Verbrennungsmotor, die Funkverbindung, die Meerestiefen, die Stratosphäre, den Kosmos. Die Mongolen jedoch mußten Stufen überspringen, mitunter sogar zwei auf einmal, ohne Zeit zu haben, wieder zu Atem zu kommen. Was von außen wie eine abgebremste Reaktion der Mongolen auf äußere Reize aussah, war dies nicht so etwas wie Selbstschutz des Organismus vor einem Übermaß an Eindrücken und Überreizung? Gewöhnlich benötigt ein Volk längere Zeit, um ein bestimmtes Kulturniveau zu erreichen. Das neue soziale Umfeld bildet im Menschen spezielle Wesenszüge heraus, die eine beschleunigte geistige Verarbeitung des Fortschritts gewährleisten. Wenn man beobachtet, wie die Mongolen dabei sind, den Abstand zu den fortgeschrittenen Kulturen zu verringern, fällt einem besonders ihre Fähigkeit auf, sich in unserer Welt mit ihren lawinenartigen Veränderungen anzupassen.

Der Kommandant des Flugzeuges trat aus der Kabine und flüsterte der Stewardeß etwas zu. Sein Gesicht kam mir bekannt vor, irgendwo hatte ich dieses Gesicht mit den kantig hervortretenden Backenknochen und den schmal geschnittenen Augen schon einmal gesehen. Da ich mich aber nicht besinnen konnte, wo, dachte ich nicht weiter darüber nach und schaute aus dem Bordfenster. Doch als er erneut im Salon auftauchte, kam mir die Erleuchtung — einem Schauspieler, der in einem mongolischen Film den Tschoibalsan gespielt hatte, wie aus dem Gesicht geschnitten! Als der Kommandant in die Kabine zurückgegangen war, rief ich die Stewardeß heran: »Stimmt«, sie ließ ihre weißen Zähne blitzen, »der Kommandant hat in einem Film mitgespielt!« — »Die Rolle Tschoibalsans?« Ich kam aus dem Wundern nicht heraus. »Er sieht ihm wirklich ähnlich!« — »Kein Wunder«, meinte die Stewardeß und servierte den Tee, »er ist ja der Sohn des Marschalls!«

Mit dem Kommandanten kam ich dann auf dem Flughafen Irkutsk ins Gespräch. »Da sind Sie nebenbei also auch noch Schauspieler!« — »Ja, einmal war ich auch das ... Man drehte einen Film über meinen Vater, und da kam jemand auf die Idee, es mit mir zu probieren. Ich lehnte ab, was konnte ich schon für einen Schauspieler abgeben? Ich bin aktiver Militärflieger. Dennoch mußte ich die Rolle spielen ... Sie fliegen noch weiter?« — »Ja, nach Moskau«, antwortete ich, »ins Sternenstädtchen.« — »Etwa zu Viktor Gorbatko?« — »Wie kommen Sie denn auf Gorbatko?« — »Er ist häufig bei uns, wir kennen ihn, er ist Vorsitzender der Gesellschaft für Sowjetisch-Mongolische Freundschaft.« — »Ich will zu den mongolischen Kosmonauten.« — »Gratuliere! Das sind nämlich ganz prächtige Jungs. Einer von ihnen hat bei uns auf dem Flugplatz Dienst getan.« — »Ich werde Grüße bestellen«, sagte ich, ich mußte mich beeilen, daß ich die Maschine noch erreichte. »Wenn Sie wüßten, wie ich die beneide!« rief mir der Pilot noch hinterher.

Am folgenden Tag schon gehe ich durch das Sternenstädtchen. Der Wald bei Moskau verliert gerade das gelbe Laub seiner Birken. Ich blicke hoch zu den neuen Häusern, taste sie mit den Augen ab, kann aber nichts von dem entdecken, was dieses Städtchen von jungen Kleinstädten Sibiriens oder der Mongolei unterscheidet: Hier wie da trocknen auf den Balkons Babystrampelanzüge, Jungen rasen auf ihren Fahrrädern umher, an einem Laden werden Kästen mit noch warmen Brot abgeladen. Und trotzdem kann man sich nur hier, vielleicht hinter jener Gardine da, Alexej Leonow hinter seiner Staffelei vorstellen, sieht man im Geiste etwa auf jenem Fensterbrett dort Wladimir Dshanibekow mit seinem Englischlehrbuch sitzen oder im Hof Adrian Nikolajew die Schaukel mit den kreischenden Kindern in Schwung versetzen. Man zeigt mir ein sechzehngeschossiges Haus, in dem Bulgaren, Ungarn, Vietnamesen, Kubaner, Mongolen, Polen, Tschechoslowaken und Deutsche gewohnt haben oder noch wohnen. Und das dort ist das Vorbereitungszentrum, dort wirbelt man in diesem Augenblick vielleicht gerade jemanden in der Zentrifuge herum. Sehen kann man das allerdings nicht, man kann es sich nur denken. Auf einem Platz die Plastik Juri Gagarins mit offenem Hemdkragen, sie bringt einem wieder in Erinnerung, daß man sich hier wohl doch in einer ganz besonderen Stadt befindet. Von hier aus fliegt man in den Kosmos, und das verleiht allem etwas Ungewöhnliches.

Dshugderdemidijn Gurragtschaa wartet am vereinbarten Ort.

»Sain bainuu!« sage ich und reiche ihm die Hand.

»Sain, sain bainuu!« begrüßt mich der Kosmonaut, die Rechte am Mützenschirm.

Wir haben uns auf der Treppe zum Kulturhaus getroffen, unter einer Plastik: In einem geneigten Reifen, im schwerelosen Raum, schwebt, wie ein Vogel im Flug, ein Kosmonaut. Gurragtschaa Dshugderdemidijn, Hauptmann der Volksarmee seines Landes, schüttelt mir kräftig die Hand, als seien wir in ein und derselben Steppe aufgewachsen und hätten uns lange nicht gesehen. Ich mustere ihn genau. Beherrscht und freundlich schaut er einem direkt ins Gesicht, für mich sozusagen ein noch ganz und gar Fremder. Er war zu jenem Zeitpunkt noch nicht geflogen, und keiner wußte, wann er fliegen würde.

»Wie geht es Ihnen!« fragt er, wie bei Steppenbewohnern üblich.

»Gut, und Ihnen?« antworte ich in gleicher Weise.

»Wie geht es der Familie, den Kindern?« fährt er lächelnd fort.

»Danke, alle gesund, und bei Ihnen?«

»Mein Kleiner hat sich erkältet ... Wolynow hat uns nach Moskau gefahren in die Klinik.«

In der Psyche des Mongolen, betrachtet man die Nation insgesamt, dürfte der Kosmos an sich keine negativen Emotionen wachrufen, dachte ich so bei mir auf unserem gemeinsamen Spaziergang. Schon seinen Vorfahren wurde es ja suggeriert: Der ewige Himmel schenkt dem Menschen die Seele, er wägt dessen Taten auf Erden, und der Nomade, dem von alters her Gerechtigkeit am Herzen liegt, blickte zu ihm auf: »O Himmel, sei du Richter!« Das Interesse der Mongolen für das All ist so alt, daß schon an den Schellentrommeln der Schamanen Zeichnungen vom Weltraum auftauchen, so wie die vorbuddhistische religiöse Tradition ihn sah. Die Lamaisten nahmen kultische Vorstellungen von Raum und Zeit in ihr Alltagsritual auf. Der Himmel war geheimnisvoller Herrscher über das Schicksal, Arena des Handelns höchster, mit dem Verstand nicht zu erfassender Kräfte. Dennoch hat sich das Denken der Nomaden von den starren Fesseln der Riten befreit. In der Steppe kann man noch die schöne Legende vom Schmied Chas hören, dem mongolischen Ikarus, der sich Flügel schmiedete, um fliegen zu können. Man erzählt sich, dieser Schmied habe tatsächlich im Changaigebirge gelebt und sei eines Tages, mit den Flügeln schlagend, von einem hohen Steilhang in die Tiefe gesprungen, und Nomaden hätten ihre Schafe zum Fuß dieses Hanges getrieben, damit der kühne Flieger nicht zerschellte.

»Wie war Ihnen zumute, als Sie in die Kosmonautenabteilung aufgenommen wurden?« frage ich Gurragtschaa. Sein Lächeln wirkt unbefangen, ohne Arg, das Lächeln eines Kindes, keineswegs verwirrt, sondern eher etwas nachsichtig. Er denkt nach, ehe er Antwort gibt, er hat keine parat: Er hat noch nie zuvor mit Journalisten zu tun gehabt. Später, wenn er sich an Fotoapparate, Filmkameras und Mikrophone gewöhnt hat, wird ihm sicher auch Routine und Ungezwungenheit kommen, aber jetzt muß er noch nachdenken, wie das alles in Wirklichkeit gewesen ist.

»Die Auswahl erfolgte in zwei Etappen. Wir kamen vor eine Ärztekommission in Ulan-Bator, und danach blieben vier Kandidaten übrig, unter denen zwei ausgewählt werden sollten; man schickte uns zur medizinischen Spezialuntersuchung nach Moskau. Hier überprüfte man einen Monat lang den Vestibularapparat, untersuchte die Empfindungen bei Vibration, Schaukel- und Drehbewegung sowie die Herztätigkeit. Die Ärzte ließen nichts verlauten, weder Positives noch Negatives, doch als sie sich dann miteinander unterhielten, dachte jeder von uns: Das war's, nun ist alles aus. Der Wunsch, in das Kosmonautenteam aufgenommen zu werden, war, zumal in der letzten Etappe, so stark, alle vier wollten wir so gern bleiben, daß das Ganze für uns eine sehr große psychische Belastung darstellte. Ich sage ganz offen, ich hatte für mich wenig Hoffnung. Meine drei Kameraden kamen mir leistungsfähiger vor und geeigneter als ich. Einen Monat später brachte man uns ins Sternenstädtchen und führte uns der Staatlichen Kommission vor. Alle vier warteten wir, daß man uns aufrufen würde. Außer uns saßen da noch jeweils vier Kandidaten aus anderen Ländern. Aus jeder Gruppe sollten zwei ausgewählt werden. Wir wurden einzeln hereingerufen ...«

Gurragtschaa verstummte, senkte den Blick und hing seinen Gedanken nach.

»Wir wurden also einzeln hereingerufen. Als ich an der Reihe war, trat ich in den großen hellen Saal, da sah ich am Tisch eine Menge Leute sitzen und wußte vor Verlegenheit gar nicht, an wen ich mich wenden sollte. Ich stellte mich ordnungsgemäß vor, dann vernahm ich die Frage: ›Haben Sie den Wunsch, in der Kosmonautenabteilung zu arbeiten?‹ – ›Ja, gewiß!‹ murmelte ich. ›Selbstverständlich, das wäre mein größter Wunsch!‹ Dann wurden mir noch weitere Fragen gestellt, auf die ich irgend etwas antwortete, und danach verlas ein Kommissionsmitglied den Befehl: ›Genosse sowieso, Bürger der Mongolischen Volksrepublik, ist geeignet für den Raumflug.‹ Ich weiß es noch wie heute – früher ist mir so etwas nie passiert –, mir wurde richtig schwarz vor Augen.«

»Sie sind ja ein Mensch, der in der Steppe aufgewachsen ist«, sagte ich, »und sicher fällt Ihnen die Anpassung an die neue Umwelt – die Gegend um Moskau, das Stadtleben – nicht eben leicht.«

Der Kosmonaut überlegte.

»Die Umstände, die Sie da nannten, haben mir keinerlei Schwierigkeiten bereitet. Nicht vollkommen sicher jedoch fühlte ich mich auf den Trainingsgeräten, wenn ich erhöhter psychischer Belastung ausgesetzt war. Ich weiß noch, in meiner Kindheit drehte sich das Pferd einmal unter mir, bäumte sich auf und warf mich aus dem Sattel, aber das sind ja harmlose Späße, verglichen mit den Belastungen, denen man auf dem Drehsessel oder der langen Pendelschaukel ausgesetzt ist. Wer keinen stabilen Vestibularapparat besitzt, dem kann es schwindelig und übel dabei werden. Ich hatte solche Empfindungen nicht, wohl aber in der ersten Zeit ein gewisses Mißbehagen, eine Dystonie, wie die Mediziner sagen.«

Wir setzten uns auf eine Bank und beobachteten, wie aus dem Vorbereitungszentrum schwatzend und lachend ein paar junge Männer kamen. »Sie erwähnten da gerade die Anpassung«, meinte lächelnd der Kosmonaut. »Die Mongolen haben ja immer das Wasser gemieden. Einst war es bei ihnen verpönt, zu baden oder in den Sommermonaten die Kleidung zu waschen. Den Körper mit Wasser waschen bedeutete, das Glück — chischig — abwaschen. Dieses Tabu wird unterschiedlich erklärt: einmal mit der schamanistischen Verehrung des Wassers, zum anderen sowohl mit der gefährlichen Kälte der Gebirgsflüsse als auch mit dem Volksglauben, Wasser ziehe den Blitz an, der in der Steppe Mensch und Vieh erschlägt. Jedenfalls haben die Mongolen bis auf den heutigen Tag ein gestörtes Verhältnis zu Wasser, und Sie werden bei uns kaum einen jungen Menschen finden, der schwimmen kann. Bis in die jüngste Zeit hinein konnten viele Steppenbewohner, besonders im höheren Alter, keinen Fisch essen. Fisch hieß bei ihnen ›Wasserwurm‹. Sie können sich vielleicht vorstellen, was es die Mongolen für Überwindung gekostet hat, am Chuwsgulsee und am Buir nuur Fischereigenossenschaften ins Leben zu rufen, am Oberlauf des Chowd Holz zu flößen oder den Selenge mit dem Kutter zu befahren.«

»O ja, das kann ich mir gut vorstellen«, erwiderte ich, »das war bestimmt nicht leicht.«

»Alles andere als leicht ... Ich bin am Schwarzen Meer gewesen, wir haben dort Wasserung geprobt. Zusammen mit dem Kommandanten steckte man mich in die Landekapsel, und dann überantwortete uns das Ladegeschirr der Gewalt der tosenden Wellen. Bei dem starken Sturm waren wir ein Spielball der Wellen. Dazu simulierten die Leiter des Vorbereitungsprogramms noch eine kritische Situation. In der Kapsel wurde der Strom abgeschaltet, wir mußten sie verlassen und uns so lange über Wasser halten, bis der Rettungstrupp heran war. In der engen, heißen Kabine mußten wir uns umziehen, einer half dem anderen die Kombination überziehen und die transportable Havarieausrüstung bereitmachen. Als erster verließ der Kommandant die Kabine, ich folgte. Im Wasser war es dann gar nicht so schlimm, wir hatten frische Luft, man atmete frei wie in der Steppe, über uns der riesige Sternenhimmel. Wenn nur die Wellen nicht gewesen wären ...«

»Und wie vertragen Sie die Schwerelosigkeit?«

»Sie ist mit nichts zu vergleichen ... Das ist etwa so, als wenn man an einem windstillen Tag mit dem Fallschirm abspringt und die Augenblicke erlebt, bevor sich der Schirm öffnet.«

»Sie bekommen sicher Hilfe von denen, die bereits im Weltraum gewesen sind?«

»Vorbilder sind uns alle sowjetischen Kosmonauten, ob sie nun schon einmal im Weltraum gewesen sind oder nicht. Die einen sind unsere Vorgesetzten, die anderen unsere Studienkollegen. Mir gefallen vitale, dynamische und disziplinierte Menschen. Mag sein, weil ich selbst noch nicht so dynamisch bin, wie ich es bei anderen bewundere.«

»Wie hat die Mongolei Sie verabschiedet?«

»Im Politbüro des ZK der MVRP wünschten uns die Genossen, daß wir den Auftrag der Heimat in Ehren erfüllen. ›Hinter euch‹, so sagten sie, ›steht die Vergangenheit des mongolischen Volkes, und mit euch beginnt seine Zukunft‹.«

»Und was hat Ihr Vater gesagt?«

»Den Vater habe ich zuvor angerufen und ihn um Rat gefragt.«

»Verstand er denn, worum es geht?«

»Nein, aber ich konnte ja nicht alles sagen. Deshalb antwortete er auch, ich solle nach eigenem Ermessen handeln. ›Du bist ein erwachsener Mensch‹, sagte er, ›gestalte dein Leben so, wie du selbst es haben willst. Ich kann dir nicht sagen: ja oder nein, du mußt selbst entscheiden, ob du diese Arbeit gern machst oder nicht ...‹ Ich habe es dann auch selbst entschieden.«

»Und wenn Ihr Vater Ihnen abgeraten hätte?«

»Es ist noch nie vorgekommen, daß mich mein Vater falsch beraten hätte. Er ist nicht allzu gesprächig, er hat uns stets weniger mit Worten als vielmehr durch sein eigenes Verhalten, durch sein ganzes eigenes Leben erzogen. Mitunter kritisierte er uns Kinder, und zwar mit Recht. Bei uns gehorcht man dem Vater.«

»Und dennoch, was wäre gewesen, wenn Ihr Vater seine Erlaubnis nicht gegeben hätte?«

»Ich hätte schon erreicht, was ich wollte: Ich wäre zu ihm gefahren, hätte ihm alles erläutert, er hätte es schon verstanden. Zumindest den Unterschied zwischen Luftfahrt und Raumfahrt.«

»Und Ihre Mutter?«

»Meine Mutter entscheidet in solchen Fragen wie der Vater.«

»Und vergessen Sie auch die elterliche Jurte nicht, Gurragtschaa?«

»Bei uns heißt es: Bist du gebildet, ist es das Verdienst der Lehrer, ist aus dir ein Mensch geworden, ist es das Verdienst von Vater und Mutter. Bei uns gibt es ein beliebtes Volkslied über die Sohnespflicht.«

»Können Sie es noch?«

Gurragtschaa überlegte, wie es wohl ins Russische zu übersetzen sei. »Am Hang eines weißen Hügels eine weiße Lotosblume wächst. Die du mich mit deiner weißen Milch genährt hast — womit sollte ich deine Liebe, Mutter, messen? Auf dem Felsen duften herrliche Blumen. Du, die du dich in dunkler Nacht erhoben hast, mich gewiegt hast, du, der es selbst an Schlaf gemangelt hat — wie soll ich es dir danken, Mutter? Über dem Dickicht kreist ein Falke. Du, die du mich zu einem Menschen erzogen hast — wie kann ich dir als Sohn meine Dankesschuld abstatten, Mutter?«

Wir schlenderten erneut durch die schmalen Straßen des von Wald umgebenen Städtchens, atmeten die Herbstluft, weilten in Gedanken jedoch weit fort von hier, in der blauen mongolischen Steppe, bei den weißen Jurten, im Rauch des Dungfeuers.

»Man hat mir erzählt«, sagte ich lächelnd, »Sie hätten schon als Kind einen vorzüglichen Kumys zuzubereiten gewußt und der Mutter beim Essenkochen geholfen?«

»In unserem Aimak Bulgan gibt es neunzigtausend Pferde. Alle Araten bereiten gern Kumys. Es gibt Somone, in denen man von Mai bis Oktober keinen Tee, sondern nur Kumys trinkt. Dafür beträgt die mittlere Lebenserwartung in diesen Gegenden über siebzig Jahre, und die dortigen Mädchen gelten als die schönsten des Landes.«

»Vielleicht wird es an Bord des Raumschiffes auch mongolische Speisen geben?«

»Aber selbstverständlich ... Wir wollen zum Beispiel Experimente mit unserem Sanddorn unter kosmischen Bedingungen durchführen. Man sagt, Sanddorn regeneriere die Leistungsfähigkeit des Menschen gut und könne ihm bei langen Raumflügen von Nutzen sein. In Ulan-Bator befaßt sich ein Institut eigens mit diesem Problem.«

In der Tat wurde schon 1965 in der Mongolei ein Nationalrat zur Erforschung und Nutzung des Weltraumes zu friedlichen Zwecken geschaffen. Ehrlich gesagt, als ich das erste Mal hörte, daß mongolische Wissenschaftler Protuberanzen und die Sonnenkorona beobachten, die Wechselbeziehungen zwischen Teilchen kosmischer Strahlungen untersuchen und Weltraumaufnahmen dechiffrieren, kam mir diese Information eher wie Wunschdenken vor, als daß ich ihr wissenschaftliche Bedeutung beigemessen hätte. Solcher trivialer Gedanken mußte ich mich dann aber schämen: Als nämlich in dem schweren rückführbaren Satelliten »Interkosmos 6« von Mongolen konstruierte Geräte installiert wurden und ein Experiment gelang, das Wissenschaftler Ungarns, der Mongolei, Polens, Rumäniens, der Sowjetunion und der Tschechoslowakei gemeinsam vorbereitet hatten, wurde deutlich, daß die Mongolen sich tatsächlich ernsthaft mit dem Kosmos befaßten. In Ulan-Bator hört man in Instituten aus dem Mund junger Mongolen Termini, die dem Laien genauso fremd sind wie der mongolischen Sprache selbst, Begriffe etwa wie »Polarisation des Lichts«, »Teststrecken«, »Strukturkonturierung« … Ein mongolischer Bekannter von mir, ein namhafter Geograph, der das Große Gobi-Reservat einrichtet, erhofft sich ebenfalls etwas aus dem Weltraum, erwartet von dort Aufnahmen von Oasen, Zonen mit Staubstürmen, Salzböden und Quellen. »Und wo wird man das Przewalskipferd ansiedeln?« habe ich ihn einmal gefragt. »Die Informationen aus dem Kosmos werden es uns sagen«, lautet heute die Antwort des Geographen.

In der Wüste Gobi, am Stadtrand von Dalandsadgad, steht ein Häuschen, einer Jagdhütte ähnlich, wie man es in dem von Kamelen zertrampelten Sand nicht erwartet hätte. Gegen Abend schiebt sich das Dach des Häuschens auseinander, und der »Rüssel« eines Teleskops strebt zum Sternenhimmel empor. Das ist eine Beobachtungstation für künstliche Erdtrabanten; in dieser Gegend ist der Himmel nämlich fast immer wolkenlos. Gerade als ich dort war, kam zu einer Mitarbeiterin der Station, einer jungen Frau aus der Gobi, auf einem Kamel der Vater angeritten. Der alte Mann umfaßte das Rohr des Suchers an der Fotoanlage, als sei es der Hals seines Kamels. Ob ihn die nächtlichen Sterne derart fesselten? Ich erwartete, in den Augen des alten Mannes wenn nicht Verblüffung, so doch zumindest Neugier zu erkennen. Er aber wandte sich gleichmütig vom Teleskop ab und meinte: »Ein solches Rohr brauchten wir, da könnten wir von weitem sehen, wohin die Kamele gelaufen sind.« Allein an der Tatsache, daß man einen Mongolen mit Technik und auch mit Sternen nicht mehr groß verblüffen kann, erkennt man den neuen allgemeinen Wissensstand, der früher nur wenigen zugänglich war. In diesem Sinne ist ein mongolischer Kosmonaut so etwas wie der oberste Wipfel eines Baumes, der mit seinen Wurzeln tief in den Boden reicht.

»Sie sind sicher ein glücklicher Mensch«, wandte ich mich an Gurragtschaa.

»Ich weiß nicht, vielleicht ja, wohl weil ich es gelernt habe, mich selbst zu überwinden. Der Weltraum beispielsweise – das ist ein gewaltiges, schwieriges Stück Arbeit, und nicht alle begreifen das. Da gibt es schwere Tage, von morgens bis zum späten Abend Studium, Training und starke körperliche Belastungen. Da möchte man schon manchmal verschnaufen, mit der Frau und dem Sohn zusammen sein, und doch muß man noch dies und jenes tun. Ein gewisser Widerspruch: Man möchte das eine, verlangt aber wird etwas anderes. Glücklich ist der, der sich da selbst überwinden kann.«

»Sagen Sie, Gurragtschaa, was halten Sie von Ihrem Landsmann Gandsorig, der ja ebenfalls Kandidat für Flüge in den Kosmos ist?«

»Seiner Ausbildung nach ist er Ingenieur für Kontroll- und Meßgeräte sowie für Automatisierung. Er ist in guter Form und ein Kamerad, der mir nahesteht.«

»Wer von Ihnen beiden wird denn nun als erster fliegen?«

Gurragtschaa antwortete irgendwie betont dienstlich und offiziell:

»Das ist von völlig untergeordneter Bedeutung, Hauptsache ist, daß ein Bürger der Mongolischen Volksrepublik in den Weltraum fliegt.«

Ich fragte weiter: »Und wer von Ihnen ist der ältere?«

Gurragtschaa blieb stehen, seine Augen leuchteten auf, und er schlug sich mit kindlicher Unbefangenheit gegen die Brust:

»Ich! Ich bin älter! Ganze zwei Jahre!«

Hinter diesem ihm so spontan entschlüpften Ausruf verbarg sich eine mir so begreifliche menschliche Schwäche, daß mir der Kosmonaut, so wie ich ihn mir vorgestellt hatte, nur noch vertrauter wurde.

Wir verabschiedeten uns am Tor, ein Flugzeug donnerte dicht über die Dächer des Sternenstädtchens hinweg. Der Kosmonaut blickte dem Flugzeug lange nach. Vielleicht saß sein Kamerad auf einem Trainingsflug am Steuer?

»Ich weiß natürlich, Sie sind hier mit allem bestens versorgt, aber wenn ich das nächste Mal aus der Mongolei komme, was soll ich Ihnen da mitbringen?« fragte ich.

Der Kosmonaut brach in Lachen aus:

»Vielleicht mongolisches Hammelfleisch!«

Er kommt aus einer Arbeiterdynastie

Das war neu für mich: Mehr als die Hälfte der werktätigen Bevölkerung der Mongolei gehört, einschließlich der Familien, der Arbeiterklasse an. Das ist etwas, was einem noch schwer eingeht. Und das in einem Land, in dem von jeher Viehzucht betrieben wurde, mit traditionellem Tauschhandel auf den Karawanenwegen! Bei den Zelten dampfte in Kesseln Hammelfleisch, schwarzäugige Frauen schenkten den Gästen Kumys ein, im Gras saßen Händler, Silberstücke auf einer Balkenwaage abwiegend. Chinesische Kaufleute breiteten auf Spreu Seide, Tabak, Perlen und Korallen, Elfenbein, Emaille, buddhistische Statuetten und farbige Thymianstengel aus, trieben ihren Handel mit den Mongolen, die wiederum boten ihre eigenen Produkte der Steppe feil — Vieh, Fleisch, Häute, getrockneten Rhabarber und ähnliches. An den nördlichen Grenzen, um die russischen Befestigungen herum, herrschte die gleiche lebhafte Handelstätigkeit, hier wechselten Tuche, Saf-

Mongolische Studentin und Bergarbeiter aus den Gruben von Nalaich. – Links: Veteranen der Revolution von 1921 und Parade von Sportlern fian, Mehl, Eisenblech und Zobelfelle ihren Besitzer. Fast zwei Jahrhunderte lang strömten von überall her Karawanen zum Markt in Kjachta, riesige Staubwolken über der Steppe aufwirbelnd. Bei dem vielsprachigen Stimmengewirr, bei dem Lärm trunkener Reden, unter gegenseitigen Beschimpfungen und Umarmungen luden die Nomaden neuen Hausrat auf ihre Kamele. Für den transbaikalischen Markt produzierten eine Lederfabrik am Tschikoi, einem Nebenfluß der Selenga, eine Gießerei in Petrowsk-Sabaikalski und viele kleine Werkstätten, die in sibirischen Siedlungen eingerichtet worden waren. Es schien, als sollte der Mongole in seinem von Karawanen zertrampelten Land niemals Fabriksirenen zu hören bekommen.

Wenn wir von der Viehzüchtervergangenheit dieser Steppe sprechen, dann vergleichen wir sie immer mit der heutigen Wirtschaftsstruktur. Betrachtet man jedoch das Bild an sich, so wie es sich tatsächlich darbot, dann stellt man Einzelheiten fest, die an der Richtigkeit früherer Vorstellungen Zweifel aufkommen lassen. Daß es hier vor der Revolution keine oder so gut wie keine Arbeiterklasse gab, das stimmt. Doch die Einschränkung »so gut wie keine« ist geboten, denn an den Klostermauern und in der Nähe von Städten hatten sich verarmte Araten niedergelassen, die durch Bereitstellung von Brennholz, Anlieferung von Fleisch, Gelegenheitsarbeit in Wollwäschereien, beim Holzeinschlag und im Bergbau ihr Leben fristeten. Auf den Goldfeldern der Aktiengesellschaft »Mongolor«, deren Hauptaktionäre die russische Zarin Maria Fjodorowna, der belgische König Leopold und der Mandschu-Würdenträger Li-Hung-tschang waren, gab es etwa tausend Arbeiter (Chinesen, Russen und Mongolen), die, von amerikanischen Ingenieuren angeleitet, bis zu zwei Tonnen Gold im Jahr förderten. Es gab ferner eine kleine Ziegelei, eine Steindruckerei und zwei Handdruckereien, in denen ebenfalls Mongolen beschäftigt waren. Die Arbeitsbedingungen waren schlecht, und Analphabetentum, Untertanengeist sowie das Fehlen von Arbeitertraditionen ließen das Aratenbewußtsein nicht zu einem Proletarierbewußtsein werden. Nach Beobachtungen von M. Bogomolow und M. Sobolew, die zu jener Zeit die Mongolei besuchten und uns ihren »Abriß über den russisch-mongolischen Handel« (Tomsk 1911) hinterlassen haben, »... kann man sich nur wundern, daß die mongolischen Arbeiter selten streiken. Die Bedingungen dafür sind mehr als günstig«.

Jene mongolischen Proletarier sind die Vorläufer der heutigen mongolischen Arbeiterklasse gewesen.

Als in den zwanziger Jahren bei Urga der erste Fabrikschornstein in die Höhe wuchs, ritten die alten Nomaden um ihn herum und reckten die Köpfe in die Höhe – was müsssen das wohl für Riesenpferde sein, wenn man für sie einen so hohen Pflock baut? Heute gibt es in der Mongolei etwa tausend Industriebetriebe, darunter Unternehmen von Weltrang. Deshalb sollte man durchaus einmal von den echten Arbeitern sprechen, die bereits in Arbeiterfamilien aufgewachsen sind und sich von ihren Vätern und Großvätern, die seinerzeit die Arbeiterdynastien begründeten, schon etwas Proletarisches zu eigen gemacht haben. Überwiegend waren dies Kraftfahrer. Sie saßen am Steuer ihrer »Pontiacs« und »Fords«, die »Achter« (wegen ihres Achtzylindermotors) genannt wurden, oder sie rasten auf »Benz«-Lastern durch die Steppe. Es entstanden Automobilsyndikate, die sich Fahrer aus dem Ausland hielten, doch allmählich traten Mongolen an deren Stelle und begründeten den ersten landweit verbreiteten Arbeiterberuf auf mongolischem Boden. Der russisch-sowjetische Schriftsteller Chazrewin, der in den dreißiger Jahren die Mongolei besuchte, hat einmal eine Gruppe dieser Fahrer beobachtet: »Die Chauffeure — noch ganz junge Mongolen — schauten mit lustiger Arroganz auf die durch den Staub stapfenden Fußgänger herab und rasten, ohne sich um Straßen zu kümmern, mit atemberaubender Geschwindigkeit auf die in der Ferne aufblitzenden Lichter der Stadt zu.« Chazrewin und sein Freund Lapin, der ihn auf der Reise durch die Mongolei begleitete, haben uns wunderschöne Schilderungen dieses Landes hinterlassen; beide sind im Großen Vaterländischen Krieg der Sowjetunion an der Front gefallen, ohne je erfahren zu haben, was aus den Nachfahren jener verwegenen Fahrer geworden ist.

Ich bin unterwegs zum Bergwerk in Berch, dreihundert Kilometer nordöstlich von Ulan-Bator; dort stammen achtzig Prozent der Bergleute aus alten mongolischen Arbeiterfamilien der zweiten und dritten Generation. Berch steht schwärzlich in der Steppe, die Buch-tal, »Ochsensteppe«, genannt wird, weil die Ochsen hier die Gewohnheit angenommen hatten, das Erdreich mit den Hufen aufzureißen. Diese Ochsen mit ihrer kräftigen Halsmuskulatur gingen auch in den heftigsten Stierkämpfen stets als Sieger hervor. Woher sie überhaupt gekommen waren, wußte niemand. Besitzer kleiner Herden, die das Geheimnis kannten, hatten sie hierhergetrieben. Wo Ochsen im Erdreich wühlten, lagert Flußspat (dshonsch auf mongolisch). Die Araten kamen mit ihren zweirädrigen Karren angefahren, luden das Mineral auf und trieben ihre Pferde dann zu den Klöstern. Dort schauten sie verwundert zu, wie die Lamas den Spat in Kupfermörsern zerkleinerten, dem Gemisch weitere Pülverchen und einen Kleber beimengten und die Masse dann in Tütchen abpackten. Mit diesem Mittel heilten die Lamas Kranke.

Im Jahre 1953 kam ein alter Arate namens Sandshaa in ein Geologenla-

Das Staatsgut Boornuur im Nordosten des Landes ist auch auf Pferdezucht spezialisiert. – Landschaft im Changai-Gebirge

ger, nahm eine schwere Tasche vom Pferd und schüttete grünliche Steine auf den Tisch. »Hier in der Nähe gibt es Spat. Ich habe welchen gefunden, ich kann Ihnen zeigen, wo!« – »Wie viele Kilometer sind es bis dorthin?« Die Geologen bekamen glänzende Augen. – »Auf einem guten Pferd etwa drei Stunden.« Der alte Mann wollte sich nicht zu den Geologen ins Auto setzen, er sprengte davon in die Berge, und hinterdrein knatterte das Auto der Expedition. So also wurde der Bergbaubezirk entdeckt, der die Mongolei zu einem der größten Flußspatexporteure machte. Der Spat wird in die Sowjetunion exportiert und gelangt dort in die Stahlwerke. Spat verleiht dem Metall größere Härte, wie sie den Forderungen des zwanzigsten Jahrhunderts entspricht.

Der alte Mann erhielt eine hohe Prämie. Zeitungen schrieben über ihn und druckten sein Foto ab. Arbeiter setzten seine Jurte in Grubennähe um. Das neue Bergwerk nannte man Sandshaagiin, was in der Übersetzung soviel wie »Grube Sandshaa« bedeutet. Das Mineral wurde von dem Rappen Char-Morj, der sich an das Halbdunkel des Stollens gewöhnt hatte, ans Tageslicht befördert. Char-Morj zog, ohne daß man ihn groß antreiben mußte, den beladenen Hunt; über Tage angekommen, blinzelte er in den hellen Tag und kehrte wieder in den Schacht zurück. Ein paar Dutzend Bergleute luden mit Schaufeln das Mineral in die Loren. Es war feucht und kalt, die Hände, noch nicht an Schaufeln gewöhnt, schmerzten, und nicht alle hatten schon die Furcht überwunden.

Kaum graute der Tag, da saß Sandshaa schon im Sattel, ritt das Bergwerk ab, beaufsichtigte alles und schimpfte, wenn etwas nicht nach seinem Kopf ging. Die Arbeiter sahen darüber hinweg, nahmen ihm sein kauziges Gebaren nicht übel, ahnten sie doch nicht, was in dem alten Mann vorging. Eines Tages hetzte er sein Pferd zum Kontor, ging zum Leiter der Grube und verlangte Prozente von dem Mineral. Er stürmte auch in den zum Werk gehörenden Laden: »Das ist mein Laden, das sind meine Häuser! Ich bin es gewesen, der euch Arbeit gegeben hat!« Erst schmunzelten die Leute, als es ihnen aber zuviel wurde, schlugen sie auf einer Arbeiterversammlung vor, das Bergwerk umzubenennen. So also kam es zum Namen Berch, was »mühsam«, »schwer« bedeutet. Der alte Mann war tödlich beleidigt und verschwand, niemand weiß, wie sich sein weiteres Schicksal gestaltet hat.

Mich aber hat diese Geschichte angerührt, mir tat der alte Sandshaa leid. Eine tragische Gestalt, wenn man so will. Er lebte zu einer Zeit, als die Mongolei gerade erst auf den kapitalistischen Weltmarkt vordringen wollte. Schon tauchten die ersten mongolischen Händler, Geldverleiher und Panstschin, wie man die Zwischenhändler nannte, auf. Sie alle, ermuntert durch ausländische Firmen (die letzte deutsche hielt sich in Ulan-Bator bis 1939!), waren ihrem Wesen nach Privatunternehmer. Wäre die Mongolei den kapitalistischen Weg gegangen, hätte der alte Sandshaa vielleicht ein Vermögen erworben, wäre in kostbaren Seidengewändern einhergegangen, hätte sich vielleicht eine mit Schnitzereien verzierte Tabaksdose aus Nephrit geleistet, wie sie von Pekinger Händlern angeboten wurden, obwohl er auf Grund fehlender Bildung und mangelnder Geschäftstüchtigkeit wohl kaum im Konkurrenzkampf bestanden hätte. Sicher hätte er die ersten Gewinne wieder vertan und wäre letzten Endes bei den durch die Steppe streifenden Landstreichern gelandet. Die Tragik des alten Sandshaa besteht darin, daß er mit der Denkweise einer anderen Gesellschaftsordnung in eine neue überwechselte, die er nicht begriff, in der er Außenseiter war, ein Gast aus einer anderen Welt.

Die heutigen Herren von Berch sind seit Generationen Arbeiter. Sie stülpen sich ihre Schutzhelme auf, hängen sich die Karbidlampen über die Schulter und fahren mit Getöse im eisernen Förderkorb in die Grube ein. Sie patschen in ihren Gummistiefeln durch den Stollen, schmiegen sich an den Fels, wenn die Loren mit dem grünlichen Spat vorbeirollen. Eine ganze Schicht lang bin ich einmal hinter einem Häuer her gegangen, den ich mir deshalb ausgewählt hatte, weil er selbst und seine Frau (sie ist Telefonistin im Bergwerk) in Arbeiterfamilien aufgewachsen sind, ihre Väter waren Fahrer. Der Vater meines Häuers, ein LKW-Fahrer, hatte seinerzeit noch zwei Pferde gehalten. Den Kollegen gegenüber argumentierte er mit der Redensart: »Ein Mann ohne Frau ist ein Bettler bei Nacht, ein Mann ohne Pferd ein Bettler bei Tage.« Er hielt Schafe und Kühe, mit aller Macht zog es ihn in die Steppe, er trauerte dem Nomadenleben nach. Offenbar fürchtete er sich, zu seiner früheren Lebensweise alle Brücken abzubrechen, und blieb den einen wie den anderen Traditionen treu. Sein Sohn hat solcherart Besitz nicht, er lebt in einem festen Haus, kauft seine Milch im Laden, und zu Fahrten ins Aimakzentrum benutzt er den Bus. Würde man ihm heute den Vorschlag machen, sich doch Pferde zu halten, er würde es ablehnen, unter den neuen Gegebenheiten wäre ihm dies nur eine Last. Er und seine Frau verfügen heute ganz allein über ihre Freizeit, die sie verbringen, wie es ihnen gefällt, nichts hindert sie daran.

Mein Häuer kam in den sechziger Jahren in das Bergwerk Berch, als von dem alten Sandshaa nur noch Geschichten umgingen; den Rappen Char-Morj aber hielt man noch unter einem Vordach – als eine Art Reliquie aus der Geschichte der Siedlung. Als der Häuer hier das erstemal in dem klirrenden Förderkorb beim düsteren Licht der Karbidlampe hinunter zu den

Idol alter Turkvölker im »Tal der Steinernen Statuen«. — Linke Seite oben: Tschingis-Khan-Denkmal am Onon, der Heimat des berühmten Mongolenherrschers. — Darunter: Eine mongolische Venus. — So bietet sich Karakorum heute dem Besucher dar

Bergleuten mit den Bohrhämmern in der Hand in die Grube einfuhr, ins Reich der Verlademaschinen, die die Hunte mit Erz füllten, mußte er sich nicht erst an die Arbeitsbedingungen im Schacht gewöhnen. Er war gerade aus dem Kusnezkbecken zurückgekommen, hatte sein Praktikum in sowjetischen Bergwerken hinter sich, war an den neuesten Maschinen ausgebildet und brauchte daher nicht allzu lange für das Überwechseln von einfacheren zu komplizierteren Anlagen. Sein Denken wurde gegenständlich, in seinem Wortschatz hielten technische Begriffe Einzug, und ich glaube, wäre er mit dem alten Sandshaa zusammengetroffen und auf das Bergwerk zu sprechen gekommen, die beiden hätten einander wohl gar nicht richtig verstanden.

Ich folgte also meinem Häuer unter Tage auf dem Fuße, stolpernd im Halbdunkel, immer wieder gegen etwas stoßend, und spürte so recht meine eigene Winzigkeit und Fremdheit in diesem feuchten hallenden Korridor, während mein Begleiter sich so ungezwungen bewegte, sich so gut auf allen Horizonten zurechtfand, so furchtlos die schwankenden, nassen Steigleitern erklomm und mit seiner am Helm festgeschraubten Karbidlampe leuchtete, als sei er hier im Schacht geboren. Ich wußte aber, daß die Mongolen zum Unterirdischen eine traditionell andere Einstellung hatten und zum Beispiel klaffende Erdspalten wie den Tod fürchteten. Schuld daran waren vielleicht die Dogmen des Buddhismus, für den die Unterwelt der Aufenthaltsort von Sündern ist, vielleicht waren es aber auch andere, psychologische Ursachen, die die Mongolen hinderten — als 1915 die kleine Kohlengrube »Nalaich« in Betrieb genommen wurde, ließ sich jedenfalls kein einziger Mongole überreden einzufahren, man mußte chinesische Arbeiter heranholen. Seitdem sind über siebzig Jahre vergangen, ein ganzes Menschenleben, die Anschauungen haben sich inzwischen gewandelt, auch die Auffassung von der natürlichen Umwelt. Die Welt unter Tage sah man jetzt als Platz qualifizierter, ehrenvoller und gut bezahlter Arbeit an. »Graut es Ihnen eigentlich unter Tage?« fragte ich meinen Häuer. »Wenn man vor Ort Hunger verspürt, die Milch aber schon ausgetrunken ist, ja, dann graut einem!«

Ich beobachtete ihn bei der Arbeit: Gebündelte Energie, eins geworden mit dem Abbauhammer, der auf das über dem Ort hängende Gestein gerichtet ist. Breitbeinig steht er da in seinen Gummistiefeln, die Jacke aus Planenstoff mit den Schulterverstärkungen aufgeknöpft, fast wie ein Ringer vor dem Wettkampf. Er nutzt die Zeit, denn er hat sich eine Wahrheit zu eigen gemacht, die dem Hirten nicht immer eingeht: Während der Arbeitszeit muß man arbeiten. Von der Planerfüllung hängt sein Lohn ab, doch mir schien, daß er sich, wenn er Spat in der verlangten Menge und sogar noch darüber hinaus fördert, nicht so sehr vom Lohn als vielmehr von dem Ehrgeiz des

Facharbeiters leiten läßt. Unter den Bergarbeitern als Autorität zu gelten ist ihm zum Bedürfnis geworden.

Ich hatte den Eindruck, daß die ganze unterirdische Anlage – Gleise, Hunte, Elektrozüge, Kabel, Kompressoren, Abbauhämmer, ja sogar die Stempel, die das feuchte dunkle Gewölbe stützen – von unserem Häuer als persönliches Eigentum betrachtet wird. Ist er über etwas auf seinem Weg gestolpert, hebt er es auf und legt es an den Platz, wo es hingehört. Seinem Blick entgeht keine Unregelmäßigkeit, sein Ohr nimmt jeden alarmierenden Laut wahr, obgleich er für diese Anlagen nicht verantwortlich ist, denn er hat unter Tage anderes zu tun. Käme es im Schacht zu einem Unglück, er würde sofort hinstürmen und die Havarie beseitigen helfen, selbst wenn dies mit Gefahr für sein Leben verbunden wäre. Als ich dort war, geschah folgendes: Vor Ort saß ein Neuer, der erst seit kurzem im Schacht arbeitete. Sein Hammer ruhte: »Was ist los?« fragte mein Häuer im Vorübergehen. – »Er ist kaputt, ich habe schon angerufen, er müßte in den Schrott, ich kriege einen neuen.« – »Und was ist mit diesem?« – »Woher soll ich das wissen? Er geht eben nicht!« – »Wollen wir doch mal nachsehen.« – »Wieso denn? Der ist kaputt, ich bekomme doch einen neuen!«

Mein Häuer nahm den Hammer auseinander, holte Werkzeug aus der Tasche, legte hier etwas unter, zog dort eine Schraube an, bis das Gerät wieder losratterte. »Wozu die Plackerei?« plusterte der junge Mann sich auf. »Man hätte mir doch einen neuen geschickt.« Mein Häuer aber schrie ihm im Weggehen zu: »Wegen solchen wie dir denken die, daß wir hier alle nur Daumen drehen!«

Mein Häuer besucht Weiterbildungskurse, ohne daß ihn einer dazu zwingt, er liest viel und bereitet sich auf ein Studium am Institut vor. Er hat begriffen, das Land hat zu wenig Arbeitskräfte, das aber kann man im gewissen Grade durch hohes Qualifikationsniveau wettmachen. Er hat Lohnstufe sechs, den höchsten Facharbeiterlohn, ihn interessieren Neuerungen, er beschäftigt sich mit Rationalisierung und ist der Meinung, daß zwei Hände, die »mitdenken«, die Arbeit vieler »mechanischer« Hände ersetzen können. Sich in seiner Arbeit immer weiter zu qualifizieren, das hat er von seinem Vater, bei ihm haben wir es bereits mit einer ersten Reproduktion von Klassenbewußtsein zu tun. Unser Häuer steht an Werktagen um sieben Uhr morgens auf (sonntags kurz nach acht). Er ist noch nie zur Schicht zu spät gekommen, ist noch nie ohne Grund der Arbeit ferngeblieben. Und noch etwas – er kann Despotentum nicht ausstehen, sei es in Form von Anschreien oder von Anweisungen, die seine Initiative hemmen.

Er hat ganz ausgeprägte Verhaltensweisen, und wie er auf einen ganz kon-

Zwei Statuen im buddhistischen Kloster Erdeni-tso, das Ende des 16. Jahrhunderts an der Stelle des zerstörten Karakorum, der einstigen Hauptstadt des mongolischen Weltreiches, gebaut worden war

kreten äußeren Reiz reagiert, läßt sich im voraus sagen. Rechnet man den Respekt gegenüber den in der Gesellschaft gültigen Normen zu den ethischen Kategorien, so wird im Charakter dieses Mannes eben dieser ethische Wert besonders augenfällig. Ist das typisch für den mongolischen Arbeiter? Verallgemeinerungen wären gefährlich, aber zu beobachten ist dies: Leute, die aus alten Arbeiterfamilien kommen, äußern auf Versammlungen organisierter als andere den Willen aller, sie demonstrieren Wesensmerkmale einer kollektiven Psychologie. Moralische und intellektuelle Besonderheiten der Nation, im Laufe von Jahrhunderten entstanden, äußern sich natürlich bei jedem Mongolen auf andere Art. Zwar findet man eine Vielzahl unterschiedlichster Charaktere, doch die Vielfalt konkreter Erscheinungsformen unterstreicht nur noch die Gemeinsamkeiten in der Psyche.

Als in der Mittagspause in den Stollen das Knirschen verstummt war, saßen wir auf einem Haufen Flußspat, streckten unsere Beine in den Gummistiefeln von uns und tranken Milch aus Flaschen. »Die Menschen müssen richtig leben«, sagte der Häuer und schlug seine Zähne in die Brotrinde. »Was meinen Sie mit ›richtig leben‹?« fragte ich. Den Kopf zurückgelehnt, leerte er seine Flasche und wickelte sie mit dem restlichen Essen in ein Tuch. »Nichts Schlechtes im Sinn haben.« – »Es gibt aber Leute«, wandte ich ein, »die haben zwar Schlechtes im Sinn, sind aber überzeugt, daß sie letzten Endes etwas Gutes bewirken.« – »Gut ist es dann, wenn es anderen nicht weh tut.«

Die Siedlung Berch erweitert die Möglichkeiten menschlicher Kontakte in sehr starkem Maße. Es gibt eine Vielzahl von Verbindungen dienstlicher und freundschaftlicher Art. Die Menschen treffen einander am Tag viele Male, grüßen schon nicht mehr, sondern lächeln einander nur noch zu. Mein Häuer lernte seine spätere Frau gleich am ersten Winterabend kennen, als er gerade erst in die Siedlung gekommen war. In dem schon etwas älteren Bergwerksklub mit seinen Plakaten zum Thema Grubensicherheit bilden Frauen und Männer getrennte Gruppen. Die Männer sitzen in der einen Ecke, die Frauen in der anderen. Es lief ein Film in zwei Teilen, die beiden jungen Leute hatten ihre Plätze nebeneinander, und die Fuchspelzmütze des Mädchens, feucht geworden von geschmolzenem Schnee, kühlte dem jungen Mann das Ohr. Gegen Ende des zweiten Teils wußte er bereits einiges über sie: Sie war zwanzig, Telefonistin, lebte mit dem Vater in einer Jurte am Rande der Siedlung. Anschließend bummelten die beiden durch die verschneite Steppe; und erst um Mitternacht, als ihre Jurte die einzige war, in der noch Licht brannte, verabschiedeten sie sich. Ein halbes Jahr später waren zu ihrer Hochzeitsfeier erschienen: der Häuerbrigadier, ein gebürtiger

Sibirier, mit seiner Frau, einer Ukrainerin, zwei Georgier – Brüder –, ein Häuer aus Karaganda (im Bergwerk arbeiten auch sowjetische Bergleute), Freunde und Verwandte. Bräutigam und Braut führte man zwischen zwei Feuern hindurch, wie der mongolische Brauch es verlangt; der Brautvater ließ seine fröhlichen Blicke über die Gesellschaft gleiten, hob die Kumysschale hoch über den Kopf und schrie von Zeit zu Zeit auf russisch: »Bitter, bitter!« Unter den mongolischen Vorfahren des Bräutigams und der Braut hat es sicher keinen gegeben, der diese Art menschlicher Gemeinschaft kannte.

Den in der Siedlung lebenden hundertdreißig sowjetischen Bergarbeiterfamilien kam die Idee, Gemüsegärten für sich anzulegen. Auf Lastwagen brachten sie lehmige Gartenerde heran, schlugen Pfähle ein, zogen Draht, um die einzelnen Parzellen abzuteilen, beschafften sich Sämereien. Im Frühjahr, als die Staubstürme vorüber waren und die Steppe vor der sommerlichen Blütezeit zu neuem Leben erwachte, sproß unter den Fenstern der Zwiebellauch, und auf den Beeten hatten Rettiche und Radieschen gut angesetzt. Wie mattes Silber schimmerten in der Sonne die Treibhäuser. Unser mongolischer Häuer holte sich ebenfalls Mutterboden, aber, ehrlich gesagt, aus reinem Nachahmungstrieb, denn schaute er aus dem Fenster, sah er seine Freunde sich mit dem Spaten ins Zeug legen. Zwar nicht sofort, aber doch mit der Zeit begriff er, daß seine Kinder (er hat vier) im Frühjahr auch ihre Vitamine brauchen, die durch Konserven aus dem Grubenladen eben nicht zu ersetzen sind. Der mongolische Häuer übernahm die gärtnerischen Erfahrungen und konnte sich bald souverän über Saatgut, Sorten und Unkrautbekämpfung unterhalten. Er steht im Briefwechsel mit einer landwirtschaftlichen Versuchsstation und betrachtet inzwischen seinen Garten als unverzichtbaren Bestandteil seines Alltags.

Und noch ein wesentlicher Umstand, der charakteristisch für die Mongolei ist: Hier leben ja, wie gesagt, auch sowjetische Arbeiter, die mit ihren Familien, häufig mit Kindern, hergekommen sind, ziemlich viele sogar. Es ist dies eine Art zwischenstaatlicher Migration von Arbeitskräften. Zuerst kamen mir diese Leute wie gute Bekannte vor, ähnlich denen, wie ich sie früher in Bratsk, Surgut oder Tynda getroffen habe, aber bei näherem Hinsehen bemerkte ich doch den Unterschied. Zur Arbeit ins Ausland schickt die Sowjetunion möglichst erfahrene, schon etwas reifere Leute. Denen fällt es allerdings schwerer, sich von irgendwo loszureißen und irgendwohin zu fahren ans Ende der Welt, als ihren Kindern, die nach Sibirien und dem Fernen Osten ziehen und mit jugendlichen Erwartungen auf die neuen Baustellen gehen. Wenn ich mit sowjetischen Bergleuten, Freunden meines mongolischen Häuers, zusammentraf, versuchte ich, in Erfahrung zu bringen, was ihnen hier am meisten zu schaffen macht. Der Brigadier Taschlykow seufzte: »Das schwerste ist wahrscheinlich, unsere Frauen rechtzeitig mit den neuen Bedingungen vertraut zu machen.«

In Berch gibt es bereits fünfzig mongolische Familien, in denen auch der Sohn, dem Beispiel des Vaters folgend, unter Tage arbeitet. So entstehen Arbeiterdynastien, auch ein Novum für die Republik. Diese Arbeiterfamilien entstammenden Leute sind zielstrebiger, sie wissen, was sie wollen, und sie lassen sich auch nicht alles gefallen. Für die Stärkung ihrer Reihen sind alle Voraussetzungen vorhanden: die ökonomische Basis, vielfältige soziale Einrichtungen und gesellschaftliches Prestige. Die wichtigste aber ist die: Die ihnen eigene Tüchtigkeit und ihre Arbeitsdisziplin lassen keinen Zweifel daran aufkommen, daß es gerade dieser gesellschaftlichen Schicht obliegt, für viele Jahrzehnte im voraus das Tempo des Fortschritts zu bestimmen.

Das sind so die Gedanken, die einem kommen, wenn man das Leben eines der anderthalbtausend mongolischen Bergleute verfolgt, die unter Tage arbeiten. In meinem Fall war es Gelegpilijn Ganchujag, damals sechsundzwanzig Jahre alt, Häuer im Fluoritbergwerk der sowjetisch-mongolischen Wirtschaftsvereinigung »Mongolsowzwetmet«.

Baustelle Erdenet

Zu den falschen Vorstellungen, die die Welt von der mongolischen Steppe gewann, gehört auch diese: ein Hügelland, wo es nichts gibt, was den Blick fesseln könnte, wo jahrhundertelang nichts an seinem Ort blieb, wo alles irgendwohin in Bewegung war. Da quietschten die Holzräder der mit Ochsen bespannten Wagen; hatte man irgendwo am Wasser einen Standort für das Lager gewählt, ordnete man die Wagen zu einem Ring, Zelte wurden aufgeschlagen, mit dem Eingang nach Süden. Im Zentrum des Ringes errichtete man das Zelt des Stammesältesten. Archäologen aber haben hier inzwischen versunkene Städte ausgegraben mit steinernen Festungen, Tempeln, Ladenstraßen und eigener städtebaulicher Tradition. Die Baumeister hatten den Bauten sogar stabile windschnittige Formen verliehen.

Den Atem der Geschichte verspürt man so recht im Tal des Orchon. Hier wandert man zwischen Steintrümmern umher, als stiege man eine Treppe empor, die aus der Tiefe der Jahrhunderte zu kommen scheint: Feuerstellen von Jägern aus vorgeschichtlicher Zeit, Ruinen einer alten Uigurenstadt, und an dem kleinen See Choschoo-Zaidam ragen über ausgegrabenen Begräbnisstätten aus den Wermutstauden Steinplatten heraus mit den Runenzeichen alter Turkvölker, Orchon-Inschriften, wie man sie auch nennt. Als es in den neunziger Jahren des 19. Jahrhunderts gelang, die von Jadrinzew entdeckten geheimnisvollen Texte zu entziffern, erfuhr die Menschheit eine Menge Neues aus dem Leben der Nomadenstämme Zentralasiens, vernahm sie deren poetische Sprache, die eintausendzweihundert Jahre später unser Ohr erreichte: »Alle meine Worte, die ich auf dem Herzen habe, erfahrt ihr, wenn ihr das Denkmal anschaut ...«

Wer in dieser Steppe unterwegs ist, den faszinieren am meisten wohl die Ruinen von Karakorum, dem Zentrum des großen Tschingis-Khan-Reiches. Das war eine riesige Stadt mit Handwerkervierteln und vier Toren, denen sich die Gesandten aus vieler Herren Ländern, ihre Karawanen mit Geschenken zur Eile antreibend, mit Zittern und Zagen nahten. Baumeister aus den unterworfenen Ländern errichteten Tempel und Moscheen, es gab hier sogar eine christliche Kirche. Besonders bemerkenswert war der Palast Tumen-Amgalan von Khan Ögödei, der einen Platz von drei Seiten umschloß. Hier hatte der französische Bildhauer Guillaume Boucher zum Erstaunen der Welt einen silbernen Baum geschaffen: Dem Rachen von vier schmiedeeisernen Löwen, die an seinem Stamm lagerten, entsprudelte auf ein Zeichen des Mundschenks Kumys, und dem Rachen von Schlangen, die sich um die silberne Krone wanden, entströmte mit Milch vermischter Schnaps. Die Zeit aber verfuhr gnadenlos mit einstiger Größe. Die Ruinen sind heute von Gras überwuchert, nur eine Schildkröte aus Marmor, die einst eine Steinplatte mit einer eingravierten Lobpreisung hielt, starrt bis zum heutigen Tag auf jeden, der sich der Stadt nähert.

Die alten mongolischen Städte sind vom Sand verweht. Durch ihre Ruinen streiften Viehherden, und am Vorabend der Volksrevolution kannte die Mongolei lediglich Urga, die »Hauptstadt aus Filz«, wo sich um die sonnenüberglänzten Klöster eine eingezäunte Ansammlung von Jurten und ärmlichen Hütten ausbreitete. Die heutigen Städte der Mongolei sind als sozialökonomisches Gebilde entstanden und entwickeln sich als solches, das sich von dem unterscheidet, was es früher auf diesem Territorium gegeben hat und das genaue Gegenteil von dem darstellt, was sich heute in anderen Regionen Asiens tut. Hier gibt es keine Invasion von Dorfbewohnern in die benachbarten Städte, von Menschen, die in der Hoffnung kommen, sich als Rikschafahrer, Wäscherinnen, Wächter oder Diener verdingen zu können ... Die mongolische Stadt wächst planmäßig, sie bietet ihren Bewohnern Wohnraum, einen Beruf, läßt sie Anschluß an städtische Lebensformen finden. Wie überall in der Welt sind die Städte Zentren von Industrie, Wissenschaft und Kultur, und unter den Bedingungen der weiten Steppe ist diese ihre Rolle besonders augenfällig.

Als Beispiel für in der Steppe entstehende Städte muß hier Erdenet erwähnt werden, eine Baustelle in der Mongolei, wo sowjetische und mongolische Fachleute gemeinsam eine Stadt errichten. Ich erinnere mich noch der Zeit, da man sich in der Sowjetunion über die junge sibirische Stadt beklagte, so sehr glich alles darin anderen Städten. In Erdenet aber hat man unter ähnlichen Bedingungen, abseits von Straßen und ebenfalls unter Verwendung von serienmäßig hergestellten Typenhäusern eine Stadt gebaut für 45000 Einwohner (in der Perspektive bis 100000), hier wurde die Hypothese bewiesen, daß es in neu zu erschließenden Gebieten grundsätzlich möglich ist, von Anfang an Städte mit einem unverwechselbaren Gesicht zu schaffen. Es soll auch gesagt werden, wie es dem Zentralen wissenschaftlichen Forschungs- und Projektierungsinstitut für typenmäßigen und experimentellen Wohnungsbau in Moskau gelungen ist, zusammen mit mongolischen Historikern, Soziologen und Architekten ein originelles Projekt zu erarbeiten, wie sowjetische und mongolische Bauarbeiter dieses in Stein umzusetzen vermochten, dabei kaum von der ursprünglichen Idee abwichen, ja sogar noch eigene Lösungen zu deren Entwicklung einbrachten.

Deutlich erkennbar ist die Sensibilität, mit der die Architekten mit den Traditionen umgegangen sind — ohne die Erfahrungen der Vergangenheit en bloc, so wie sie waren, sozusagen vom Frühbeet verflossener Jahrhunderte auf den Boden von heute umpflanzen zu wollen, wohl aber das über Generationen Bewährte, das Zeitlose, wahrhaft Wertvolle auszuwählen, das sich mit den neuen Materialien und modernen Formen vereinbaren ließ. Nähert man sich Erdenet in dem kleinen Flugzeug der Werkleitung des Kupfer-Molybdän-Kombinates, kommt einem die plötzlich in der Steppe auftauchende Stadt irgendwie bekannt vor — nicht daß sie an andere erinnert, das eben nicht, sondern daß sie einem das Gefühl gibt, man habe sie früher, in Gedanken oder vielleicht im Traum, schon einmal gesehen. Da ist er ja wieder, dieser Ring aus Wagen, betrachtet man die ringförmig angeordneten, abgeschlossenen, vor Schlechtwetter geschützten Höfe! Die Wohnstätten schauen nach Süden, und mitten in der Siedlung, dort, wo in den Lagern von einst gewöhnlich das Zelt des Stammesführers stand, befindet sich nun, wie konnte es anders sein, das gesellschaftlich-kulturelle Zentrum der Stadt.

Und was sind das für Jurten in den Mikrorayons? Rund, mit hohem, an den Rändern nach oben gebogenem Dach wie bei einem buddhistischen Tempel, könnten sie einem wie Gäste aus grauer Vorzeit vorkommen, fiele nicht aus der halbgeöffneten Tür Neonlicht, strömten hier nicht die Erdeneter Frauen in ihren kurzen Lederröcken und die Einkaufsbeutel in der Hand zusammen. Diese Jurten sind Läden, regelmäßig über die Viertel verteilt, und die hier üblichen Typenhäuser mit den überhängenden Loggien wirken neben ihnen leichter und eleganter, als sie es in Wirklichkeit sind. In der Umgebung gibt es weder Granit noch Marmor, es gab auch keine Werksteine, und diese von weit her zu holen wäre zu teuer geworden. Da kann man nur rätseln, wie es den Architekten bei der geringen Auswahl an Verkleidungsmaterial gelungen ist, allenthalben ein so ausdrucksvolles Farbenspiel zu schaffen: Über die Fassade, der Sonne folgend, bewegt sich der Schatten der abgerundeten Häuser; von einem Aufgang zum anderen verlaufen in Wellen Schutzdächer, flirren die filigranzarten Schatten der schmiedeeisernen Metallgitter, die dem viergeschossigen schmucklosen Sokkel vom Verwaltungsgebäude des Kupfer-Molybdän-Kombinates seine Schwerlastigkeit nehmen.

Wir stehen auf dem Gipfel eines der Hügel, die sich über der Stadt erheben. Ich wende meinen Blick von der Chefarchitektin des Bebauungsprojektes ab nach unten, auf die von der Mittagssonne beschienenen sichelförmigen Viertel und kann beim besten Willen nicht begreifen, wie es dieser kleinen Frau gelingt, sich auf dem Bau eine solche Autorität zu verschaffen: Alles läuft streng nach Plan. Wenn einmal nicht, erzwingt sie eine Korrektur; dann muß sie den Leuten »auf die Hacken treten« (so sagt sie). Dennoch genießt sie bei der Bauleitung und den zwölftausend Arbeitern höchstes Ansehen, sei es nun beim roten Kusma, bei Zeren, Otschir oder Baatar ... Im Tal sieht man Häuser von unterschiedlicher Höhe, man ließ sie »über das Relief springen« (wieder ihre Worte), weil die Landschaft hier so ist, daß man »vor Begeisterung aus dem Häuschen geraten könnte« (auch wieder ihre Worte).

»Ich muß noch an das Erdenet von 1973 denken. Auf dieser Kuppe hier stand damals eine einsame Jurte, weideten Schafe. Diese unendliche Weite, in der alles ablesbar ist, die Farben sind hart, keinerlei Halbtöne. Ich dachte mir, so kontrastreich muß es wohl auf dem Mond aussehen. Auch in der Farbskala der Stadt wollte ich nicht ins Kleinkarierte verfallen, sondern alles groß herauskommen lassen, nur ungebrochene Farben, wie man sie auch an der Innenausstattung einer Jurte oder bei der mongolischen Festkleidung sehen kann.«

Von der Kuppe aus kann man deutlich die Handschrift der Planer erkennen: Hinter dem einen Gebäude schaut ein anderes hervor, das Übereinander der Farben ergibt eine interessante Komposition. Je mehr man sich dem Zentrum nähert, um so festlicher wird das Kolorit, aber im Zentrum selbst läßt die farbliche Aktivität nach. Die öffentlichen Gebäude werden sich durch ihr Reinweiß besonders stark herausheben, ein feines traditionelles Ornament wird die weißen Bauten mit den ringähnlichen Wohnhöfen verbinden. So jedenfalls stellt sich Genosse Zeween, Bürgermeister der Stadt, das Zentrum vor. Der untersetzte und stämmige Mann taucht plötzlich auf den Baustellen auf, erteilt Ratschläge oder hört zu, wiegt den Kopf und schaut wie abwesend am Gesprächspartner vorbei. Er übersetzt Werke sowjetischer Schriftsteller ins Mongolische und macht, wie es heißt, auch selbst Verse.

Bürgermeister Zeween entstammt einer Aratenfamilie. Das muß man sich vor Augen halten, um zu verstehen, wieso er in Sachen Städtebau, mit denen er bislang wenig zu tun hatte, eine so gute Auffassungsgabe an den Tag legt, daß die Architekten im Gespräch mit ihm die Ohren spitzen. Er kennt hier jeden kleinen Hügel. Hat er etwas gesagt, braucht man das nicht mit den Bauplänen zu vergleichen, er weiß es genauer. In der ersten Zeit schüttelte der Bürgermeister nur wortlos den kurzgeschorenen Kopf, sagte sich aber, daß er damit diesem oder jenem Anlaß gab, zu hoffen, er würde sich in Projektierungsdinge nicht einmischen. Er aber heftete sich den Fachleuten an die Fersen, lächelnd und verschmitzt blinzelnd, er schleppte Bücher, Wörterbücher und Zeichnungen zu sich nach Hause und machte mit seinen überraschenden Repliken die Projektanten stutzig: In der exakten Ausdrucksweise eines Fachmanns schlug er vernünftige Dinge vor. Stößt der Bürgermeister einmal auf Ablehnung, die seiner Ansicht nach nicht gerechtfertigt ist, schafft er mit Aratenschläue Situationen, in denen allen gar nichts weiter übrigbleibt, als es ihm recht zu machen. Er studierte die Erfahrungen, die beim Bau der jungen Städte Sibiriens gesammelt wurden, und ermittelte, weshalb einige von ihnen kein eigenes Gesicht haben – etwa wie die Helden des lamaistischen Mysterienspiels Zam, die in verfremdeten einheitlich aussehenden Masken auftreten.

Wir schlendern durch die Straßen Erdenets. Das sind keine Prospekte alter Städte mit ihren jahrhundertealten gestutzten, durch Straßenlaternen von unten angestrahlten Bäumen. Man spürt an allem: Hier hat noch kaum jemand vor einem die Sechskantplatten aus Beton betreten, ist wohl kaum einer an den jungen Bäumen vorbeigekommen. Die in vier Rängen überhängenden Balkone riechen direkt noch nach kurz zuvor erfolgtem Bezug der Wohnungen.

Zeween meinte: »Die mongolischen Architekten vergangener Zeiten verfügten eben nicht über so wunderbares Gestein, wie Griechenland, Rom und Babylon es kannten. Was sie hatten, war Seide, Brokat, Filz und Sandelholz. Aber was für Paläste haben sie geschaffen: Zehntausend Menschen fanden darin Platz! Seit dem 13. Jahrhundert gab es den Posten eines Chefarchitekten, der bei städtebaulichen Entscheidungen Gesetzgebergewalt hatte. Das Antlitz einer Nomadenstadt und der festen Siedlungen hing ab von der Individualität eben dieses Architekten. Gut war es, wenn der etwas in sich trug, was der Umsetzung in architektonische Form würdig war. Talentlosigkeit bedeutete aber auch kein großes Unglück, man hatte es ja mit kurzlebigem Material zu tun, brauchte sich ums Urteil der Nachkommen nicht zu kümmern. Bei Stahlbeton ist das schon etwas anderes!«

Auf dem Gehsteig treffen wir eine mongolische und eine sowjetische Familie auf dem Spaziergang. Die Kinder halten einander an den Händen und laufen vornweg. Zeween und ich treten beiseite, geben den Weg frei. Zeween schaut sich um, blickt ihnen lächelnd nach und fordert auch mich mit einer Kopfbewegung auf, den Kindern nachzuschauen.

»Wir sagen immer, der Mensch muß zum Menschen erzogen werden«, bemerkt Zeween, und das Lächeln spielt weiter um seine Lippen, »aber die Erziehung beginnt doch schon bei den vier Wänden, die der Säugling sieht, wenn er die Augen aufschlägt, bei dem Hof, wo das Kind mit seinen Altersgenossen spielt, bei der Straße, seinem Schulweg. Ich glaube nicht, daß die Erziehung durch die Architektur eine geringere Wirkung hat als ermahnende Worte. Jedenfalls wollten wir und die sowjetischen Projektanten in Erdenent einen ›Ich Bagsch‹, einen ›Großen Erzieher‹ sehen.«

Ich meine, sie werden es schaffen.

Erdenet hat aus den Erfahrungen von Bratsk, Ust-Ilimsk, Diwnogorsk und anderen sibirischen Großbaustellen gelernt. Man ist nicht dem alten Trott gefolgt, wonach die Hauptarbeiten Vorrang haben, sondern hat sich hier gleich in der ersten Etappe ausschließlich mit der Infrastruktur befaßt, mit allen möglichen Dienstleistungen, das heißt, mit einer soliden »Etappe«, worauf man dann den Industriekomplex selbst noch lange vor dem festgelegten Termin fertigstellen konnte. Also ist es doch durchaus möglich, das von den Projektanten empfohlene prinzipielle Schema einer konsequenten etappenweise vor sich gehenden Erschließung des Territoriums einzuhalten, dazu noch mit größerem Effekt. Erinnerungen stürmten auf mich ein: Ich sah mich umringt von meinen sibirischen Freunden, alle noch jung — es war vor mehr als zwanzig Jahren —, dachte an die lange zurückliegenden nächtlichen Streitgespräche im überheizten Zelt, das sich unter der Schneelast durchbog. Ich sah sie wieder vor mir, hohlwangig, mit brennenden Augen, ihre Unsicherheit, ihre Zweifel, ihr Suchen, wie sie irrten, immer wieder von neuem begannen, ohne zu ahnen, daß der von ihnen beschrittene Weg zu Erfahrungen im internationalen Maßstab führen würde.

In Erdenet hat man sich Gedanken darüber gemacht, wie sich die Steppenbewohner von gestern, die aus der Jurte in feste Wohnungen umziehen, hier fühlen werden. Von älteren Menschen habe ich gehört, daß sie sich in den Steinhäusern »von den Wänden erdrückt« fühlen – der Übergang geht also nicht reibungslos vonstatten. Dafür gibt die arbeitende Jugend der städtischen Wohnung entschieden den Vorzug. Aufgabe von Psychologen und Soziologen wird es sein, sich mit dem Problem der Anpassung von Menschen unterschiedlichen Alters und aus unterschiedlichem sozialem Milieu an städtisches Leben näher zu befassen. Schon heute aber läßt sich wohl ohne Übertreibung sagen, daß die Bequemlichkeiten, die die Stadt bietet, neben anderen Faktoren die Migration in der mongolischen Steppe immer stärker stimuliert. Das müssen diejenigen einkalkulieren, die die neue Umwelt der Menschen projektieren.

In neuerschlossenen Gebieten war gewöhnlich die Beschäftigung von zwei Mitgliedern einer Familie schon ein Problem. Da entsteht beispielsweise ein Bergwerk, das männliche Arbeitskräfte benötigt; für die Ehefrauen aber gibt es dort nicht gar so viele Möglichkeiten, ihren Fähigkeiten entsprechend eingesetzt zu werden. In Erdenet ist das von Anfang an im voraus bedacht worden: Man errichtete hier eine Teppichfabrik, später auch noch eine Näherei. Dieses überlegte Angehen der sozialen Probleme sichert einen festen Bestand an Arbeitskräften, demographisches Gleichgewicht und ein hohes Lebensniveau der Bevölkerung. So ist Erdenet ein Experimentierfeld für eine humane, wie ich es nennen würde, Art des Bauens in jenem direkten und schönen Sinn, daß man sich in allen Bauetappen bei der Wahl von Lösungsvarianten in erster Linie von den Interessen der Menschen leiten läßt, die hier leben und die Region weiter erschließen wollen. Wenn das erste aus Stein errichtete Gebäude ausgerechnet eine Schule ist, läßt sich allein schon daraus eine vielversprechende Beurteilung der Dringlichkeit in der Reihenfolge erkennen, in der die »Objekte« zu errichten sind, eine Betrachtungsweise, die dem Geist der wissenschaftlich-technischen Revolution gerecht wird. Heute besitzt die Stadt ein großes Schulzentrum, in dem man hochqualifizierte Bergleute unterschiedlicher Profilierung ausbildet. Die Integration von Lehre und Produktion verleiht der jungen Stadt die Merkmale gesteigerter Lebensaktivität. Vielleicht werden in der Steppe noch größere Werke entstehen und noch schönere Städte gebaut. Erdenet jedoch wird in die Geschichte des sozialistischen Aufbaus der Mongolei eingehen als der Bau, der der alten mongolischen Erde die Beschleunigung des Jahrhunderts verliehen hat, und das ist das Werk A. Tschekaschows.

Es gefällt mir nie so recht, wenn die Anstrengungen eines großen Kollektivs, in dem die Gedanken, Mühen und Leiden Tausender Menschen einfließen, mit einem einzigen Namen verknüpft werden; dieser Name schwebt sozusagen über der namenlosen Masse, der der Erfolg der Arbeit eigentlich zu verdanken ist. Dennoch nenne ich der Gerechtigkeit halber hier den Leiter des Kupfer-Molybdän-Kombinates, Tschekaschow, der die Konzeption für die Erschließung dieser Region schon fertig im Kopf hatte, als er mongolischen Boden betrat. Er hat viel in Sibirien gebaut; nicht alles ist ihm so gelungen, wie er es sich vorgestellt hatte, hier in der kahlen Steppe aber, mit Menschen, die nicht von Traditionen belastet waren, bot sich ihm die Möglichkeit, von Anfang an alles mit Verstand anzupacken. Ich habe noch das Frühjahr 1974 vor Augen, sehe noch die vom Wind zusammengewehte schwarze Erde mit dem welken dürren Gras. Etwa drei Jahre war ich Tschekaschow nicht begegnet, dann trafen wir uns völlig unerwartet am Erdenetijn Owoo, am »Schatzberg«. Uns schauerte vor Kälte, als wir die alten Stollen abgingen, die die Geologen längst verlassen hatten. Ich hörte meinem Landsmann zu und mußte lächeln über seine kühnen Pläne: zehn-, fünfzehntausend Leute heranschaffen, eine Stadt aus Stein hochziehen, die größte Erzaufbereitungsanlage Asiens anfahren. Und das alles, von heute ab gerechnet, innerhalb von vier Jahren! Mein skeptisches Lächeln kränkte Tschekaschow. »Kommen Sie in vier Jahren wieder«, sagte er, »dann werden Sie in einem neuen Hotel wohnen, hier, genau an dieser Stelle, wo wir jetzt stehen, mitten in der neuen Stadt; und wenn Sie aus dem Fenster sehen, werden Sie auf das Kombinat schauen!«

Tschekaschow hat Wort gehalten.

Ich stehe wirklich am Fenster in der dritten Etage des Hotels mitten in einer schönen Stadt. Lassen wir sie beiseite, diese Parallelen, was nicht war und nunmehr ist, wen man jetzt damit schocken könnte; aber dieser Mann, der die Verantwortung für die Verwirklichung dieses grandiosen Projektes übernahm, der ist doch interessant allein schon wegen seiner Selbstsicherheit, die in unseren Zeiten so selten geworden ist. Hätte er bei sich in Sibirien die Stadt so gebaut, wie sie in seinem Kopf aussah, auch in diesem Falle hätte er es verdient, daß wir seinen Namen kennen, aber man muß das Ganze einmal in die Mongolei versetzt sehen, in die dürre Steppe, wo viele Kilometer weit kein Baum, kein Strauch steht, wo man den Mongolen erst beibringen mußte, wie Beton gemischt und Ziegel vermauert werden, ohne die Maurer durch gönnerhaftes Betragen zu verletzen, aber doch den Arbeitern und mongolischen Ingenieuren das gleiche abzuverlangen, was auch den eigenen Landsleuten abgefordert wird. Vielleicht wäre es einfacher gewesen, sich mit erfahrenen sowjetischen Bauarbeitern kräftig ins Zeug zu legen und alles hochzuziehen. Aber es ging ja gerade darum, das gleichzeitig mit dem Bau von Stadt und Kombinat eine neue starke Gruppe von mongolischen Bauarbeitern herangebildet werden sollte.

»Pferde habe ich zugeritten, aber eine Trommelmühle reite ich das erste Mal zu!«

Er lächelt, die Arme in die Seiten gestemmt, den orangefarbenen Helm bis auf die Augenbrauen herabgezogen, stämmig und doch so winzig neben dem von Zapfen bedeckten und ohrenbetäubend dröhnenden Zylinder, der sich horizontal um seine Achse dreht und den Betonfußboden, die metallenen Übergänge zum Vibrieren bringt, dieses ganze Reich schwerer Maschinen, die in dem warmen Dunst unter Rasseln und Quietschen zu schwimmen scheinen. Im Zylinderinneren rollen Tausende kilogrammschwerer Stahlkugeln in Wellen gegen die rotierende Wand an, stürzen übereinander, rutschen, prallen gegeneinander und zermalmen dabei die Brocken zu Pulver. Aber das sieht man nicht, es ist versteckt von den dröhnenden Flanken der Haupttrommel. Die Gäste drängen sich auf zwei Podesten der mit Spruchbändern geschmückten Werkhalle, sie warten auf den Beginn des Meetings. Anlaß: Aufnahme der Produktion von Kupferkonzentrat. Ich aber stehe neben Dshargalsaichan, vierundzwanzig Jahre alt, der die Trommelmühle bedient und mir ins Ohr schreit:

»Solche Mühlen gibt's noch nicht einmal in sowjetischen Kombinaten!«

Dshargalsaichan hat ein rundes, großporiges Gesicht von der Farbe dunklen Kupfers. In seiner Kombination und den festgeschnürten neuen Schuhen wirkt er wie ein Teilchen dieser wechselseitig miteinander verbundenen Welt laufender frischgestrichener Maschinen. Er hat die Trommelmühle angefahren und hört heute den Lärm schon gar nicht mehr, den er in den ersten Tagen schier unerträglich fand.

In der Mittagspause gingen die Arbeiter geschlossen in die Kantine, liefen im Gänsemarsch über die schmalen Planken, ohne sich am Geländer festzuhalten, es nur leicht tätschelnd, wie Matrosen auf ihrem Schiff. Sie trieben die Frau am Büfett zur Eile an und gingen dann rasch in die Werkhalle zurück. Alle sprachen, schrieben und diskutierten nur über eines — das erste Konzentrat liefern, und zwar so schnell wie möglich. Der Trommelmühlenfahrer kannte seine Maschine und war von Natur aus nicht nervös, doch die allgemeine Ungeduld übertrug sich nun auch auf ihn.

Selbstverständlich war er stolz, an der riesigen Anlage zu arbeiten, es mit einer Automatik und einer Technologie zu tun zu haben, die als sozialistische Spitzenleistung im Erzbergbau anerkannt war. Dshargalsaichan und seine Kollegen hatten in Kasachstan ein Praktikum abgeleistet, doch selbst nach einer solchen Schule gab es für sie in der Heimat noch Dinge, die sie nur bestaunen konnten. Der sowjetische Schwermaschinenbau hatte nämlich für Erdenet eine Ausrüstung produziert, wie sie bislang nicht einmal die sowjetische Nichteisenmetallurgie selbst besaß.

Dshargalsaichan ließ am Steuerpult einen Gehilfen zurück und zog mich in die Flotationsabteilung. Unter das hohe Hallendach stieg der Geruch nach sonnenwarmem Nadelwald empor, er betäubte einen geradezu und machte einen taumelig durch die widernatürliche Nähe der ratternden Maschinen über einem und in dem allgemeinen Getöse. Der Geruch nach Wald waberte um die Laufplanken auf der oberen Plattform der Werkhalle, hing als Wolke über den Wannen mit der Pulpe, von denen Dunst aufstieg, und je näher wir den Flotationsmaschinen kamen, um so stärker und süßer schien dieser schwindelerregende Duft nach sommerlichem Kiefernwald zu werden. In den Wannen siedete und brodelte weißlicher Schaum. Die junge Flotationsarbeiterin ging an den Wannen entlang, flink wie eine Weberin, die nachsieht, ob etwa irgendwo am Webstuhl ein Faden gerissen ist.

»Das ist meine Frau!« schrie mir Dshargalsaichan ins Ohr. »Erdenetujaa!«

»Weshalb riecht es denn hier so nach Wald?« fragte ich und beugte mich zu ihr hinunter.

»Das ist Kiefernöl!« Erdenetujaa hob sich auf die Zehenspitzen. »Ein Reagens im Anreicherungsprozeß!«

»Sie sprechen aber sehr gut russisch!« lobte ich.

»Wir haben alle in der Sowjetunion studiert«, antwortete sie.

»Und auch geheiratet!« rief Dshargalsaichan.

Erdenetujaa schaute sich nach allen Seiten um und holte mit Verschwörermiene aus der Brusttasche ein Papiertütchen. Auf den ausgestreckten Händen des Ehemanns wickelte sie es auf: Es enthielt ein feuchtes Pulver.

»Kupferkonzentrat«, erklärte Erdenetujaa. »Ich habe schon welches erhalten!«

Schweigend blickten wir auf das Häufchen schwarzen Pulvers in den Händen Dshargalsaichans.

Für die Mongolei bedeutet Kupferkonzentrat eine Stärkung der Wirtschaft, außerdem eine Verbesserung der Energieversorgung der Volkswirtschaft, wachsende Exportmöglichkeiten und die Herausbildung einer neuen Gruppierung in der Arbeiterklasse. Erdenet ist eine Schule hochqualifizierter Kader für den gesamten Bergbau.

Und was hat die Sowjetunion damit zu tun? Die sowjetische Seite stellte

Kredite, Projekte, Ausrüstung, Fachleute und vieles andere zur Verfügung und erhält dafür ein Konzentrat, das der erstarkenden Metallurgie bisher fehlte. Die außenwirtschaftlichen Verbindungen der Mongolei mit den östlichen Regionen der UdSSR werden sich auch bei Erzen und Konzentraten erweitern und, wie auch immer, die Standortverteilung der Produktivkräfte Sibiriens und des Fernen Ostens beeinflussen.

Schaut man aus dem Fenster, kann man sehen, wie der Wind weißen Treibschnee von einem Hügel auf den anderen weht und ihn in Schwaden gegen die Fenster der Kipper bläst, die in Kolonne den Berghang hinunterfahren. Die Baustelle arbeitet dynamisch, zügig, konzentriert: Bis der erste Zug mit Kupferkonzentrat abgeht, bleiben nur noch Stunden. Erdenetujaa steckte das Tütchen wieder ein, und wir gingen zu dritt zum Meeting.

Ich liebe Erdenet, wenn abends die Fenster der vielstöckigen Häuser erleuchtet sind und das Licht die Gedanken zurückwandern läßt über die Grenze, nach Burjatien, an den Gussinoje osero, den »Gänsesee«. Nikolai Bestushew, ein dorthin verbannter Dekabrist, hat seinerzeit jene Gegenden durchstreift und ist dabei auf Braunkohle gestoßen. Im Jahre 1853 veröffentlichte die Zeitschrift der Moskauer Gesellschaft der Naturforscher einen Beitrag Bestushews mit dem Titel »Der Gänsesee«, ohne den Namen des Verbannten zu nennen, doch mit der Anmerkung, das Material sei »von einem Autor zusammengestellt, der seit über dreißig Jahren in Transbaikalien lebt«. In jenem Artikel findet man die Kohle vom Gänsesee erstmals beschrieben: »Braunkohle lagert in mehr oder weniger mächtigen Schichten an vielen Orten ...« Heute verheizt man die Kohle in den Kesseln des Kraftwerkes »Gussinoje osero«, und über eine 220-Kilovolt-Fernleitung, die erste Hochspannungsleitung in der Mongolei, gelangt die Energie über die Grenze nach Erdenet.

Der Ingenieur

Interesse an solchen Regionen unserer Erde, deren Erschließung Perspektiven hat, verzeichnet man heute überall in der Welt. Das spürt man auch in der Mongolei, wenngleich im Bewußtsein der mongolischen Öffentlichkeit der Begriff »erschlossenes Territorium« nicht unbedingt mit dem übereinstimmt, was man anderswo auf der Welt darunter versteht. Hier gibt es Gegenden, die möglicherweise noch keines Menschen Fuß betreten hat: Der Fuß steckte hier ja jahrehundertelang im Steigbügel. Wohl kaum aber wird man ein Stück Steppe finden, wo nicht Vieh, die wichtigste Existenzgrundlage des Volkes, geweidet hätte. Überall sieht man diese leicht eingedrückten Ringe, die zurückbleiben, wenn die Jurten abgerissen werden, Spuren von Nomadenlagern. Da fragt man sich: Wenn die pflanzlichen Ressourcen der Steppe und das damit ernährte Vieh die Grundlage für die Wirtschaft eines Volkes darstellen, kann man denn dann diesen Boden vorbehaltlos noch als unerschlossen bezeichnen?

Dennoch hat die Zivilisation, das heißt das, was man heute darunter versteht, um die Räume Zentralasiens einen Bogen gemacht. Selbst wenn man die Bevölkerungsdichte, dieses wichtige und bis vor kurzem noch maßgebliche Kriterium für den Erschließungsgrad eines Gebietes, unberücksichtigt läßt, wenn man – ich wiederhole es – nicht nachzählt, wieviel Jurten auf eine bestimmte Flächeneinheit entfallen, sondern den Anteil einer Region an der territorialen Arbeitsteilung, die Intensität der Nutzung von Ressourcen und das Niveau der Infrastruktur, vor allem der Verkehrswege, in die Waagschale wirft, so kann man nach heutigen Maßstäben tatsächlich große Räume zu den »ökonomischen Wüsten« zählen.

Bis 1921 war das Territorium der Mongolei, geologisch betrachtet, fast durchgängig ein weißer Fleck, der Geheimnisse zu bergen schien und deshalb bei Geologen auf besonders großes Interesse stieß. Bald hier, bald da entdeckte man unter jahrhundertealten Weideflächen Bodenschätze, die für die Wirtschaft der Mongolei attraktiv sein konnten. Doch erst nach Errichtung der Volksmacht begann die planmäßige geographische und geologische Erforschung dieses Landes. Gestützt auf die Hilfe der Sowjetunion und der anderen Bruderländer entdeckten mongolische Suchtrupps Hunderte bis dahin unbekannter Vorkommen, die die einstige Nomadensteppe zu einer an Bodenschätzen reichen Region werden ließen. Der Mangel an Arbeitskräften im Lande verlangte von den Projektanten von Bergbaubetrieben die Anwendung wirtschaftlichster, den sozialen Möglichkeiten und natürlichen Bedingungen des Landes angepaßter Technologien.

Seit Ende der vierziger Jahre trafen sich, kaum daß es etwas nach Frühling roch, in Ulan-Bator Geologen aus sozialistischen Ländern. Man konnte sie nach den Konstruktionen ihrer Zelte unterscheiden, die sie außerhalb der Stadt am Ufer des Tuul aufgeschlagen hatten. Für ihre Sucharbeit benutzten sie Flugzeuge, und sie wandten bei der Aufnahme einer Gegend, der Kartierung und Lagerstättenerkundung neue Methoden an. Gemeinsam mit ihnen arbeiteten auch mongolische Geologen, etwa hundert Mann, die in der Hauptstadt oder im Ausland ausgebildet, mit neuen Vorstellungen von den Möglichkeiten ihres Landes zurückgekehrt waren. In der Steppe fanden sie Kohle, Polymetalle, Gold, Phosphor und Flußspat.

Baganuur (»Kleiner See«) ist eine ausgedörrte Steppengegend, siebzig Kilometer südöstlich von Ulan-Bator um einen kleinen See herum gelegen, an dem sich wandernde Lamas mit dem roten Orchimtsch über der Schulter länger aufzuhalten pflegten. In einer dieser Jurten in der Steppe kroch einmal ein schmaläugiger Knirps umher und betrachtete durch den Toono den Sternenhimmel. Dieser Junge, Nazagdordsh, sollte später der Begründer der neuen mongolischen Literatur werden, der eines Tages in Gedanken zu seinen Kindheitsgesichten zurückkehrte: »Leben auf dem Mars Menschen? Sind sie uns ähnlich? Lieben sie heiß, und werden sie uns Briefe schicken?«

Es heißt, schon zu Lebzeiten von Nazagdordsh (er starb 1937) sei man in dieser Gegend auf Braunkohle gestoßen, doch sei dieser Fund unbeachtet geblieben. Niemand hätte gedacht, daß diese fast an der Erdoberfläche ausstreichende brennbare Bodenschicht das Schicksal der Nomaden beeinflussen könne, deren Wanderungen ständig auf den schon von den Ahnen gebahnten Pfaden vor sich gingen, so wie die Sterne immer wieder dieselben Bahnen ziehen.

In den siebziger Jahren geschah es dann, und zwar so schnell, daß selbst Leute, die sich in den Methoden zur Erschließung neuer Regionen Asiens, darunter auch der sibirischen, auskannten, die ja in vielem für diese Landschafts- und Klimazone beispielgebend sind, daß selbst diese Leute eine solch energische Zielstrebigkeit nicht erwartet hatten. Auf Bitten der mongolischen Regierung erforschten sowjetische Geologen das Vorkommen ganz detailliert, und schon ein Jahr später war das Projekt für den größten Kohletagebau in der MVR und für die dazugehörige Stadt mit dreißigtausend Einwohnern fertig. Die Tusche auf den Zeichnungen war noch nicht trocken, als man schon eine Eisenbahnlinie baute, eine Fernleitung verlegte und einen Trupp Bauarbeiter aus Erdenet in der Steppe absetzte. Diese staunten nicht schlecht und meinten, ein solches Tempo seien sie nicht gewöhnt.

Die hiesige von Schotter bedeckte Gegend, umstanden von einer Kette gezackter Hügel, war für die Projektanten so etwas wie ein leeres Blatt Papier, eine Herausforderung, der Phantasie freien Lauf zu lassen, Vorschläge zu unterbreiten, freie Hand walten zu lassen. Ich ging mit den Projektanten am Ufer eines verlandenden kleinen Sees entlang durch kniehohes dürres vorjähriges Gras und versuchte mir die künftige Stadt in ihren endgültigen Konturen vorzustellen, so in die Landschaft gestellt, daß der Nordostwind alle Schadstoffe in der Atmosphäre vom Industriegelände wegbläst. Zwischen Wohnviertel und Kohletagebau (Entfernung drei Kilometer) verläuft eine Autostraße. Zu beiden Seiten werden Bäume gepflanzt, die ersten in dieser Steppe. Bäume werden auch an den Ufern des Kanals rauschen, der durch

Verlegung des Flüßchens Chubsagijn entstanden ist. Die Bodenschicht ist hier zu dünn für kräftige Wurzeln; den gesamten Mutterboden, der von den zur Kohle vordringenden Bulldozern zusammengeschoben wird, verteilt man daher über das Wohnviertel, Schicht um Schicht, damit die Bäume genügend Lebenskraft erhalten.

Schlendert man durch Baganuur, an den Fertigteilhäuschen mit den bunten Vorhängen entlang, vorbei an den auf den Fensterbrettern stehenden Kästen mit schwarzer Erde und gelben Gurkenblüten, atmet man den Duft von frischen Hobelspänen und Weizenbrot, beginnt man zu ahnen, was hier für eine »Truppe« am Werk ist. Da hört man auch schon jemanden etwas rufen, und die russischen Laute klingen mir in dem kalten Wind wie Musik in den Ohren: »Pjotr Wassiljewitsch, nur noch ein paar Sekunden Geduld ...«, und aus dem Büro des Bauleiters dringen durch das geöffnete Fenster Bruchstücke eines Funkgesprächs:

»Sie verlangen Schnittholz, einen Zoll stark. Ich habe kein einziges Brett!«

»Telegrafiert doch an die Leitung, daß das Kombinat den Plan nicht erfüllen kann.«

»Worüber beschwerst du dich, worüber? Das mit den Bohlen bringen wir schon in Ordnung!«

»Es ist dunkel, wir haben kein Licht, ich kann nicht annehmen.«

»Dann nehmt an, solange es Tag ist.«

»Der Turmdrehkran hat zwei Tage lang nicht arbeiten können wegen des Windes.«

»Komm der hohen Leitung nicht mit solchem Kleinkram!«

»Ich habe keine Loren. Wollt ihr mich vielleicht mit einer einzigen aufsitzen lassen?«

»Du bist mein Sorgenkind und meine Rettung zugleich ...«

»Ich hab doch geschrieben, daß ich 60 Klappbetten brauche.«

»Dann schreibe nicht 60, sondern 63 oder 67, da merkt die Leitung wenigstens, daß du genau gerechnet hast!«

Als ich diese Worte mitten in der mongolischen Steppe, am kahlen Ufer des Baganuur, hörte, da erkannte ich es wieder, mein liebes Rußland, und freute mich darüber ...

Doch ich will jetzt nicht von dem russischen Bautrupp in Baganuur sprechen, sondern von dem siebenundzwanzigjährigen Sundui, dem Chefingenieur der Kohlengrube »Baganuur«, einem Mann mit der Statur eines Ringers, in weißem Hemd mit offenem Kragen und einer Krawatte, die ihm immer irgendwie seitlich baumelt. Eigenartig wirkt sein breites Gesicht: Im geschlossenen Raum ist es dunkel wie bei einem Bewohner der Gobi, draußen aber sieht es fast oliv aus wie bei einem Spanier. Seine Eltern waren gläubige Buddhisten, sie verehrten Buddha und die vier farbigen Maharands, die irdenen Bewahrer der vier Himmelsrichtungen. Ihr eigenes trauriges Schicksal hatte den Beweis geliefert, daß das menschliche Leben ein Nichts ist. Den Vater erschlug in der Steppe der Blitz. Die Mutter sprang aufs Pferd, galoppierte zur Unglücksstelle. Wie von einer Sense niedergemäht, sank sie auf den Leichnam und erhob sich nicht wieder. Auf einem hohen Hügel wurden beide gemeinsam begraben. Sundui wuchs bei Verwandten auf und erhielt seine Ausbildung an einer technischen Hochschule, bis zum heutigen Tag aber packt ihn die Furcht, wenn er plötzlich in der Steppe einen Blitz aufflammen sieht.

Sundui hatte moderne Methoden der Erschließung ressourcenreicher Territorien studiert: vorrangiger Bau einer Stadt als eine Art Vorposten für die komplexe Entwicklung der Produktivkräfte, Schaffung einer kompletten Infrastruktur, das Zusammenwirken der Interessen aller Industriezweige mit einer harmonischen Entwicklung der Gegend — eine Strategie, die man in Erdenet erprobt, mit der man dort schon Erfahrungen gesammelt hatte und mit der man jetzt nach Baganuur gekommen war.

Vom ökonomischen Standpunkt her ist es lehrreich, zu sehen, wie sich die Produktion auf der Basis der neuesten Technik entwickelt. Der Chefingenieur sagt, hier werden mächtige Schürfkübelbagger arbeiten, wie es sie auf der Welt in der Praxis nicht eben häufig gibt, mit einer Kapazität von vier Kubikmetern je Kübel, und Kipper mit einer Ladefähigkeit von vierzig Tonnen. Die Arbeitsproduktivität ist hier dem Niveau führender Kohletagebaue der Sowjetunion angeglichen. Wenn »Baganuur« die projektierte Leistung — sechs Millionen Tonnen Kohle pro Jahr — erreicht, wird es in der Mongolei nicht nur genügend Energie und Wärme geben, sondern noch einen Energieüberschuß, den man in das vereinigte Energieverbundnetz Mongolei-Sibirien einspeisen kann. Sundui sagt das so ganz nebenbei, als wir am Rande des Tagebaus entlanggehen und beobachten, wie auf dem gegenüberliegenden Hang der Grube ein Mann ein rotes Fähnchen schwenkt, Bagger und Kipper auf der Sohle des Tagebaus entlangfahren und sich mit Getöse den lehmigen Hang hinaufschieben, Platz für eine Sprengung schaffen.

»Territorial gesehen«, fährt Sundui fort und geleitet mich aus der Gefahrenzone heraus, »sind von der Erschließung der Baganuursteppe eine gezieltere Arbeitsteilung zwischen den Rayons, eine weitere noch engere industrielle Spezialisierung zu erwarten. Die Ökonomen vertreten die Ansicht, dies werde zu einer höheren Effektivität in der Nutzung der Ressourcen führen. Der Brennstoff-Energie-Komplex, der hier geplant ist, läßt mit der Zeit weitere Industriezweige entstehen, die in irgendeiner Weise mit ihm verbunden sind. Schon heute wird am Oberlauf des Cherlen verstärkt Holz eingeschlagen, während die umliegenden Genossenschaften ihre Kräfte vereinen, um sich zu einer sicheren landwirtschaftlichen Basis zu entwickeln.«

Sundui hatte gerade seinen Satz beendet, da war auch schon der ohrenbetäubende Knall einer Explosion zu hören. Über dem Tagebau stieg eine schwarze Säule empor, die den gegenüberliegenden Rand der Grube verdeckte.

»Sozial gesehen, ist Baganuur Wiege einer neuen Generation der mongolischen Arbeiterklasse (hier sollen einmal 1 700 Bergleute arbeiten), und zwar mit der Qualifikation, die hochproduktive Technik zu bedienen«, fuhr der Chefingenieur fort und zog mich zu einer Jurte, wo an dem Filz ein Schildchen mit der Aufschrift »Grubenbüro« befestigt war. Durch die Filzwände drang Schreibmaschinengeklapper. In der Jurte saß am Tisch ein rundwangiges junges Mädchen mit geschminkten Lippen, die Sekretärin, ihr gegenüber ein Tisch mit einem Pappschild »Chefingenieur«, und der Tür gegenüber, an der Nordseite der Jurte, stand der leere Tisch des »Bergwerksdirektors«. Der Direktor selbst, so erfuhr ich, war zu einem Praktikum ins Kohlerevier von Tscheremchowo abkommandiert.

»Weshalb hier in nächster Nachbarschaft eine Jurtensiedlung steht?« wiederholte Sundui meine Frage. »Bisher gemachte Erfahrungen besagen, daß nicht alle Araten sich von ihrer Jurte trennen und in ein Haus mit festen Wänden umziehen wollen, das heißt, sie wollen schon, aber nicht gleich. Nach fünf Jahren Hochschulwohnheim habe ich persönlich allerdings das Gefühl, daß ich es in anderen Räumen nicht mehr lange aushalte. Auch weiß ich von anderen Mongolen, die in städtischen Wohnungen gelebt haben, daß sie nicht mehr in die Filzjurte zurückkehren wollen. Doch ist es mehr als einmal vorgekommen, daß rund um eine neue Stadt herum spontan eine Jurtensiedlung entsteht. Sich von alten Gewohnheiten zu trennen fällt eben nicht jedem leicht. Wir haben darauf bestanden, daß in der Nähe von Baganuur Platz für diejenigen frei gelassen wurde, die in der ersten Zeit noch in ihren traditionellen Wohnstätten bleiben wollen. Mögen sie sich erst einmal eine Meinung bilden und dann selbst entscheiden.«

»Und Sie, wo wohnen Sie?« fragte ich.

»Bislang noch in der Jurte, aber ich ziehe um, sobald die Bauarbeiter das erste Haus übergeben haben. Mich hat die Stadt sozusagen ›verdorben‹, ich habe mich an Elektroherd, Dampfheizung und warmes Wasser gewöhnt!«

Schaut man auf die Steppe, die da im Wind rauscht, schaudert es einen, wenn man sich vorstellt, wie die schwarze Erde ihr Innerstes nach außen kehrt, wie sich die Kegel der Abraumhalden türmen und sich ein Hagel von Steinchen, über den künstlichen Hügeln aufgewirbelt, mit dem Staub der Aprilstürme mischt. So oder ähnlich haben jedenfalls die Kohlereviere ausgesehen, die ich kenne, und ein Gefühl der Abneigung gegenüber Schächten, Tagebauen und Bergwerken, die die Landschaften verunstalten, trage ich schon seit meiner im Donbass verlebten Kindheit in mir. Ich spreche mit dem Chefingenieur darüber. »Nasanbajar«, wandte sich dieser an die Sekretärin, »gib mir doch einmal den Rekultivierungsplan.« Das Mädchen holte aus einer Schublade einen grünen, mit einer Schnur zusammengebundenen Ordner hervor. »Schauen Sie«, sagte Sundui, »die Restlöcher werden planiert, und in einigen Jahren hat sich die Bodenschicht wieder neu begrünt. Wenn der ganze Tagebau ausgekohlt und ein Loch von fünfzig Quadratkilometer Fläche und etwa zweihundert Meter Tiefe entstanden ist, leiten wir den Chubsagijn nach hierher um. So wird hier ein See entstehen.«

Sundui ist ein Vertreter der mongolischen technischen Intelligenz neuen Typs. In geputzten Schuhen, mit Krawatte und Filzhut unterscheidet er sich äußerlich wenig von dem mongolischen Ingenieur der dreißiger und vierziger Jahre. Doch wo ist dessen frühere schüchterne Zurückhaltung geblieben, bedingt durch die damals noch mangelhafte Ausbildung, wo die Angst vor der Notwendigkeit, selbständige Entscheidungen zu treffen? Aus und vorbei ist es damit, kaum mehr anzutreffen. Der Ingenieur der achtziger Jahre hat sich in Betrieben in Moskau, Leningrad, Kiew, Prag, Warschau, Berlin und Budapest umgesehen, hat selbst ausländische Kollegen zu Gast gehabt, hat mit ihnen gesprochen, ohne Problemen auszuweichen oder gar von seiner Position abzugehen. Er hat sich eine Art angeeignet, technische Fragen zu lösen, die bei den Mongolen keine Tradition hat — Varianten gegeneinander abzuwägen, Ergebnisse zu prognostizieren. Er ist sachlich, korrekt und pflichtbewußt. Schlamperei belächelt er bereits nicht mehr, von Dulden kann schon gleich gar nicht mehr die Rede sein, sie macht ihn böse wie jede Disziplinlosigkeit. Er ist ein Mensch mit modernen Ansichten; nicht in dem Sinne, daß er Modetrends nachgibt, sondern in einem erweiterten Sinne: wie er die Dinge angeht. Er macht sich Gedanken darüber, wie sich das, woran er arbeitet, in das industrielle Gesamtbild einfügt. Er führt ständig das Wort »Komplex« im Munde, etwa: »Die natürlichen Ressourcen der Mongolei verlangen ein komplexes Herangehen« oder: »Wir betrachten Baganuur als Territorialen Produktionskomplex.« Menschen wie Sundui braucht die Industrie in der Mongolei.

»Sagen Sie, Sundui«, frage ich, »meinen Sie nicht auch, daß mit fortschreitender Zivilisation viele Bindungen schwächer werden und sich schließlich ganz lösen, wie das in Europa geschehen ist? Da trifft man junge Städter, eigentlich ganz moderne Menschen, die mit neuester Technik umgehen, aber nicht einmal mehr das Bedürfnis haben, verwandtschaftliche Beziehungen zu pflegen, und auch nicht etwa Unbehagen verspüren, wenn die früheren Bindungen abgerissen sind. Es wäre schlimm, wenn auch in der Mongolei der Fortschritt die Festigkeit familiärer Bande untergrübe, die noch heute, besonders in der Steppe, eine so erfreuliche Erscheinung sind.«

Sundui hört mir schweigend zu, den Kopf gesenkt. »Dem Fortschritt kann man nicht entfliehen.« Er hebt den Blick und fährt fort: »Auf uns alle stürmt so viel Neues ein, was Wissen, Produktion, Wünsche und Bedürfnisse anbelangt. Da kann man wohl die Übersicht verlieren und nicht mehr unterscheiden, was auf der Welt von echtem Wert ist und was nur als von Wert erscheint. Die Gefahr, daß die Menschen der Zivilisation schutzlos gegenüberstehen, besteht in der Tat, glaube ich. Doch sind bei uns die Traditionen, die die Beziehungen der Menschen untereinander regeln, so alt und so fest verwurzelt, daß sie die Lawine der Veränderungen wohl überstehen können. Ohne sie kann es kein Glück geben.«

»Und was ist das Ihrer Ansicht nach, das Glück?«

»Gewiß ist es das Gefühl, man ist nicht allein.«

Sundui holt ein Päckchen aus dem Tischkasten. Wir essen Hammelfleisch und trinken Tee, den Nasanbajar in Schalen ausgeschenkt hat. »Vielleicht mögen Sie etwas Kräftigeres?« sagt Sundui mit Augenzwinkern.

»Ich weiß nicht recht«, murmele ich, ich will ja den Gastgeber nicht kränken, »und Sie selber?«

»Ich trinke nicht!« Sundui schüttelt den Kopf. »Bei mir kommt überhaupt kein Alkohol auf den Tisch.«

»Wie das?« frage ich neugierig.

»Als Kind habe ich von den alten Leuten gehört, woraus Wodka gemacht wird, und da ist mir ein für allemal der Appetit vergangen ...«

»Woraus wird er denn gemacht?«

»Ich will Ihnen nicht auch noch den Appetit verderben.«

»Wollen Sie es nicht trotzdem sagen?« bitte ich.

»Aus neun widerlichen Dingen wird er gemacht. Wenn ich es sage, aus welchen, dann geben Sie das Trinken auch auf.«

»Nun, dann lassen Sie mich nicht länger zappeln«, platze ich heraus.

»Wodka besteht aus dem Hirn eines tollwütigen weißen Löwen, dem Schaum eines wütenden Elefanten, der Zunge einer Giftschlange, dem Honig einer tollen Biene, dem Speichel eines tollwütigen Hundes, dem Knochenmark von neun tanzenden Hexen, dem Augapfel eines Aas fressenden Wolfes, dem Fleisch eines Toten und dem Blut einer Zauberin.«

Ich schob das Päckchen mit dem Fleisch beiseite: »Hören Sie, Sundui, Ihre alten Leute verstanden sich auf Psychologie. Haben sie Sie nicht auch noch von anderen Sünden abgeschreckt?«

»Vielleicht vom Rauchen ... In alten Zeiten hat einmal ein leichtfertiges Frauenzimmer, das vom Teufel oder von Dämonen besessen war, schlimme Verwünschungen geschrien. Aus ihrem Schoß floß Blut auf die Erde. Und diese Erde trieb Tabakblätter.«

»Fahren Sie nur immer fort, Sundui«, dränge ich, »ich habe noch andere Laster ...«

Der Baganuur wird verschwinden. Schon wird das Wasser aus den benachbarten Flözen abgepumpt, und der See wird in der Erde versinken, wieder zu Grundwasser werden. Schade um den kleinen stillen See, doch Dank sei ihm für den guten Namen, den das neue Industriegebiet bewahren wird. Dieser Name Baganuur hat es Sundui so angetan, daß in der Geburtsurkunde seiner Tochter, des ersten Kindes, das in Baganuur geboren ist, auf sein Verlangen Baganuur als Geburtsort eingetragen wurde. »Zunächst sperrte man sich, man sagte, eine Stadt Baganuur gebe es ja noch gar nicht, dort sei nichts als Steppe. Aber da bin ich zum Volksschural gegangen mit dem Plan der künftigen Stadt. ›Ist hier meine Tochter geboren?‹ – ›Ja!‹ – ›Und was steht hier auf dem Plan geschrieben?‹ – ›Baganuur.‹ – ›Also ist sie in Baganuur geboren!‹ «

Ein mongolischer Lokführer

In der Mongolei gibt es sechshundert Lokomotivführer und deren Gehilfen. Mein Lokführer wird auf seinem Sitz hin und her geschaukelt, er reckt den Kopf zum Fenster hinaus, hält die leicht geöffneten Lippen in den Wind und schaut zu, wie ihm das Dreieck aus Gleisen und Schwellen entgegenfliegt. Die Hände hält er an der Kontrolltaste und am Bremshebel. Wenn unser Güterzug sich in Kurven windet, sieht der Lokführer, wenn er sich umdreht, die Flachwagen mit Holz und die offenen Loren mit Kohle. Fährt der Zug bergab, drückt der Lockführer den Bremshebel nach vorn und verringert so die Geschwindigkeit. Doch selbst dann, wenn es in der Kabine leiser als gewöhnlich ist, kann man sich nur unterhalten, wenn man sich zu dem anderen hinbeugt und ihm die Antwort von den Lippen abliest. Als der Zug den

Bahnhof Darchan verließ und sich das Panorama der Industriestadt mit ihren achtzigtausend Einwohnern entfernte, setzte ich mich auf den Kasten zwischen dem Lokführer und seinem Gehilfen, und meine ersten Eindrücke trugen rein akustischen Charakter. Alles stampfte, pfiff, summte, und alle zehn Minuten verschwand der Gehilfe im Dieselraum, kehrte zurück mit der Meldung: »Wassertemperatur achtzig, Öl sechzig, Diesel im Normbereich!«

Der Zug fährt durch das Tal der Charaa, eines rechten Nebenflusses des Orchon, und macht die sanften Windungen des Flüßchens mit, das im Osten und Westen von einer Kette schneefreier Berge abgeschirmt wird. Rechts und links ziehen sich die niedrigen Pfosten einer Drahtsperre hin, die die Herden von der Eisenbahn fernhält. Alle zwanzig, dreißig Kilometer taucht über der Sperre ein Reiter oder eine Reiterin auf mit einem eingerollten gelben Fähnchen in der Hand. Sie thronen auf ihren Pferden und schauen auf die vorüberhuschenden Wagen, als nähmen sie eine Parade ab. Es sind Streckenwärter; ihre Jurten stehen am Fuße der Hügel, ihre neuen Siedlungen sieht man bald auf der einen, bald auf der anderen Seite vorüberfliegen. Sie unterscheiden sich von den übrigen Steppensiedlungen schon dadurch, daß die dortigen Kinder die Züge nicht anstarren, sondern mit ihrem wichtigen Spiel beschäftigt sind und nicht einmal den Kopf heben, wenn der Zug vorbeidonnert. Die hier lebenden Streckenwärter und Gleisarbeiter gewährleisten die Sicherheit der etwa 1 500 Kilometer langen Eisenbahnlinie.

Dem Lokführer Purewdordsh war es nicht sehr recht, daß in seiner Kabine ein Fremder saß. Noch dazu einer, den die Obrigkeit ihm aufgedrängt hatte. ›Wie bist du ausgerechnet in meine Schicht geraten?‹ stand in seinen in die Ferne gerichteten Augen zu lesen. ›Hast du noch nie einen Zug gesehen?‹ Ich konnte nur eines tun — ihm nicht mit Fragen auf die Nerven gehen; ich gab mich mit meinen eigenen Beobachtungen und mit dem zufrieden, was ich im Depot gehört hatte. Der Lokführer entstammte der Familie eines Viehtreibers aus Archangai, der so arm war, daß er nicht einmal ein Pferd besaß. Fremde Pferde reitend, hütete er fremde Herden. Der arme Schlucker kam bis nach Ulan-Bator, stellte dort seine Jurte auf und verdingte sich als Kutscher bei der Mongolischen Staatlichen Universität. Hier gab man ihm Pferd und Wagen, und dieser Karren mit seinen Holzrädern rumpelte über die sandigen Plätze der Stadt. Von Kindesbeinen an ist Purewdordsh auf Kästen, Fässern, Säcken durchgerüttelt worden, deshalb hält er sich wenn nicht gerade für einen echten Eisenbahner, so doch jedenfalls für einen echten Transportarbeiter. An Ausweichstellen bremsend, gibt Purewdordsh den Blockstab ab, reckt den rechten Arm zum Fenster hinaus, biegt die Hand nach vorn und streift während der Fahrt den Ring des in Kabinenhöhe steckenden neuen Stabs über die Hand. Er tut dies mit der Kunstfertigkeit eines Reiters, der im Galopp ein Tuch vom Erdboden aufhebt. Der Blockstab gibt ihm die Gewähr, daß die Strecke vor ihm frei ist.

Als Purewdordsh zur Eisenbahn kam, gab es dort schon einen hohen Anteil an Leuten mit alten Arbeitertraditionen. Im Depot arbeiten ganze Familien – Vater, Mutter, Sohn und Tochter, die einen in der Reparatur, die anderen in den Zugbrigaden. Doch auch auf dieser Etappe der Konsolidierung der Arbeiterklasse kommt es zu Spannungen, die aus den Besonderheiten des mongolischen Nationalcharakters resultieren. Unser Lokführer war Zeuge, wie ein älterer Schlosser, noch gestern Steppenbewohner, in die Kaderabteilung kam und bat, man möge ihn wieder entlassen.

»Wieso, hast du keine Wohnung bekommen?« fragte man ihn.

»Doch, Wohnung habe ich ...«

»Oder hast du dein Kind nicht im Kindergarten unterbringen können?«

»Doch, es ist untergekommen ...«

»Was ist denn nun wirklich los mit dir, Chaidaw?«

»Ich kann all das nicht leisten, was man von mir verlangt: Anweisungen, Instruktionen der Leitung ... Ich bin völlig durcheinander!«

Die halbmilitärische Disziplin bei der Eisenbahn kann nicht jeder verkraften. Man muß sich einmal vorstellen, wie dieser Schlosser früher gearbeitet hat. Er hütete eine Schafherde. Wenn er Lust hatte, konnte er die Schafe seiner Frau überlassen, munter seinem Pferd die Sporen geben und zu Freunden reiten, um Neuigkeiten auszutauschen. Er war sein eigener Herr, er mußte nie schnell irgendwohin. Diese Ungebundenheit kam seinem schlichten Gemüt so recht entgegen. Er wäre verwundert gewesen, hätte sich jemand erdreistet, ihm Vorbehaltungen zu machen. Im Depot aber? Da hat er dies nicht richtig gemacht, sich verspätet, nichts hinzugelernt, dieses vergessen, jenes nicht ausgeführt ... Nun hatte er es satt! Um so mehr, als die Steppe ihn ja mit offenen Armen wieder aufnehmen würde.

Es war nicht die Reglementierung seiner Handlungen, die Purewdordsh so schreckte, ihn irritierten die Beschränkungen, die jeglichen gesunden Menschenverstand vermissen zu lassen schienen. Also wirklich, weshalb hatte sein Vorgänger, der alte Lokführer, zum Beispiel nicht das Recht, in seinem gewohnten, straff gegürteten Deel auf Fahrt zu gehen, sondern mußte unbedingt die Uniformhosen und die Uniformjacke anziehen, wie das bei der Eisenbahn üblich ist? Das heißt, verstandesgemäß begreift man es schon, daß dies dem eigenen Wohl dient, zum Beispiel, daß der Schoß des Deels nicht aus Versehen in die Zahnräder gerät oder in etwas anderes Unangenehmes, dennoch fühlt man sich in der fremden Kleidung körperlich beengt. Womit sich Purewdordsh aber überhaupt nicht abfinden konnte, war das Verbot, unterwegs den Hut zu tragen. Was ist denn an seinem Hut Schlechtes? Wen stört er denn? Wie die Disziplin es verlangt, erscheint Purewdordsh auf der Station also in der Mütze und klettert über die Steigleiter in die Kabine, kaum aber ist der Zug abgefahren, fliegt die Mütze in die Ecke, und auf dem Kopf thront ihm wieder sein alter Filzhut. Davon hat man mir schon im Depot erzählt. Jetzt grübelt er verzweifelt darüber nach, was wohl von mir zu halten sei, und fühlt sich in seiner Uniformmütze so unbehaglich, obwohl sie übrigens ganz ausgezeichnet zu seinem strengen Gesicht paßt.

Die Lokomotive hatte es ihm sofort angetan. Schon auf der Fachschule konnte er mit geschlossenen Augen alle Hebel finden und bedienen. Als er dann Führer einer Diesellok geworden war, Chef in dieser nach Dieselöl riechenden, donnernden, schaukelnden, engen kleinen Kabinenwelt, brachte er alles auf Hochglanz, damit die alte Lokomotive wie eine neue aussah. Als allerdings einmal bei starkem Regen der Zug aus den Gleisen sprang, verlor Purewdordsh die Beherrschung: »Zum Donnerwetter, wenn sich das Pferd ein Bein bricht, da gibt man es auf und geht weiter, doch einen Zug, wie gibt man den auf, und wie kommt man weiter?«

Purewdordsh fährt gern nachts, die Hitze bei Tage macht ihn ganz fertig. Außerdem laufen nachts Hasen, Wölfe und Hirsche auf den Bahnkörper. Vom Licht geblendet, rasen sie zwischen den Gleisen umher und geraten unter die Räder. Der Lokführer bringt den Zug nicht zum Stehen, wenn er ein Tier bemerkt, häufig schaffte er das ja gar nicht mehr. Ist ihm aber ein Wild unter die Räder geraten, hält er und holt sich das Fell. Manchmal kehren Lokführer und Gehilfe von einer Fahrt mit großen Trophäen heim.

»Was ist denn das so für Wild?« frage ich Purewdordsh.

»Murmeltier, Fuchs, Dachs – alles, außer Fischen.«

»Tut es Ihnen nicht leid, wenn ...?«

»Es sind doch keine Kamele!«

Kamele steigen ebenfalls auf den Bahndamm hinauf. Hier ist es luftiger als in den Senken, es gibt hier weniger Ungeziefer aller Art. Wenn die Kamele den Zug kommen sehen, beeilen sie sich nicht etwa, ihm Platz zu machen, und sie scheren sich auch nicht um die lauten Pfiffe der Lok. Dann bringen der Lokführer und sein Gehilfe den Zug zum Stehen, schreien zum Fenster hinaus oder steigen auf die Gleise hinunter und schwenken die Arme: »Cha! Chutsch!« (»Los! Fort!«) Doch Kamele sind störrisch. Purewdordsh treibt die Tiere dann weiter, immer weiter, bis sie den Bahndamm verlassen.

Der Großvater unseres Lokführers gehörte zu den Albata-Araten, nomadisierenden kleinen Viehzüchtern, die größtenteils in der mongolischen Steppe lebten. Kleinen lokalen Fürsten und deren Höfen gehörig, ohne das Recht, den Herrn zu wechseln, hüteten sie die Herden des Fürsten, zahlten Tribut, dienten als Heizer und Wächter, bearbeiteten als Tagelöhner die Äkker der Reichen und leisteten mit eigenem Pferd und eigener Ausrüstung Kriegsdienste. Unter den Mandschu, die Nachrichten- und Verkehrswege anlegen ließen und alle dreißig, vierzig Kilometer an den Karawanenwegen Postpferdestationen, »Urton«, unterhielten, hatten die Albata-Araten diese Stationen zu bedienen. Sie mußten für durchreisende Beamte, Fürsten und höhere Lamas Jurten unterhalten, mußten Pferde für sie bereitstellen, Kutscher für sie beschaffen, sie unentgeltlich beköstigen und ihnen Nachtlager geben. Am Ende des neunzehnten Jahrhunderts gab es auf diesen Stationen 1 645 Jurten, fast 250 000 Pferde und 50 000 Kamele; die Durchreisenden verzehrten pro Jahr 200 000 Schafe der Araten — über mangelnden Appetit konnten sie also nicht klagen.

Die Volksmacht verbot den Fürsten und der Geistlichkeit, Urtonpferde für Besuchsreisen anläßlich des Zagaan-sar oder zu anderen persönlichen Zwecken zu benutzen. Es vergingen aber noch viele Jahre, ehe der letzte Arate seine Jurte von dem Urtontrakt wegholte und mit Sack und Pack in die Steppe zurückkehrte. Güter, Passagiere und Post in den Hauptrichtungen, später auch in Bezirke im Landesinneren, wurden nun mit Autos befördert. Das Ende der Jurtenherbergen war gekommen, der Bedarf an Harz und Teer für die Wagen wurde geringer, viel wichtiger aber war es, die Araten wieder an Bräuche und Sitten ihrer Heimat zu gewöhnen.

Auto und Karren begegneten sich erst, als die Zeit der Eisenbahn anbrach. Die Idee, eine Eisenbahn durch die Mongolei zu bauen, tauchte bereits vor langer Zeit auf, vielleicht schon in jener Zeit, als die erste russische Dampflok den Baikalsee erreichte. Im Interesse der Kaufleute stellten Ingenieure das Projekt eines Schienenweges vor, der von der Station Myssowaja am Baikal über Troizkossawsk (Kjachta) nach Urga (Ulan-Bator) und an die Südgrenze des Landes führen sollte. Für Bau und Betrieb der Bahn sollte eine internationale Gesellschaft gegründet werden. Das Projekt kam den Erfordernissen so nahe, daß eine Moskauer Handelsexpedition, die im Jahre 1910 die Mongolei bereiste, in ihrem Bericht schrieb: »Die Mongolei ist ein abgeschlossenes Land, von der zivilisierten Welt isoliert durch eine breite Zone wasserloser Sandwüsten und wilder Bergketten. Bis in die letzte Zeit ist die Kultur nicht bis hierher vorgedrungen, und erst in unseren Tagen beginnt oder, besser gesagt, zeichnet sich eine Wende ab in einer Lebensweise, die sich in Jahrhunderten herausgebildet hat. Schon sind chinesische Ackerbauern bis hierher vorgedrungen und nehmen die unberührte jungfräuliche Steppe unter den Pflug; hier sind schon ganze Karawanen von Kaufleuten mit Waren eingetroffen, Bankfilialen werden eröffnet; in den Randgebieten der mongolischen Steppe verkehrt bereits die Eisenbahn, und nicht mehr fern ist die Zeit, da sie bis ins Landesinnere vordringen wird.«

Das geschah dann im Jahre 1938. Der Bau der 54 Kilometer langen Schmalspurbahn von Ulan-Bator zur Grube Nalaich war zwar noch weit von den Zielen entfernt, wie sie der Kaufmannschaft vorgeschwebt hatten, er beschleunigte jedoch die Rekonstruktion des Bergwerks, die Erweiterung der Bergarbeitersiedlung und den Transport von Kohle für das hauptstädtische Wärmekraftwerk. Als dann ein Jahr später ein weiteres Gleis von der sowjetischen Station Solowjowsk zur Siedlung Bajantumen in Richtung Chalchyn Gol verlegt wurde, als in den Kriegstagen im August 1939 Waggons mit Geschützen, Kriegsmaterial und Lebensmitteln durch die Steppe rollten, vorbei an den mongolischen Hirten, die sich mit ihren Herden im Eilmarsch zum Kriegsschauplatz begaben, vorbei an Wagenkolonnen mit frisch geschlagenem Holz, da sahen die Araten die vorüberhuschenden Radachsen schon als Element der künftigen Landschaft an.

Im gleichen Jahr wurde der Schienenstrang der Ostsibirischen Eisenbahn durch die Steppe Burjatiens verlegt und näherte sich Nauschki. An der Grenze zur Mongolei endete er. Acht Jahre lang, während im Westen und Osten der Krieg tobte, und später noch, als die Sowjetunion und die Mongolei nach dem Krieg erst wieder Atem schöpfen mußten, harrten diese Gleise ihrer Stunde.

Im September 1947 begann der Bau der Transmongolischen Eisenbahn, die das Land von seiner Nordgrenze bis hin zu seiner Südgrenze durchquert. Aus der Sowjetunion wurden massenhaft Arbeiter in die Mongolei geschickt, die schon beim Bau des Ostsee-Weißmeer-Kanals, des zweiten Gleises der Transsib im Fernen Osten, der Anschlußstrecken Bam-Tynda und Urgal-Iswestkowaja sowie im Kriege beim Bau der jenseits der Wolga an die Stalingrader Front führenden Stichbahn eine harte Schule durchgemacht hatten. Bei sengender Sommerhitze, in den Staubstürmen des Frühjahrs, die so manchen starken Mann umwerfen, wie auch bei den fürchterlichen Schneestürmen im Winter, wenn Baracken, Zelte, Schneezäune in Schneewehen versanken, schoben die Leute ihre Schubkarren vor sich her, schlugen sie Brücken, verlegten sie die Schwellen. Nachts brannten an der Trasse die Lagerfeuer, und wenn dann die Linienmaschine darüber hinwegflog, konnte der Pilot die längste Lichterkette der Welt unter sich sehen.

Die 1949 gegründete und auf mongolischem Territorium tätige Aktiengesellschaft »Ulan-Bator-Eisenbahn« nahm zu dem Zeitpunkt ihre Arbeit auf, als die Mongolische Volksrepublik und die Sowjetunion zu gleichen Teilen Guthaben in das Grundkapital einbrachten, das in Aktien aufgeteilt war. Jede hatte den Wert von einer Million Tugrik, war mongolisch und russisch beschriftet, trug den Stempel der Gesellschaft und hatte einen abtrennbaren Abschnitt für Dividenden. Die eine Hälfte der Aktien ist im Besitz der mongolischen, die andere im Besitz der sowjetischen Seite. Die Gesellschaft besitzt fünf Lokdepots, zwei Waggondepots, etwa 1 500 Kilometer Schienenweg, Hunderte von Lokomotiven und Waggons, fast einhundert Eisenbahnersiedlungen mit Kindergärten, Läden, Krankenhäusern usw. Auch die Fernleitungen, die ich jetzt von der Kabine der Lok aus sehe, Signalanlagen, Zäune und Schranken sowie die Schrankenwärterhäuschen gehören der Aktiengesellschaft, in der Kabine der Diesellok vertreten durch den Lokführer und seinen Gehilfen. Ehrlich gesagt, ich war das erstemal in Gesellschaft echter Aktionäre, doch einen Unterschied zu einem ganz normalen anderen Unternehmen bemerkte ich nicht. Der Bahnbetrieb unterliegt den Gesetzen der MVR und genießt die gleichen Rechte und Vorzüge wie andere mongolische staatliche Betriebe auch.

Und dennoch gibt es einen Unterschied. Die Bahn wird geleitet von der Hauptversammlung der Aktionäre, wobei eine Entscheidung nur dann als getroffen gilt, wenn sich beide Seiten einstimmig für sie aussprechen. Die laufenden Angelegenheiten entscheidet ein Leitungsgremium, in dem jeweils drei Vertreter der einen und der anderen Aktionärsgruppe arbeiten. Die Leitung tritt einmal im Quartal zusammen, bestätigte Rechenschaftsberichte und Bilanzen, setzt die Tarife für den Gütertransport fest und prüft Pläne zum weiteren Ausbau des Unternehmens. Mit der Arbeit unmittelbar befaßt sich die Direktion der Bahn. Auf den Leitungsposten sind paritätisch beide Seiten vertreten: Ist der Leiter vom Dienst ein Mongole, dann ist der Chefingenieur ein Sowjetbürger, und umgekehrt. Zur Aktiengesellschaft gehören 12 000 Arbeiter sowie ingenieurtechnisches Personal. Anfangs waren unter ihnen viele sowjetische Eisenbahner, doch als diese genügend qualifizierte mongolische Kader ausgebildet hatten, blieben nur noch etwa zweihundert sowjetische Ingenieure zurück, die vorwiegend in der Verwaltung beschäftigt sind.

Der Gewinn der Aktiengesellschaft beträgt 80 Millionen Tugrik. Auf Beschluß der Aktionäre wird ein Teil des Gewinns für den weiteren Ausbau der Bahn, ein Teil für die Modernisierung der Technik und ein Teil für die Verbesserung der Arbeits- und Lebensbedingungen des Kollektivs verwendet, während die restliche Summe als Dividende an beide Seiten — zu gleichen Teilen — ausgezahlt wird.

In den fünfziger Jahren erzielte die Bahn große Gewinne durch den Transport von Transitgütern. Als sich dann aber die Beziehungen zur Volksrepublik China verschlechterten, gingen die Transportleistungen zurück, wodurch die Bahn die erste Zeit in finanzielle Schwierigkeiten kam. Die Aktionäre übernahmen lokale Transporte, die mit dem Ausbau der Wirtschaft in den von der Eisenbahn berührten Gebieten zusammenhingen. Der Aufbau in Städten wie Darchan, Ulan-Bator und Suchbaatar, geologische Erkundungsarbeiten in Steppe und Wüste, die wachsende Mobilität der Bevölkerung, die die Eisenbahn für Privat- und Dienstreisen nutzt, haben dazu geführt, daß die Ulan-Bator-Eisenbahn in dieser Zeit rund siebzig Prozent aller Transporte auf mongolischem Territorium realisierte und erneut Gewinn erwirtschaftete. Seit sich die Beziehungen zu China wieder normalisiert haben, spielt der Transitverkehr erneut eine wesentliche Rolle.

Was aber haben die Mongolen selbst von der Eisenbahn? Ich habe mongolische Eisenbahnschaffner beobachtet, als ich mit ihnen in Richtung Moskau und in Richtung Peking fuhr, habe mit mongolischen Kellnerinnen in den Speisewagen gesprochen, mich mit Bahnhofsvorstehern, Abschmierern, Streckenläufern, Wagenwäschern und Arbeitern auf Containerplätzen unterhalten. Die mongolischen Eisenbahner lesen ihre Fachliteratur, sind bestrebt, Prüfungen abzulegen und einen Abschluß zu erwerben, der höher ist als der, den sie besitzen. Sie schreiben Rapporte über festgestellte Mängel und kritisieren ganz offen die Leitung.

Ich würde allerdings die Unwahrheit sagen, wenn ich behaupte, daß überall gleichmaßen Ordnung und Disziplin herrschen. Der mongolische Wagenschaffner räumt das Abteil auf, saugt Staub im Waggon und bietet heißen Tee an. Steigt jedoch auf der nächsten Station ein Bekannter von ihm ein und breitet auf einer Zeitung sein gebratenes Hammelfleisch aus, dann macht der Schaffner gleichsam eine Wandlung durch. Glanz kommt in seine Augen, für alle hat er ein Lächeln; dann setzt er sich mit dem Gast für ein, zwei Stündchen in ein Abteil — die Türen müssen an den Haltestellen nicht unbedingt von ihm geöffnet werden. Ja, er lädt sogar noch Fahrgäste hinzu, schneidet ihnen wie lieben Gästen ein besonders gutes Stück Hammelfleisch ab, und schon sitzt man nicht mehr einfach in einem Zug, sondern in einer nach Hammelfleisch und Kumys duftenden eisernen Jurte, die in unbekannte Ferne fährt.

Denkt man jedoch an jene mongolischen Reisenden, die auf der Station ihr Pferd oder Kamel ihren Begleitern überlassen und mit Koffer, Bündeln und Säcken in den Waggon einsteigen – ihnen hat die Eisenbahn größere Bequemlichkeiten sowie die Möglichkeit schnelleren Reisens gebracht, wodurch sich ihre Vorstellung von Zeit und Raum erweitert hat. So wie im Norden der Sowjetunion die Verkehrswege Standorte für neue Produktionsstätten stimulieren, können auch in der mongolischen Steppe dort, wo die Eisenbahn gebaut worden ist, die natürlichen Ressourcen auf bevorzugte Beachtung derjenigen zählen, die die Standortverteilung der Produktionsstätten zu planen haben.

»Wann sind wir denn ir. Ulan-Bator?« frage ich den Lokführer.

»Zwölf Uhr zehn.«

»Kommen wir planmäßig an?«

»Ja.«

»Hat es je Verspätungen gegeben?«

»Nein.«

Mein Lokführer ist der ideale Gesprächspartner für einen Journalisten. Man kann ihn ansehen, man kann schreiben, woran er denkt in diesen Minuten, wenn er ohne Furcht und Tadel seinen Zug durch die Steppe fährt. Niemals wird er darauf pochen, daß er dies doch gar nicht gedacht, jenes nicht so gesagt habe. So ein Schweiger läßt einem völlig freie Hand: Er hat das und das zwar nicht gesagt, könnte es aber so gesagt oder so gedacht haben, wie ich es für die Beschreibung brauche. Mein Lokführer schaut nur geradeaus, und müßig ist es, sich vorzustellen, was für Gedanken ihm jetzt wohl durch den Kopf gehen mögen. Ich weiß das nicht, werde es auch niemals erfahren, ebenso wie er nicht weiß, woran dieser Passagier da denkt, den man ihm bis Ulan-Bator aufgedrängt hat und der jetzt mit eingezogenem Kopf auf einer Kiste bei ihm sitzt.

Der Neue im Werk

Eine für mich überraschende Erscheinung: Es gibt Siedlungen in der Steppe, da warten Halbwüchsige, die noch die Schule besuchen, ein- oder zweimal in der Woche auf ihren Lehrer, der mit dem Motorrad zu ihnen kommt, und finden sich in einer Jurte zu außerschulischem Unterricht zusammen. Sie wollen später eine Berufsschule besuchen und Arbeiter werden. Ob sie sich vorstellen können, daß sie eines Tages innerhalb von vier festen Wänden erwachen und nicht mehr den Toono, die Öffnung oben in der Jurte, über sich sehen, nicht mehr von den von oben hereinfallenden

Sonnenstrahlen geweckt werden? Wenn sie die Füße auf den Fußboden setzen, dann werden Dielenbretter kläglich knarren, während in der Jurte an der gleichen Stelle weicher Filz liegt. Doch das wissen sie alles noch nicht. Sie haben noch recht verschwommene Vorstellungen, geschöpft aus Büchern und den Erzählungen von durchreisenden Besuchern. Sie lockt die Stadt mit ihrer Vielfalt, mit ihren Erscheinungsformen einer anderen Zivilisation. Diesem Trend kann man zwar durch administrative Maßnahmen entgegenwirken, man kann ihn sogar unterbinden, in Rechnung stellen aber muß man ihn heute auf jeden Fall.

Und so ist der Prozeß geartet, mit dem man sich auseinanderzusetzen hat: Die Nachfahren der Nomaden Zentralasiens streben in die Stadt. Die Städte sind hier in den letzten fünfzehn Jahren schneller gewachsen als im Durchschnitt in der Welt insgesamt. In mongolischen Städten lebt heute fast die Hälfte der Bevölkerung des Landes. Die Stadt aber ist außerstande, allen Zuziehenden sofort Wohnung zur Verfügung zu stellen, doch damit rechnen die Steppenbewohner auch nicht. Sie bringen ihre Jurte mit, zäunen sie ein und malen an die Pforte den Uldsij, den »Glücksfaden«. So entstehen Arbeitervorstädte aus Filz. Man kann nicht sagen, die Stadt dringt in die Steppe vor, eher drängt die Steppe mit elementarer Gewalt in die Stadt hinein. Zu den Jurten wurden elektrische Leitungen verlegt, durch die angelehnten Türen kann man moderne Möbel, Waschmaschinen, Kühlschränke sehen; abends, wenn die Lampen an den Masten angehen, versammeln sich an den Zäunen die jungen Leute mit ihren Gitarren, und aus den Pförtchen strömen schmuck aussehende Mädchen, Töchter von Nomaden, und schwingen sich ihre Taschen mit dem Foto der Rock-Gruppe »Boney M« über die Schulter.

Doch überlassen wir es Fachleuten, Prognosen über die weitere Entwicklung zu stellen, unser Thema — ein junger Arbeiter aus Ulan-Bator und dessen vertraulich gebeichtete Erinnerungen an seine ersten Arbeitstage in einer Fabrik — ist eher auf psychologischer Ebene angesiedelt: Was empfindet ein Nomade in der Stadt, wie kommt er mit der neuen Lebensweise zurecht? Nach der Armeezeit hatte er noch Umgang mit einem ehemaligen Regimentskameraden, einem Arbeiter, und da beschloß er, sein bisheriges Leben zu ändern. Er stellte seine Jurte am Stadtrand auf, hob in einer Hofecke eine Grube aus, baute eine Toilette und wälzte außerhalb des Tors ein Eisenfaß an den Zaun, das der Tankwagen morgens mit Wasser füllte.

Sein Weg in die Fabrik führt an dem Klosterkomplex des Tschoidshin-Lama und an der ehemaligen Residenz des Bogdo-Gegeen vorbei. Die Vorfahren dieses jungen Mongolen sind zu ihrer Zeit schon einen halben Kilometer zuvor vom Pferd gestiegen und zu Fuß zum Tempel gegangen, haben sich vor dem Kloster dreimal tief bis zur Erde hinunter verneigt. Unser junger Mann hingegen geht daran vorbei, ohne die alten Bräuche zu achten, an die neuen aber hat er sich noch nicht gewöhnt. Ihm ist körperliche Bewegung angenehm, ihn freut es, seine Muskeln zu entspannen, ihn freut das Zusammenspiel von Atmung und freiem Ausschreiten, einfach all das, was ein ausgeruhter Körper empfindet. Er hat ja Zeit, wohin sollte er auch eilen? Ein echter Mongole ist nie in Eile.

Eine große Stadt ist Ulan-Bator, es gibt da dreihundert Industriebetriebe, wie ihm ein Landsmann gesagt hat. Sie trafen sich an der Kreuzung Straße des Friedens/Suchbaatar-Platz. Sein Landsmann war vor etwa drei Jahren in die Stadt gekommen. An einem Pfosten hatte er eine Tafel hängen sehen, auf der stand: »Heizer gesucht.« Diese Stelle nahm er jedoch nicht an, er rechnete auf eine bessere Arbeit. Als man die Tafel dann auswechselte und nun »Leiter für das Heizwerk gesucht« darauf zu lesen stand, da sah die Sache für ihn schon anders aus. Jetzt hat er eine leitende Tätigkeit. Er geht mit der Aktentasche ins Kesselhaus, obwohl er auch nichts anderes als Heizer ist.

Die beiden Landsleute setzten sich auf die Treppenstufen, und der eine als Leiter eines Heizwerkes zählte dem anderen an den Fingern die Möglichkeiten auf, die die Stadt bietet: Bahnhof, Autoreparaturwerkstatt, Industriekombinat, Brauerei, Fleischkombinat, Baubetriebe, Kraftwerke ... Überall ist man bestrebt, die Arbeitsproduktivität zu erhöhen, das ist ein Prinzip der Wirtschaftspolitik. Dennoch fehlen Arbeitskräfte. Es gibt 636 000 Mongolen im arbeitsfähigen Alter (nach der Volkszählung von 1979). Davon arbeiten 477 000, 79 000 lernen und studieren, die übrigen, hauptsächlich Frauen, sind in der Hauswirtschaft tätig. Arbeiter werden überall gebraucht, und für Araten, die eine Übersiedlung in die Stadt wagen und auch Zuzugsgenehmigung erhalten, ist die Auswahl groß. Unser Arate ging in die Teppichfabrik, man nahm ihn ohne weiteres: Eine Jurte hat er ja, also kann er schon morgen anfangen.

In der Fabrik mußte er immerfort blinzeln, so flirrten ihm die bunten Fäden vor den Augen. Er stieß sich an den Bottichen mit dem gefärbten Garn, gaffte die jungen Weberinnen in ihren blauen Kitteln an und war eifersüchtig auf den Mechaniker aus der DDR: Weshalb lachten sie bloß, was gab es da für Geheimnisse? Dieser Lärm! Man stand gar nicht weit weg, verstand aber trotzdem nichts. Die Meisterin zerrte ihn durch die Werkhallen und schrie ihm ins Ohr: »Gemeinsam werden wir um Qualität kämpfen!« Er nickte zustimmend und fragte für alle Fälle zurück: »Mit wem?« — »Was heißt, mit wem?« — »Na kämpfen, mit wem?«

Man setzte den jungen Mann an die Tastatur. Er hatte für die Jacquardmaschinen Muster auf eine Lochkarte zu übertragen. Er begriff schnell, was man von ihm verlangte, doch seine Begeisterung hielt nur eine halbe Stunde an. Er bekam so schlecht Luft, er fühlte sich wie ein Fisch auf dem Trockenen. In seiner Fabrik beträgt das Durchschnittsalter der Arbeiter zweiundzwanzig Jahre, und fast alle kommen aus der Steppe, sozusagen Arbeiter der ersten Generation. Sie, die die Stille bis hin zum Horizont gewöhnt waren, empfanden den Lärm der Webstühle als schier unerträglich. Also zogen sie die Mittagspause ein paar Minuten vor, opferten sogar die Zeit fürs Mittagessen, nur um in hellen Scharen möglichst schnell auf den Fabrikhof zu stürmen, nur damit ihre Ohren eine Weile Ruhe hatten und die Lunge Luft bekam. In der Fabrik werden alle arbeitshygienischen Normen eingehalten (es gibt da Beschlüsse von Kommissionen), doch den Steppenbewohnern verschlägt es den Atem, ihre Lungen müssen sich erst an die neue Umwelt gewöhnen. Schwer fällt es ihnen auch, die Augen an unbewegliche Gegenstände zu gewöhnen, an die Webstühle, Maschinen, Tische, selbst die Fabrikwände. Solange der Arate denken kann, war in der Steppe immer alles in Bewegung: Die Berge flimmern in der warmen Luft, die Schafe zerstreuen sich, der Hirt macht seine Reiterkunststücke. In der zu jahrtausendelangem Schlaf verurteilten Wüste wirbelt der Wind Sandsäulen auf. Alles bewegt sich, Jurten, Herden, die Sonne. In der Fabrik aber tritt der Arate an die Maschine heran, steht ein Weilchen über ihr, stößt mit dem Fuß dagegen. Die junge Meisterin zieht ihn weg: »Sie sind am Fundament festgeschraubt!«

Ein paar Tage später gibt es die erste Konfliktsituation. Weshalb nur ist denn der Darga, der Chef, so ungehalten, wenn man einmal etwas später zur Arbeit erscheint oder etwas früher weggeht? Man möchte doch einmal allein sein, möglichst weit weg von der Hektik, von den schnellen Bewegungen, die die Augen ermüden, man möchte in sich hineinhorchen, über alles auf der Welt nachdenken ... »Bjamba«, sagt der Darga, »wo bleibt deine Disziplin?« — »Meine was?«

Übrigens zeichneten sich im Mittelalter die Mongolen durch strenges Pflichtbewußtsein aus. So bezeugt die »Geheime Überlieferung« dies: Als Temutschin und seine Freunde zur Quelle des Onon eilten, um sich mit Dshamucha zu treffen, und sich unterwegs verweilten, war Dshamucha nicht so sehr ob der Verspätung erzürnt, als vielmehr darüber, daß sie nicht Wort gehalten hatten, was bei ihnen offenbar eine Ausnahmeerscheinung gewesen ist. »Hatten wir nicht vereinbart, sowohl bei Sturm zum Treffen zu erscheinen als auch bei Regen sich ohne Verspätung zur Versammlung einzufinden? Ist das mongolische ›Ja‹ nicht das gleiche wie ein Schwur?« Auch bei Marco Polo heißt es: »Einem Befehl kommt man hier gewissenhafter nach als sonstwo auf der Welt«, und der Venezianer hatte doch wirklich die Welt gesehen! Die Mandschu haben zwei Jahrhunderte lang den Charakter des Mongolen negativ beeinflußt, haben diesen durch die lastende Zwangsarbeit, Steuern und Erniedrigungen gedemütigt. Die Nomaden hatten kein Vertrauen zum Beamtenapparat und seinen Verordnungen, die ihnen unverständlich und fremd blieben. Das, was später als Faulheit oder traditionelle Apathie des mongolischen Nomaden galt, war nur die Reaktion auf fremdländische Tyrannei, eine Möglichkeit zu überleben, ein Verhalten, das man sich leicht aneignen konnte und das schließlich typisch wurde.

Der junge Mongole ist stolz und leicht zu kränken, er verträgt keinen Skandal und geht weg, ohne sich noch einmal umzuschauen. Der Fabrikdirektor, der selbst von Viehzüchtern abstammt, kennt sich in der Psyche der Neuen aus: Er schreibt den Eltern oder Verwandten in der Steppe einen Brief. Die Leute kommen, pflocken ihr Pferd am Einlaßtor an, und in den Hallen zeigt man ihnen die Teppiche. »Solche Teppiche macht Ihr Sohn. Er ist ein guter Arbeiter, der nicht zu spät kommen darf!« Dies sagt der Direktor in Gegenwart dessen, der die Arbeitsdisziplin verletzt. Der hält den schwarzen Kopf gesenkt und lächelt im stillen. Tut, als könne ihn das gar nicht treffen, aber es hat doch »gesessen«, ein verlegenes Lächeln irrt über sein Gesicht. Er schämt sich ... Hier ist, wohlgemerkt, die Rede von einem, der gerade erst ins Arbeitsleben eingetreten ist, von einem, der erst einmal ein Arbeiter werden will.

Es gibt nicht viele Länder, in denen man sozusagen unter Laborbedingungen die Anpassung des Nomaden an die Stadt so gut beobachten kann wie in der Mongolei. Ulan-Bator macht der Steppe gegenüber keine Zugeständnisse, es widersteht ihr durch die soziale psychische Geschlossenheit eines Gemeinwesens, durch seine Kultur und die neue Lebensweise. Bei unserem Helden zeigten sich jetzt Interessen und Bedürfnisse, die er früher nicht hatte, die aber dem Arbeitermilieu eigen sind. In der Stadt empfand er ungeteilter die Zugehörigkeit seines »Ichs« zum anstrengenden »Wir« – also zur Fabrik, zur Stadt, zum Land. Ein interessanter Prozeß: Hier formiert sich nämlich eine Arbeiterklasse vor aller Augen sozusagen unter sterilen Bedingungen, ein Prozeß, der auch die internationalen Erfahrungen bereichert.

Nach Ansicht hiesiger Soziologen braucht ein Arbeiter etwa fünf Jahre, bis er sich dem neuen Milieu angepaßt hat und sich in seinem Arbeitskollektiv als gleichberechtigtes Mitglied fühlt. Aber schon nach einem halben oder einem ganzen Jahr, das kann man bei ebenjenen Teppichwebern in Ulan-Bator beobachten, meldet sich unser Arbeiter auf Versammlungen zu Wort. Er ist nicht mehr zu schüchtern, seine eigene Meinung zu sagen, selbst wenn diese nicht mit der der Mehrheit übereinstimmt, und einmal hat er sogar alle verblüfft, als er Bummelanten kritisierte. Etwa zur gleichen Zeit hatte man in zwei Betrieben Ulan-Bators eine Meinungsumfrage darüber angestellt, wie mit Arbeitsbummelanten zu verfahren sei. Neunzig Prozent der Befragten, in der Mehrheit ehemalige Araten, sprachen sich für öffentliche Mißbilligung des Verhaltens jener Kollegen aus. Die Teppichfabrik unterhält eine Betriebsfachschule, die jährlich dreißig bis vierzig neue Weber ausbildet. Man hat festgestellt: Diese Jugendlichen zeigen früher als andere soziale Aktivitäten. Von den Teppichwebern sowie Angehörigen anderer Betriebe haben viele entsprechende Fachschulen in der Sowjetunion, der DDR, Polen und anderen Ländern absolviert und mit den Arbeitertraditionen auch die den Völkern der Gastländer eigenen Umgangsformen angenommen.

Unser Teppichweber hat den Grundwehrdienst abgeleistet und ist etwas älter als seine Arbeitskollegen. Aber nicht aus diesem Grund, sondern eher dank der harten Schule der Armee ist Gewerkschaftsarbeit so recht nach seinem Sinne. Man beruft ihn in Kommissionen, er hat laufend irgendwelche Sachverhalte zu überprüfen, und das gefällt ihm. Ehrlich gesagt, Mitglied der Gewerkschaft ist er geworden, ohne daß er sich so recht darüber klar war, weshalb und wozu. Andere traten ein, da wollte er sich nicht sperren, und der Mitgliedsbeitrag ist ja nicht hoch. Dafür hat man Vorteile – da gibt es Unterstützungsgeld, wenn einem einmal etwas zustößt, und bezahlten Urlaub von fünfzehn Tagen gibt es auch. Bei bestimmten Arbeiten erhält man drei bis elf Tage Zusatzurlaub und für fünfzehn Jahre ununterbrochener Betriebszugehörigkeit nochmals ein paar Tage dazu, danach alle fünf Jahre jeweils einen weiteren Tag. Fährt man in ein Ferienheim oder in ein Sanatorium, bezahlt man den Ferienscheck nur zu neunzehn Prozent …

Das alles wurde Teil seiner Umwelt, in der er, ohne es selbst zu merken, Charakterzüge annimmt, die seiner Klasse eigen sind. Heute ist er schon ein gebildeter moderner Arbeiter, der seine Rechte kennt und an Entscheidungen in seinem Betrieb teilhat.

Hauptstädtische Sitten

»Ein herrliches Land, die Mongolei, und die Mongolen sind wunderbare Menschen …« Wäre mir einzig dieser Satz zu Gesicht gekommen, so hätte ich angenommen, das ganze Buch, in den sechziger Jahren in New York er-

Alt und jung ist zum Naadam-Fest zusammengeströmt. – Bogenschütze in der traditionellen Festtracht

schienen, sei nichts weiter als die Notizen eines amerikanischen Touristen, der ein paar Wochen in einem Urlaubscamp in der Gobi verbracht hat. Man kennt ja diese Begeisterung für im voraus bezahlte Eindrücke. Doch ich habe das Buch von Anfang bis zu Ende gelesen und muß vor dem Autor den Hut ziehen, der seine Reise mit einer Kamelkarawane schon unternommen hat, als ich noch gar nicht auf der Welt war. Und jetzt sitzen wir beide zusammen im Restaurant »Ulan-Bator« und trinken Kaffee. Mein Tischnachbar ist der achtundsiebzigjährige Owen Lattimore, ein bekannter Orientalist, einst Berater Präsident Roosevelts für die Länder Asiens und Autor ebenjenes Buches mit dem Titel »Nomaden und Kommissare«. Wir sitzen hier zu nachmittäglicher Stunde zusammen, wenn sich der Speisesaal für kurze Zeit leert, die Musiker noch nicht die Bühne betreten haben und man einander noch gut verstehen kann.

»Als ich Ihr Buch las, hatte ich das Empfinden, den Autor verbinde mit der Mongolei doch etwas mehr als nur das Interesse des Wissenschaftlers am Gegenstand seiner Forschung«, sagte ich.

Lattimore stellte die Tasse auf die Untertasse zurück: »Wissen Sie, ich bin in Peking aufgewachsen, in einer begüterten amerikanischen Familie. Unsere Diener zu Hause waren Chinesen. Als ich dann als junger Mann in die Mongolei kam, war diese das einzige Land, in dem ich unter einfachem Volk gelebt habe. Ich habe mir eine Jurte aufgestellt, Argal gesammelt und mir Feuer gemacht. Hatte ich früher die Menschen um mich herum mit den Augen eines Prinzen betrachtet, so lernte ich in jenen zwei Jahren Prinzen mit den Augen einfacher Menschen betrachten.«

Die Serviererinnen runzeln die Stirn, sie rechnen sich schon ihr Trinkgeld aus, kichern miteinander, ohne sich um den Saal zu kümmern. Sie ahnen nicht, daß der kleine alte Mann, der mit dem Rücken zu ihnen sitzt, sie versteht. Lattimore kann nur mit Mühe ein Lächeln unterdrücken, er will ja die Carmencitas in ihren weißen Schürzchen und mit den roten Plastblumen im Haar, die uns völlig vergessen haben, nicht aufscheuchen. Die Mädchen sind an Ausländer gewöhnt, in der Touristen- und Jagdsaison halten sich hier viele auf. Die Fremden pflegen recht taktlos zu fragen, ob sie, die Mädchen, in einer Jurte geboren seien, ob der Vater noch Nomade sei, ob in der Steppe wilde Kamele umherlaufen. Da haben die Kellnerinnen in einer freien Minute schon genügend Stoff für Späße.

Lattimore langte nach der Kaffeekanne.

»Wie schnell man hier das Analphabetentum besiegt hat! Eine Universität, Hochschulen ... In den alten mongolischen Schulen, in denen Schreiber ausgebildet wurden, begann der Lehrer den Unterricht mit dem Satz: ›Belgiin deed nom‹, das heißt: ›Die größte Gabe ist ein Buch‹ oder ›die größte Gabe ist das Wissen.‹ Das klang wie eine Beschwörung – ›Mongolen, lernt!‹ «

Er hob seine Tasse und betrachtete das darauf befindliche goldene Sojombo, das uralte mongolische Emblem für Freiheit und Unabhängigkeit. Dieses Zeichen sah man auch auf den weißen Untertassen, auf der Kaffeekanne und auf der kleinen Vase mit den Papierblumen.

»Auf meiner letzten Reise bin ich mit meiner Frau aus der Gobi zurückgekommen nach Ulan-Bator. Auf den Knien des mongolischen Fahrers sah ich ein Englisch-Lehrbuch liegen. Was er damit in der Wüste wolle, habe ich gefragt. Der Chauffeur hat gelächelt, doch in dem, was er sagte, klang nicht der geringste Zweifel mit: ›Ich werde Fahrer beim mongolischen Botschafter in London!‹ «

»Und ist er das nun?« fragte ich.

»Das möchte ich selbst gern wissen!« erwiderte Lattimore lachend.

In seinem Buch »Nomaden und Kommissare« gibt er den Inhalt eines mongolischen Films wieder: Zwei Burschen – ein Reiter und ein Motorradfahrer – hatten sich in dasselbe Mädchen verliebt, eine Kraftfahrerin. Es gab wilde Jagden durch die Steppe, Rivalität zwischen »Pferd« und »Motorrad«. Der Autor hatte das symbolische Aufeinanderprallen zweier Sphären im Auge, des Traditionellen und des Neuen. Das Mädchen gab dem »Pferd« den Vorzug. Lattimore befriedigte dieser Schluß, und er brachte die Hoffnung zum Ausdruck, daß das Duo »Auto–Pferd« die Mongolei noch lange auf ihrem Weg begleiten möge. Ob sich diese Prognose bestätigen wird?

Lattimore zuckte die Achseln: »Das Leben fordert sein Recht, und ich habe bereits beobachtet, wie ein junger Mongole im Auto durch die Gegend rast, doch nicht mehr ein Pferd zu satteln versteht. Ich glaube nicht, daß das das richtige ist ...«

»In der Steppe haben Sie das aber wohl kaum beobachtet«, meinte ich, »sicher in der Stadt?«

»Am Stadtrand ... Zwischen Steppe und Stadt.«

Wir gingen hinaus auf den freien Platz. Am Suchbaatar-Denkmal – es ist von einer schweren Kette umgeben, die von steinernen Löwen in den Zähnen gehalten wird – bummelt eine Gruppe Touristen vorbei. Vor dem Staatlichen Theater für Oper und Ballett fragt man, ob jemand eine Karte übrig habe. »La Traviata« wird heute gegeben. Lattimore schaltet sich in das Gespräch ein: »Billet baichgui« (»Keine Karte!«) Die Mongolen lachen: »Dsugeer!« (»Macht nichts!«)

Im Unterschied zu anderen mir bekannten asiatischen Hauptstädten (Pe-

ХҮСЬЕ.

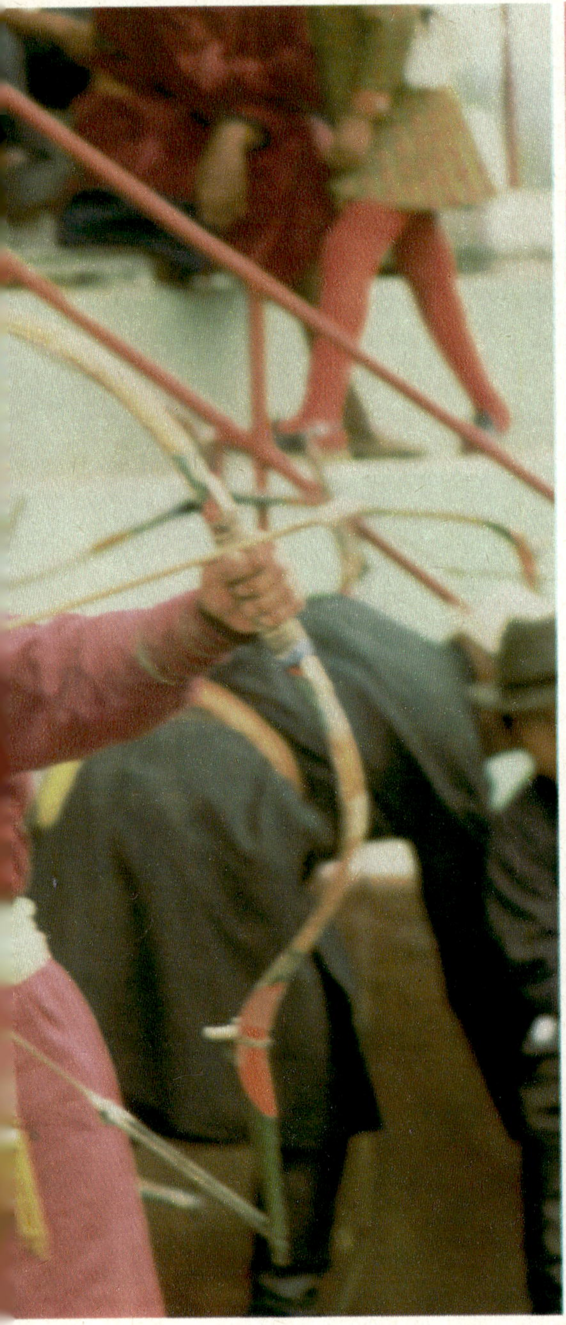

Neben Bogenschießen gehört auch Ringen zum Wettkampfprogramm beim Naadam

king, Phjòngjang) interessieren sich die Passanten hier kaum für Ausländer. Das hat historische Gründe, aber auch den, daß in einer Stadt mit einer halben Million Einwohnern viele Ausländer leben: Mitarbeiter Diplomatischer Missionen, internationaler Organisationen, Dozenten, Berater, Bauarbeiter aus sozialistischen Ländern, vorwiegend aus der Sowjetunion.

Seit der Zeit vor der Oktoberrevolution wohnen in der Stadt sogenannte »hiesige Russen« (etwa 1700), Nachkommen sibirischer Goldsucher, von Ackerbauern und Arbeitern in Wollwäschereien, die Ende des 19., Anfang des 20. Jahrhunderts hierher übergesiedelt sind. Viele haben Mongolinnen oder Burjatinnen geheiratet, deshalb sprechen ihre Kinder und Enkel, die in mongolischer Umwelt aufgewachsen sind, gleichermaßen gut russisch wie mongolisch, und sie pflegen die Sitten und Gebräuche des einen wie des anderen Volkes. In ihren slawischen Gesichtern treten mitunter nur leicht, mitunter aber auch recht stark mongolische Züge auf. Sie sind Sowjetbürger, obwohl es unter ihnen, glaube ich, auch solche gibt, die noch niemals in der UdSSR gewesen sind. Die Männer arbeiten als Kraftfahrer oder in Fabriken, auch ausländische Vertretungen beschäftigen sie gern, da sie zwei Sprachen beherrschen.

In der Stadt leben ferner etwa fünftausend Chinesen, Nachfahren von Händlern und Handwerkern, die früher einmal ihre Lehmhäuser jenseits des Flüßchens Selbe stehen hatten. Die Chinesen arbeiten vorwiegend auf Baustellen, und für sie erscheint eine Zeitung in chinesischer Sprache. Sie sind Bürger der Volksrepublik China, viele reisen ab und zu mit dem Zug nach Peking, wo sie ihre Verwandten besuchen. Es ist kaum einmal vorgekommen, daß jemand von ihnen nicht zurückkehrte.

Die mongolischsprachigen Völkerschaften sind vom Schicksal ebenfalls in der Welt verstreut worden — nach Afghanistan, China und Rußland. Kommt etwa ein kalmückischer Schriftsteller oder ein burjatischer Wissenschaftler nach Ulan-Bator, benötigen beide keinen Dolmetscher. Die Mongolen sind sehr umgänglich und von rührender Dankbarkeit für jedes Zeichen von Interesse. Sie korrespondieren mit ihren Freunden in anderen Ländern und laden sie zu Gast. Nach meinen eigenen Beobachtungen schreiben die Mongolen, besonders die jungen Leute, auch gern Briefe. Briefträger gibt es hier nicht, die Post kommt in dem jeweiligen Postbezirk in ein Schließfach oder zum Schalter für postlagernde Briefe. Wenn es eines Tages mehr Mongolen gibt, so viele, daß auch Briefträger nötig werden, wird der Städter die Vorzüge des Briefkastens im Hausflur schätzen lernen, bisher aber findet er es nicht unbequem, daß die Post nicht zugestellt wird. Auf dem Hauptpostamt kann er sich mitten in der Menschenmenge in seinen Brief vertiefen, ohne ihn anrempelnde Passanten zu bemerken, ohne auf das Getöse in dem großen Saal zu achten.

Wir warten, bis an der Ampel Grün aufleuchtet, gehen an den am Fußgängerüberweg haltenden »Wolga«, »Mercedes«, »Shiguli« und »Ikarus« vorbei, vorüber am Ausstellungspavillon des Künstlerverbandes, dem Staatlichen Dramaturgischen Theater, einer jurtenähnlichen Imbißgaststätte, in der Nationalgerichte zubereitet werden, vorbei an dem Gebäude der Akademie der Wissenschaften, einer Bushaltestelle und dem Kinderpark der Freundschaft. Auf dem asphaltierten Gehweg machen wir einem jungen Ulan-Batorer von fünf, sechs Jahren Platz, der furchtlos, ganz mit sich selbst beschäftigt, seines Weges geht. Die Nomaden von gestern, die in die Stadt gezogen sind und in Jurten leben, gewöhnen sich schnell an Straßen und haben auch keine Angst um ihre Kinder, wenn diese einmal in der Menschenmenge untertauchen.

Lastwagen stoppen am Hotel »Bajangol«. Rucksäcke kommen heruntergeflogen, junge Leute in Pullovern und Anoraks springen hinterdrein. Sie nehmen an sowjetisch-mongolischen geologischen, biologischen, paläontologischen und historisch-kulturwissenschaftlichen Gemeinschaftsexpeditionen teil. Auch früher schon haben russische Wissenschaftler bei ihren Reisen durch Zentralasien in der mongolischen Steppe rätselhafte Epitaphe der Herrscher von Turkvölkern und Ruinen mittelalterlicher Städte entdeckt, wildlebende Tiere und die Gräber hunnischer Anführer beschrieben, wobei ihnen Einheimische als Führer und Helfer dienten. Jetzt aber haben sich wohl erstmals Wissenschaftler beider Länder zu langfristiger gemeinsamer Arbeit zusammengefunden unter Leitung eines in jeder Expedition neu gebildeten Rates, in dem abwechselnd Vertreter der mongolischen und der sowjetischen Gruppe den Vorsitz führen. Alle Expeditionsmitglieder haben gleichermaßen das Recht, das gesammelte Material für die Erarbeitung von Dissertationen zu nutzen und es auf Symposien zu diskutieren. Ihre gemeinsame Tätigkeit hat dem weiten, geheimnisvollen Asien endgültig die Aureole der »Exotik« genommen.

Als ich mich im Zeltlager von Geologen aufhielt, gingen jedenfalls abends am Feuer Gesteinsproben von Hand zu Hand, wurden Hypothesen aufgestellt über die Bildung der Strukturen der Erdrinde in diesem Teil des Kontinents, und jede noch so kühne Überlegung fand Interesse. Die Expedition verfügte über neue Informationen, die Luftbilder und Aufnahmen aus dem Weltraum geliefert hatten, und erarbeitete die ersten detaillierten geologi-

Auch für die Kinder werden zum Naadam Pferderennen veranstaltet; hier die mit Medaillen geschmückten Siegerpferde. – Rechte Seite: Sie verfolgen gleichfalls gespannt die Wettkämpfe

schen Karten von der Mongolei. Die Erkundungstrupps können nun gleich vom Lager aus die entsprechende Route einschlagen, haben sie doch zumindest in groben Zügen eine Vorstellung davon, wo vermutlich Bodenschätze lagern.

»Ich kenne viele Hilfsprogramme, auch solche im Rahmen der Vereinten Nationen«, sagte Lattimore als Antwort auf meine rückblickenden Bemerkungen. »Die einen sind erfolgreich, andere weniger, doch die Hilfe, die die Sowjetunion und die anderen sozialistischen Länder der Mongolei zuteil werden lassen, ist in ihrer Art beispiellos. So verkürzen sich hier die Abstände zu den am weitesten entwickelten Ländern ...«

Auf der Straße kann man heute junge Leute in trauter Umarmung sehen, Prüderie, wie sie für einige andere asiatische Völker charakteristisch ist, kennen sie nicht. Ebenso wie bei uns daheim gibt es natürlich auch hier Leute, die ein solches Paar mißbilligend oder gleichgültig betrachten, aber auch solche, die neidisch sind; mir persönlich jedenfalls gefällt die offene Art, in der die jungen Leute die Straße provozieren oder, anders ausgedrückt, die ihnen zugängliche Form, ihre Selbständigkeit zu demonstrieren.

Übrigens traf ich Lattimore einmal auf der Straße, als er seinen Polarsternorden trug, den ihm die mongolische Regierung verliehen hatte. Neben der Krawattenschleife wirkte dieser Orden etwas ungewöhnlich. Der grauhaarige Ordensträger schien förmlich über das Gehsteigpflaster zu schweben; er war in Begleitung von zwei mongolischen Mädchen, einer Dolmetscherin und einer Journalistin, die seine Enkelinnen hätten sein können, und hatte seine Arme um ihre Schultern gelegt. Doch schocken konnte er in Ulan-Bator damit schon niemanden mehr.

So spazieren sie also durch die Straßen von Ulan-Bator, die Vertreter unterschiedlicher Generationen, Bewohner von Jurten und festen Wohnungen, in der Gruppe oder allein, lächelnd oder konzentriert, mit ausrasiertem Nakken oder schulterlangen Haaren, im gegürteten Deel, in Pelzweste, Campinghemd, mit Krawatte oder mit offenem Hemdkragen, in der Hand Ledertaschen, flache »Diplomatenkoffer«, Geigenkästen, Aktentaschen oder Malkästen. Was wissen wir über alle diese Leute? Von den über 120 000 Werktätigen Ulan-Bators hat jeder zweite Oberschulbildung (mit oder ohne abgeschlossene Lehre), jeder fünfte hat Hochschulbildung (mit Abschluß oder Teilabschluß). Wie ernähren sie sich? Im Durchschnitt verzehrt jeder Mongole, vom Kleinkind bis zum Greis, am Tag zwei Kilo Milchprodukte (eingerechnet abgekochte Milch, rohe nimmt er nicht zu sich), 300 Gramm Fleisch, 270 Gramm Brot, 53 Gramm Zucker sowie 70 Gramm Kartoffeln und Gemüse. Die jungen Leute sehen schlank und gesund aus (in der Mongolei gibt es über tausend »Meister des Sports«). In der Hauptstadt werden jeden Tag sieben Ehen geschlossen und sechsunddreißig Kinder geboren, jeden dritten Tag wird eine Ehe geschieden. In Ulan-Bator lebt mehr als ein Viertel der Gesamtbevölkerung des Landes, und daraus ergeben sich manche Schwierigkeiten, wie in unterschiedlichem Maße aber auch andere rasch wachsende Hauptstädte sie kennen, doch insgesamt gilt die demographische Situation hier als günstig.

Die Einwohner von Ulan-Bator lieben ihre Stadt, sie hängen an ihr, und kaum einer verläßt sie gern für längere Zeit. An heißen Augusttagen strahlen der aufgeheizte Asphalt, die steinernen Löwen am Suchbaatar-Denkmal, die Klosterwände die Hitze in Wellen zurück. Dann steht man im Laden nach Eis an und leckt im Schatten einer Papel eifrig seinen Waffelbecher leer.

Am »Bajangol« verabschiedete ich mich von Lattimore. Er reiste in Geschäften ab, ich aber wollte eine befreundete Familie aufsuchen.

Jugendliche »Rennfahrer« mit Schutzbrille und Helm rasen auf ihren Motorrädern durch die Straßen, von hinten umarmt von ihren Freundinnen auf dem Sozius. Aber nicht von der Liebe soll jetzt hier die Rede sein, sondern vom – Fahrrad! Es will mir einfach nicht in den Kopf, weshalb die Mongolen, die so schnell das Motorrad »gesattelt« haben, eine derart zurückhaltende, ja geradezu feindselige Einstellung zum Fahrrad an den Tag legen. In der Steppe, wo das Fahrrad es nur schwer gegen das Motorrad aufnehmen könnte, mag das berechtigt sein, doch in der Stadt, auf asphaltierten Straßen, in tischebenem Gelände? Ich zog die Statistik zu Rate und stellte folgendes fest: 1960 wurden in der Mongolei 13 700 Fahrräder verkauft, fünf Jahre später 5 800, weitere fünf Jahre später 2 100, nochmals fünf Jahre später 1 600 und drei Jahre danach gar nur noch 800 Stück. Im gleichen Zeitraum stieg der Absatz von Motorrädern auf das Dreifache. Und das zur Zeit eines weltweiten »Fahrrad-Booms«! In einem ausgesprochenen »Autoland« wie den USA stieg die Zahl der Radfahrer von 23,5 Millionen im Jahre 1960 auf 95 Millionen 1980! Radfahren fördert die körperliche Entwicklung, das Fahrrad braucht keinen Treibstoff, hat auch noch viele andere Vorzüge, die ihm den Rang eines Verkehrsmittels der Zukunft sichern.

»Wir haben für Fahrräder nichts übrig«, erklärte mir mein mongolischer Freund. Es heißt, wenn man früher einen Menschen auf einem Fahrrad sah (meistens waren das Chinesen), da lachte der Mongole und sagte: »Da kommt ein Bettler!«, weil nämlich ein echter Mongole seiner Ansicht nach unbedingt ein Pferd reiten muß. Jetzt projektiert man in der Hauptstadt Buslinien, vielleicht wird es auch noch andere öffentliche Verkehrsmittel geben, die schnell und bequem sind.

Die weitere Erschließung des Landes hängt auch von seiner genauen Vermessung ab. – Linke Seite: Ulan-Bator baut und baut ... – Pferd und Motorrad sind bei den Steppenbewohnern heute in gleicher Weise beliebt. – Die Eltern des Kosmonauten Gurragtschaa vor ihrer Jurte

Meine Freunde wohnen im Nordwesten der Stadt, hinter dem Klosterkomplex, ein paar Schritte vom Fernsehturm entfernt. Das Gelände ist hier etwas erhöht. Die fünf-, neun- und zwölfgeschossigen Häuser wirken wie Wolkenkratzermodelle. Die blauen Bergketten sehen aus wie Festungsmauern, die die Stadt vor Winden schützen. In der Hauptstraße gibt es Geschäfte, ein Dienstleistungskombinat, ein Postamt und eine Speisegaststätte für die dreitausend Familien, die in das neue Stadtviertel umgezogen sind.

Bei alten mongolischen Malern sieht Ich-Churee, wie die Hauptstadt vor sehr langer Zeit einmal hieß, wie zwei nebeneinanderliegende Ringe aus: Ein Ring mit Jurtenhöfen umgibt das Kloster Gandaan, der andere, der Wohnring, liegt um den Platz der »Anbetung«, wo ebenfalls Tempel aneinanderstoßen, Sammelpunkt der Gläubigen. In diesen zwei Ringen könnte man jene Acht sehen, in der die Wanderwege der Nomaden zu verlaufen pflegen, oder auch das männliche Ornament Chaan buguiwtsch, »Armband des Khans«. Diese graphischen Darstellungen der Stadt empfand ich gewissermaßen als symbolisch; es sind keine Zeichnungen von Künstlerhand, sondern eher technische Zeichnungen. Als ich aber einmal in einem Hubschrauber über der Hauptstadt schwebte und die Stirn an das Fenster preßte, verschlug es mir fast den Atem: Der breite geometrisch exakt geformte Ring der Jurtenhöfe sah haargenau so aus wie auf den alten Bildern. Diese makellosen Proportionen der weißen Kuppeln, der hufeisenförmig angelegten rechteckigen Höfe! Welch üppige Phantasie war nötig, sich unten auf der Erde vorzustellen, daß es sich um Kreise handelte und wie diese von oben aussehen würden, so korrekt waren sie in das Gelände hinein projiziert, als hätte der Maler eine Luftaufnahme zur Hand gehabt. Die Bilder sind gut gemalt, genial gesehen.

In der achten Etage des Hochhauses angekommen, klingele ich. Es öffnet mir mein alter Freund Junden, ein Lehrer, ohne Jackett, mit Hosenträgern, das karierte Hemd aufgeknöpft. Er reißt die Arme hoch:

»Aliw towarischlje!« (wörtlich: »Laßt uns Freunde sein«, oder: »Drücken wir einander die Hand!«)

»Towarischlje!« — Wir schütteln einander lange die Hände. Im Russischen gibt es kein von »Towarischtsch« abgeleitetes Verb, doch die Mongolen haben das Substantiv mit einem Suffix versehen, und so ist das neue dynamische Verb »towarischlach« entstanden. Mit Jundens Frau Tujaa, ihren erwachsenen Kindern — dem Sohn Dordsh und der Tochter Schurchuu — und der Freundin der Tochter, Ojuun, vollzieht sich die gleiche feierliche Begrüßung. Danach gehen wir alle ins Zimmer, nehmen auf dem Diwan

Platz, der mit einem von der Wand herunterhängenden bunten Teppich bedeckt ist. Im Zimmer steht eine Art Anrichte mit Geschirr, mit kupfernen Götzenfigürchen und dem Modell eines buddhistischen Stupas. An der Wand hängen weit ausladende Geweihe von Edelhirschen, viele Gipsmasken, im Mittelpunkt die Maske von Zagaan Uwgun, dem Weißen Weisen — Schutzpatron von Reichtum, Langlebigkeit und Glück. In der Ecke ein ganzer Berg Koffer und ein Kübel mit einem ausladenden Gummibaum. Die jungen Mädchen sind in der Küche verschwunden, um der Mutter zu helfen, Dordsh hat sich an den Tisch gesetzt.

»Möchtest du Zagaan Dolgor?« fragt Junden.

Dolgor ist ein Frauenname, der häufig in mongolischen Liedchen vorkommt wie etwa Marussja in russischen. Zagaan Dolgor, »Weiße Dolgor«, bedeutet in der städtischen Umgangssprache eine Flasche Wodka.

»Oder lieber Schar airag?«

»Schar« bedeutet gelb, »airag« Kumys, die Wortverbindung »Gelber Kumys« aber meint Bier.

»Suutee zai« (Tee mit Milch), antworte ich.

Ich fühle mich wohl in dieser Familie. Um den Gast wird kein Aufhebens gemacht, alles wird einem von Herzen gern angeboten, und man kränkt niemanden, wenn man etwas ablehnt. Tee will man? Dann bekommt man eben Tee, die Gastgeber aber trinken Bier ... Junden und Tujaa haben in den dreißiger Jahren geheiratet, als sie noch mit den Eltern in der Changai-Steppe umherzogen, und ich möchte von ihrer Hochzeit erzählen, so wie ich es in Erinnerung habe: Die beiden kannten einander von Kind an, begegneten einander häufig, und am festgelegten Tage sandte die Familie des jungen Mannes berittene Brautwerber zur Jurte des Mädchens. Der Zustimmung der beiden Eltern sicher, trieben die Brautwerber das Brautgeschenk — drei Kühe und zwanzig Schafe — von der Jurte des Bräutigams zu der der Braut hinüber. Außerdem übergaben sie noch tausend Lan Silber. Von diesem Tage an besorgten die Eltern der Braut für die jungen Leute Kleidung und Hausrat, während die Eltern des Bräutigams sich um eine neue Jurte kümmerten. Junden stellte diese Jurte auf und ritt zur Jurte der Brauteltern, um sich ihnen offiziell vorzustellen. Die Brautmutter kleidete, unterstützt von Verwandten und Freundinnen, Junden in einen neuen Deel, gürtete ihn, zog ihm Gutal an und setzte ihm eine spitze Mütze mit einer Quaste und Bändern auf. Der Brautvater überreichte Junden einen Holzpfeil mit stählerner Spitze — damit er immer Glück haben möge. Die Freundinnen steckten der Braut silberne Ohrringe an und legten ihr eine Perlenkette um den Hals. Am folgenden Tag erschien Junden in Begleitung von Verwandten und Freunden hoch zu Roß erneut bei der Jurte der Braut, Bogen und Köcher mit Pfeilen hatte er an seiner Hüfte zurechtgerückt. Auf Weisung der Mutter bewirtete die Braut die Gäste; als das Mahl beendet war, baten die Freunde des Bräutigams die Braut aus der Jurte, warfen ihr ein Samttuch über und halfen ihr aufs Pferd. Die Brautleute ritten dreimal um das Standlager und lenkten dann die Pferde zum Hochzeitsplatz. Junge Reiter empfingen und begleiteten sie. Die Freundinnen führten Tujaa in eine separat stehende Jurte und legten ihr die Zöpfe zur Frisur der verheirateten Frau — zwei große Zopfbögen, befestigt mit silbernen Plättchen. Zur Stunde des Pferdes, das ist elf Uhr morgens, überschritten die Brautleute die Schwelle der elterlichen Jurte des Bräutigams. Sie verneigten sich vor dem auf der Truhe stehenden kupfernen Burchan, danach vor dem Feuer im elterlichen Herd sowie vor Vater und Mutter und begaben sich dann in ihre neue Jurte. Junden entzündete das Feuer, und Tujaa bereitete ihren ersten Tee. Es gab ein Festmahl, es wurde gesungen und getanzt, Tujaa aber saß still hinter dem Vorhang, ohne sich den Gästen zu zeigen. Als das Fest langsam zu Ende ging und sich die Gäste allmählich zerstreuten, legten die Freundinnen der Braut zwei Kissen nebeneinander auf das Bett, flüsterten der Braut zum Schluß noch etwas zu und ließen das Brautpaar endlich allein. Am nächsten Morgen aber schlug Tujaa den Filz von der Rauchöffnung und dann von der ganzen Jurte zurück und bereitete das Frühstück. Drei Tage danach trug der Vater Jundens den Vorhang aus ihrer Jurte, was bedeutete, daß sich die junge Hausfrau der Öffentlichkeit zeigen durfte. Einen Monat später war Tujaa bei ihren Eltern zu Gast, und dann zogen die jungen Leute fort und begannen ihr selbständiges Leben.

Als die Zeit gekommen war, schloß Junden sein Studium ab, er wurde Lehrer, und die Familie schlug Wurzeln in der Stadt. Schon seit zwanzig Jahren etwa sammelt Junden Münzen, er hat eine ganz ansehnliche Kollektion. Von ihm erfuhr ich auch manches über mongolisches Geld vergangener Zeiten. Zunächst waren das Ochsen, Pferde und Kamele, doch ließen sich diese schwer teilen. Als »Kleingeld« diente das Schaf. Ein ausgewachsener Ochse war soviel wert wie zehn Hammel oder zwanzig ausgewachsene Schafe oder aber dreißig Einjährige oder sechzig Lämmer. Damals konnten also nur »Fanatiker« Numismatiker sein. Jene Währung war auch nicht stabil (unterschiedlicher Ernährungszustand der Tiere usw.), deshalb ergab sich im 17. Jahrhundert sozusagen von selbst eine »Währungsreform«, die das »lebende« Geld durch Teeplatten von zwei Kilo Gewicht ersetzte. Diese Ziegel konnte man halbieren, sie in vier, acht und sechzehn Teile teilen, als Wechselgeld sozusagen. Zu dieser Zeit etwa benutzte man als Zahlungsmittel auch Seidentücher, sie waren die Vorläufer der Silberstücke unterschiedlichen Gewichts.

»Na, was gibt's Neues?« fragt Junden.

Tujaa und die Mädchen bringen in Schalen Milchtee und stellen einen Teller mit gekochtem Fleisch auf den Tisch: fette Hammelrippchen und Yakfleisch. Das Zimmer ist von schweren aufreizenden Gerüchen erfüllt.

»Woher hast du denn das, Tujaa?« erkundige ich mich und nehme ein Stück in die Hand.

Mit den Händen zulangen und essen, so hat mich Junden gelehrt, sei der Gesundheit dienlich: Die Fingerspitzen erwärmen sich, und das wirke wie Nadelstiche auf die Nervenenden.

»Vom Balkon«, antwortete Tujaa lachend.

Schon öfter habe ich, wenn ich zu Gast war, bemerkt, daß die Hausfrau auf den Balkon verschwindet und mit einem Stück Fleisch wieder hereinkommt. Der Balkon dient nämlich vom Herbst bis zum Frühjahr als Kühlschrank. Hier bewahrt man das Fleisch auf, das sich die Städter aus der heimatlichen Steppe, aus der Herde der Eltern oder der Verwandten holen. Es duftet sozusagen nach fernen Kindheitstagen, nach der elterlichen Jurte, ist überhaupt das schmackhafteste Fleisch, das es gibt. An Werktagen kann man auch Fleisch im Laden kaufen, doch an Feiertagen oder wenn Gäste kommen, gibt es Fleisch vom Balkon.

»Na, was gibt es denn nun Neues?« Junden wartet noch immer auf Antwort.

Ich wische mir an einer Papierserviette die Hände ab und hole aus der Tasche eine Silbermünze, die südkoreanische Journalisten mir während der Verhandlungen von Vertretern der Koreanischen Demokratischen Volksrepublik und Südkorea in Panmunjon gegeben hatten. Junden betrachtet die Münze lange, schnauft, wiegt den Kopf, zeigt sie seiner Frau, dem Sohn, der Tochter und deren Freundin. Ich freue mich, daß ich ihm damit einen Gefallen tun kann.

»Was gibt es denn bei euch Neues?« Nun ist die Reihe an mir zu fragen.

»Mag er es selbst sagen.« Der Vater weist mit dem Kopf auf den Sohn.

»Am Sonnabend ist Hochzeit«, sagt Dordsh lächelnd.

Dordsh arbeitet als Mechaniker im Mühlenkombinat, seine Freundin, klein, untersetzt, ist Verkäuferin in einem Buchladen. Die beiden sind seit der Schule befreundet. Ich bin schon auf Hochzeiten in Ulan-Bator gewesen und kann mir vorstellen, wie alles abläuft. Die jungen Leute melden sich einen Monat vorher im Hochzeitspalast an, geben die Größe der Trauringe an und wählen ein Modell für das Hochzeitskleid der Braut aus. Am festgesetzten Tag fahren bei den Brautleuten zwei weiße »Wolga« vor, mit Bändern, Luftballons, zwei gekreuzten Ringen auf dem Kühler und einer Puppe geschmückt. Das Brautpaar geht die breite Marmortreppe des Hochzeitspalastes hinauf und schreitet unter den Klängen festlicher Musik durch große geschnitzte Türen in den riesigen, vom weichen Licht der Kristallüster erleuchteten Festsaal. Der Bräutigam trägt einen schwarzen Anzug, die Braut ein langes weißes, mit Goldborte besetztes Kleid, das wie ein Deel geschnitten ist. Ihr schwarzes Haar wird von einem silbernen Ring mit Gehängen zusammengehalten. Ein Vertreter der Behörde, mit einer rot-blauen Schärpe angetan, beglückwünscht die jungen Eheleute zum neuen Lebensabschnitt und präsentiert ihnen auf silbernem Tablett ihre Trauringe. Der Bräutigam steckt der Braut den Ring mit den zwei gekreuzten Rhomben (Chatan suich — »Ohrring der Königin«) an, während die Braut dem Bräutigam den Ring mit gekreuzten Ovalen (Chaan buguiwtsch — »Armband des Khans«) über den Finger streift. Den Eheleuten wird der Trauschein ausgehändigt, sie gehen in den Empfangssaal, wo ihnen die Eltern auf blauem Chadag eine Schale mit Milch reichen. Verwandte und Freunde trinken aus Kristallgläsern Archi (Wodka). Die Hochzeit wird im Hause der Eltern oder in einem Restaurant gefeiert.

»Sind die Ringe aus Gold oder aus Silber?« fragte ich.

»Wir haben goldene bestellt«, erwidert Dordsh.

»Und wie steht es mit dir?« wende ich mich an Schurchuu.

Schurchuu ist mit einem Angestellten der Handelsvertretung eines sozialistischen Landes befreundet, einem Mann, der viel älter ist als sie. Sie unterstützt ihn als Dolmetscher, und wenn er Gäste hat, versieht sie bei ihm Hausfrauenpflichten.

»Auch er möchte heiraten«, meint Schurchuu lachend.

»Herzlichen Glückwunsch«, sage ich, »ich freue mich für dich!«

»Dazu gibt es wenig Grund«, Schurchuu ist ernst geworden. »Er will nicht in der Mongolei bleiben und möchte, daß ich mit ihm gehe.«

»Das kann man verstehen«, gebe ich zu.

»Ich will aber nicht mit. Ich fühle mich nur zu Hause wohl. In Prag, an der Universität, hatte ich schon nach einem Monat Heimweh. Ich weiß gar nicht, wie ich das überhaupt ausgehalten habe.«

Ausländer nehmen gern mongolische Mächen zur Frau. Einen regelrechten Heirats-»Boom« gab es in den sechziger Jahren an den Hochschulen des Auslandes, an denen mongolische Jugendliche studierten. Im letzten Jahrzehnt sind aber, Beobachtungen von Demographen zufolge, Mischehen seltener geworden, was sie damit erklären, daß die jungen Mongolinnen ihre Heimat nicht verlassen wollen.

»Ich gehe nicht fort!« Schurchuu schüttelt den Kopf.

Für mich ist es Zeit, zu gehen. Im Flur schüttele ich allen die Hand. Junden zieht sich die Lederjacke über und begleitet mich, den Gast.

Über mongolische Frauen

Wenn man auf den Straßen von Ulan-Bator junge Mongolinnen (die Hälfte der Bevölkerung des Landes ist jünger als fünfundzwanzig Jahre) zur Arbeit eilen sieht in ihren im Schnee knirschenden hochhackigen Stiefelchen, in den bis zum Knie hochgerollten Jeans, dem pelzgefütterten Mantel, mit der lässig über die Schulter geworfenen Wildledertasche und dem grobgestrickten Schal, aus dem nur die gleichmütig und zugleich zupackend blickenden Augen in die Kälte hinausschauen, da könnte man tatsächlich vergessen, daß man sich hier in Zentralasien, in der Urheimat von Nomaden befindet, wo einem der Wind der Gobi um die Nase weht.

Dennoch habe ich dieses Thema, das sage ich gleich im voraus, nicht nur aus rein subjektiven Gründen gewählt. In der Mongolei, in der die Bevölkerung um fast drei Prozent jährlich zunimmt (das ist das Fünf- bis Sechsfache von dem mancher europäischer Länder), in dieser demographisch aktiven Gesellschaft machen die Frauen, wie in den wirtschaftlich entwickelten Ländern üblich, die Hälfte aus. Worüber könnte man wohl auch besser schreiben als über diese bessere Hälfte, um so mehr, als man hier, wohin man auch kommen mag, in ihren Bann gerät, in den Bann dieser treuherzigen, aber auch spottlustigen mongolischen Frauen!

Europäische Kleidung und kurzen Haarschnitt bevorzugen in der Regel die Studentinnen der Universität und der fünf Hochschulen in der Mongolei (an diesen studieren 8 000 Mädchen, mehr als die Hälfte aller Studierenden überhaupt); modisch gekleidet sind auch die mongolischen Studenten, die zu den Ferien aus der Sowjetunion, aus Bulgarien, Ungarn, der DDR, Polen, der Tschechoslowakei, Rumänien und Kuba heimkommen. In Ulan-Bator studieren auch Jugendliche aus anderen sozialistischen Ländern, sie haben hier ihre eigenen nationalen Gruppen, doch fühlen sich alle zu ihren mongolischen Altersgenossen hingezogen. So manches übernehmen sie von ihnen, manches ahmen sie ganz ungeniert nach. Jedenfalls sagte mir ein deutsches Mädchen ganz begeistert: »Mongolinnen verstehen selbst aus einer Peinlichkeit ein Fest zu machen!«

Mir persönlich gefallen Mongolinnen am besten in ihren Nationaltrachten, wenn sie stolz, ja gewissermaßen provozierend durch die Straßen schlendern, in einen dünnen Seidendeel gehüllt, der zwei Perlmuttknöpfe an der rechten Schulter hat und mit einem meterlangen Seidenschal straff gegürtet wird. Ist der Deel blau, dann pflegt der Gürtel gelb zu sein. Diese Farbzusammenstellung gilt hier als schön. Man sagt, einen solchen Deel besitze jede Mongolin, selbst die in der Stadt. Er liegt in der Truhe und wartet auf einen Feiertag. Viele jedoch bevorzugen die traditionelle Kleidung auch werktags, wenn sie zur Arbeit oder einkaufen gehen. Spricht man beispielsweise auf der Straße Frauen in Deels an, und das sind nicht wenige, da begreift man, wie verfehlt es wäre, ihre Art, sich zu kleiden, mit irgendwelchen sozialen Faktoren in Zusammenhang zu bringen. Da gibt es Frauen, die aus der Steppe in die Stadt gekommen sind, Industriearbeiterinnen, junge Schauspielerinnen und Straßenkehrerinnen, Juristinnen (über 30 Prozent der Juristen in der MVR sind Frauen) und Lehrerinnen (in der Volksbildung sind 56 Prozent der Beschäftigten Frauen), ja selbst beim Autofahren tragen die Frauen mit Würde ihre seidenen Deels. In Ulan-Bator gibt es übrigens 550 weibliche Chauffeure, das sind etwa 6 Prozent aller Berufskraftfahrer im städtischen Autotransport.

Vertieft man sich in der öffentlichen Bibliothek der Akademie der Wissenschaften der MVR in historische Bücher, in die Welt verschwundener Bräuche und Sitten, da kann einen das Mitleid packen mit dem bitteren Los der Mongolinnen vergangener Jahrhunderte, der Großmütter und Urgroßmütter der jungen Frauen von heute. Im Tempelmuseum kann man in dem nach Wacholderrauch duftenden Halbdunkel unter buddhistischen Gegenständen einen Ganlin sehen, ein flötenähnliches Musikinstrument, aus einem Knochen eines achtzehnjährigen Mädchens geschnitzt, und wenn der dienstbeflissene Museumsführer, der das Erschrecken des Besuchers auf seine Weise deutet, dem Instrument einen melancholischen, getragen klingenden Ton entlockt, dann hat man das Gefühl, als hielte man das nicht aus, hat nur den einen Wunsch: Jetzt nichts wie hinaus aus dem Tempel ins Freie, vorbei an den steinernen Wächtern, den Löwen. Im buddhistischen Kloster Gandaan am Stadtrand von Ulan-Bator, in dem heute noch Mönche leben, kann man bisweilen eine alte Mongolin vor einer schneeweißen Pyramide, einem Suburgan, am Boden liegen sehen, ohne das Gesicht von der Erde zu erheben und wie im Dämmerzustand ihr »Om-mani-padme-hum ...« — »O du Kleinod im Lotos ...« — flüsternd. Man muß so eine Frau einmal gesehen haben, wie sie daliegt vor dem Suburgan im nassen Schnee, um, wenn das schwere Klostertor hinter einem liegt, im Geiste den Weg abschätzen zu können, den die mongolische Frau in relativ kurzer Zeit zurückgelegt hat, welche in Jahrhunderten kanonisierten Bastionen sie in ihrem Inneren einreißen mußte, um sich zu voller Größe aufzurichten.

Die Mongolen haben ihren Frauen die Gesichter nicht verhüllt, sie sperrten sie auch nicht in einem von der Welt abgeschiedenen Harem ein, ja sie verlangten nicht einmal, daß, wie in anderen orientalischen Ländern üblich, die Frauen die Männer wie gottähnliche Wesen verehrten. Die Mongolin war freier, weniger eingeengt und selbständiger, aber nicht etwa, weil die Männer hier ein höheres Bewußsein gehabt hätten, sondern einfach infolge ihrer Rolle, die sie in der Wirtschaft spielte. Kaum graut der Tag, Mann und Kinder liegen noch in süßen Träumen, da melkt sie schon die Kühe (oder Stuten oder Kamele), sammelt Argal in einem Korb, heizt den Ofen, bereitet das Essen für die Familie, danach muß sie Sahne schlagen, Käse trocknen und andere Milchprodukte zubereiten, für den Winter Fleisch dörren, Butter auslassen und Kumys ansetzen. Sie muß es aber nebenbei noch schaffen, Leder zu walken, Kleidung und Schuhwerk zu nähen, sie muß aus Wolle Stricke flechten und aus Roßhaar ein festes, glattes Seil knüpfen, so daß sie sich vor Müdigkeit am Abend kaum noch auf den Beinen halten kann. Lediglich die Ankunft eines in der Steppe seltenen Gastes oder die Teilnahme an genossenschaftlicher Arbeit, etwa wenn sich die Araten zum gemeinsamen Filzschlagen zusammenfinden, stellt für die Mongolin eine angenehme Abwechslung, ein kleines Fest dar. Wenn dann die Zeit gekommen ist, daß Enkel in der Jurte umherkrabbeln, ruft man sie Eesh — »alte Mutter« —, und die junge Schwiegertochter übernimmt die Hausfrauenpflichten.

Die heutige Mongolin hat nichts oder so gut wie nichts mehr gemein mit der einst demütig neben dem Wagen herlaufenden Ehefrau des Nomaden, der es gewöhnt war, daß die Frau ihn wie einen älteren Mann, wie ihren eigenen Vater etwa, mit Ta, also mit Sie, anredete. Sie wagte es nicht, den Ehemann durch das vertraute Tschi, das Du, herabzuwürdigen. Jetzt kann man nur noch sehr selten, vielleicht irgendwo in der Steppe bei ganz alten Leuten, diese alte Form der Anrede hören. Die Mädchen von heute stehen den jungen Männern in keiner Weise nach, und sie behaupten ihre Selbständigkeit auf jede nur mögliche Art, selbst auf extravagante. In der Teppichfabrik erschienen die Weberinnen, demonstrativ mit der Zigarette im Mund, mit einer Petition bei dem Direktor und verlangten ein eigenes Raucherzimmer, das die rauchenden Männer nicht betreten durften. »Ich mußte Zugeständnisse machen«, sagte mir der Direktor, »die Frauen sind bei uns in der Überzahl, sie geben den Ton an.«

Im Bereich der Familie äußert sich das erstarkende Gefühl der Zwanglosigkeit und der Freiheit der Heranwachsenden ebenso wie in anderen Ländern auch, wo die Väter das Verhalten ihrer Kinder nicht billigen, wenn sie sich ihrer eigenen Jugendjahre erinnern und meinen, daß damals alles besser gewesen sei. Wenn da ein Vater aus Ulan-Bator in der Zeitung »Unen« in einer Leserzuschrift die jungen Leute kritisiert, die, wie er schreibt, an Hochmut und Eitelkeit leiden, sich selbst als Menschen des 20. Jahrhunderts bezeichnen und nicht auf die Älteren hören wollen, dann kommt einem das alles doch sehr bekannt, sehr vertraut vor.

Junge Mongolinnen wollen heiraten, und darin unterscheiden sie sich wohl kaum von ihren Altersgenossinnen in anderen Teilen der Welt. Sie wollen Kinder haben, und auch daran ist nichts Verwunderliches. Mongolinnen aber wünschen sich viele Kinder! Schon heute hat eine mongolische Familie durchschnittlich vier bis fünf Kinder. Irgendwo im Westen des Landes gibt es, wie ich hörte, sogar eine Familie mit zweiundzwanzig Kindern. Alles eigene übrigens, nicht etwa angenommene. So groß kann eine Familie also durchaus sein, wenngleich ein solcher Kinderreichtum nicht typisch für Steppenbewohner ist. Wie viele Körbe mußte man da einem Kamel aufladen, um eine solche Kinderschar unterzubringen? Der Dadal-Somon, eine schöne Waldgegend jenseits des Onon, zerstreute meine Bedenken. Ich war im Hause der Geflügelzüchter Daschdawaa (59 Jahre) und Baldshid (57 Jahre). Baldshid hat ebenfalls zweiundzwanzig Kinder geboren, von denen heute noch dreizehn am Leben sind.

»Wie haben Sie das so schnell geschafft?« fragte ich lächelnd.

»Wir hatten doch fünfmal hintereinander Zwillinge«, antwortete Daschdawaa.

»Dann sind Sie also ›Heldenmutter‹?« meinte ich, an Baldshid gewandt.

Sie nickte: »Aber nicht nur ich allein. Unsere Nachbarn Zerendordsh und Mongoda hatten ebenfalls zweiundzwanzig Kinder, davon sind noch vierzehn am Leben ...«

Eine seltsame Gegend! Besonders, wenn man bedenkt, daß eben hier der rote Jesugei-Baatur dem Merkit Tschiledu seine Braut Oelun-Utschshin aus dem Stamm der Olchonuten entführte, die ihm hier, an diesem grünen Hügel, einen Sohn gebar, von der Mutter Temudshin genannt, den Völkern der Welt aber als Tschingis-Khan bekannt.

Die Regierung der Mongolischen Volksrepublik zahlt kinderreichen Müttern Kindergeld. Bei sieben Kindern erhält die Mutter jedes Jahr 1 750 Tugrik, bei acht 2 400, bei neun 3 150, und wenn sie zehn und mehr Kinder hat, 400 Tugrik für jedes Kind. In der Mongolei werden keine Antikonzeptionsmittel verkauft, und Schwangerschaftsunterbrechungen sind verboten, mit Ausnahme von Fällen, die aus medizinischer Sicht unerläßlich sind. All das zusammengenommen und die natürliche Fürsorge, die der Staat den Kindern angedeihen läßt, führten dazu, daß Entbindungsstationen von den Mongolinnen heute genauso häufig aufgesucht werden wie früher die buddhistischen Tempel von den Großmüttern dieser Frauen. Und das sind die Ergebnisse: 1921 betrug die Bevölkerungszahl der Mongolei 650 000, 1979 war sie auf 1 600 000 angewachsen. Ein Bekannter von mir, ein Soziologe, sagte mir einmal: »Wir wollen bis zum Jahr 2000 die Bevölkerungszahl auf drei Millionen Menschen erhöhen, und wenn wir die Zuwachsrate dann nicht verringern, werden wir bald die zehn Millionen erreichen.«

»Und weshalb orientiert man gerade auf diese Zahl?« fragte ich.

»So sichern wir dem Land genügend Arbeitskräfte, besiedeln es planmäßig und gehen zu intensiven Wirtschaftsmethoden über.«

In anderen Ländern schafft man »Fonds« (für Kultur, Bildung usw.), die von Spenden begüterter Personen leben. Um der Eitelkeit der Mäzene zu schmeicheln, läßt man deren Namen in Zeitungsspalten, Fernsehprogrammen und auf Gedenktafeln erscheinen. Ich aber habe mit eigenen Augen gesehen, wie ein mongolischer Arate in den Somon geritten kam, die Poststation aufsuchte, aus dem Brustlatz seine in ein Tuch eingewickelten Ersparnisse herausnahm und sie auf das Konto des Kinderfonds Ulan-Bator einzahlte, damit davon Krippen, Kindergärten, Pionierlager, Hochzeitspaläste gebaut werden, ohne daß er sich auch nur im geringsten dafür interessierte, ob jemand von seiner freundlichen Geste erfuhr oder nicht. Mit ihr versetzt er hier niemanden in Staunen, das will er auch gar nicht, er handelt eben so, wie sein Herz es ihm befiehlt, das erzogen ist in der Achtung nicht nur vor Kindern, sondern auch vor der Kindheit überhaupt.

Also her mit Kindern!

Interessant ist natürlich, wie die mongolischen Frauen mit so einer Horde von Sprößlingen fertig werden, um so mehr, als Kindergärten und Krippen, obgleich man viele baut, noch nicht ausreichen, besonders in der Steppe. Bei genauerem Hinsehen begreift man es jedoch: Die Sorge für die Kleinsten obliegt den älteren Kindern, hauptsächlich den Halbwüchsigen, die den Müttern in bezug auf Kleinkinderbetreuung nicht nachstehen. Man bittet sie, die Heranwachsenden, auch nicht darum, man verspricht ihnen dafür auch keine kleinen Belohnungen, es ist einfach ihre von alten Nomadenzeiten her überlieferte Pflicht. Im Unterschied zu den Europäern oder, sagen wir, zu manchen Europäern bereiten die Ehemänner in gleicher Weise wie ihre Frauen das Essen zu, waschen Wäsche und betreuen die Kinder. Zu Elternversammlungen in der Schule kommen, wie ich selbst gesehen habe, in der

Regel die Väter. Mir ist auch kein Fall bekannt, daß bei Mongolen ein Mann es sich vor dem Fernseher bequem macht (in Ulan-Bator besitzt mehr als die Hälfte aller Familien Fernseher) und die Ehefrau mit den Kindern in der Küche allein sitzen läßt.

Übrigens sind seit kurzem in der Mongolei sogenannte Hauskindergärten verbreitet. Gewöhnlich sind es zwanzig bis fünfundzwanzig Kinder aus der unmittelbaren Nachbarschaft, die man in einer Jurte zusammenholt und von einem alten Mann oder einer alten Frau beaufsichtigen läßt. Die alten Leute tun das uneigennützig, mitunter reihum. Diese Form der Kinderbetreuung ist besonders verbreitet auf kleinen Eisenbahnstationen. Auf jeden Fall erhalten die mongolischen Frauen so die Möglichkeit, nicht nur in den verschiedenen Bereichen der Volkswirtschaft zu arbeiten, sondern auch aktiv am gesellschaftlichen Leben teilzuhaben und Initiative zu zeigen. Als vor Jahren in einem Winter in der Steppe ungewöhnlich starke eisige Stürme tobten und die Viehzüchter bis zur völligen Erschöpfung arbeiteten, um die Herden vor Hunger und Kälte zu schützen, da nähten die Frauen in Ulan-Bator Fäustlinge, Pferdedecken und für die neugeborenen Schafe und Kälber warme Säcke, sie sammelten Kerzen und Streichhölzer und schickten alles in die Steppe.

Auch das muß noch erwähnt werden: Fast jeder vierte Delegierte des Großen Volkschural der MVR und jeder dritte Delegierte der örtlichen Organe der Staatsmacht ist eine Frau. Etwa 30 000 Mongolinnen arbeiten in den 5 000 Frauenausschüssen, die auf Initiative des Komitees Mongolischer Frauen, einer der einflußreichsten gesellschaftlichen Organisationen des Landes, geschaffen wurden. S. Udwal, Tochter eines Hirten, Abgeordnete des Großen Volkschural, Autorin populärer Romane und Erzählungen, ist Mitglied des Büros der Internationalen Demokratischen Frauenföderation. In Ulan-Bator fand die zweite Konferenz der Frauen Asiens und Afrikas statt; Delegierte unterschiedlichster Länder scharten sich um die Mongolinnen, die schon seit langem laut ihre Stimme in der Welt erheben. Sie erkundigten sich nach deren Erfahrungen bei der Beseitigung des Analphabetentums, bei der Lösung vieler sozialer Probleme, berieten sich mit ihnen und schenkten deren Einschätzungen Gehör. Und all das vollzieht sich in einem Lande, in dem erst 1925 der Brauch abgeschafft worden ist, eine Frau ohne deren Einwilligung mit jemandem zu verheiraten.

Ein altes Buch erzählt von einer Mongolin aus dem fünfzehnten Jahrhundert namens Manduchai, viele Sagen ranken sich um sie. Sie wurde Manduchai-sezen genannt, das heißt Manduchai die Weise. Sie wollte das Volk einen, beteiligte sich am politischen Kampf, und zwar so selbstlos, daß sie dafür ihre Liebe opferte und auf Familienglück verzichtete. Wenn man diese rührende Geschichte liest, muß man sagen, daß die Ururenkelinnen Manduchais, die Mongolinnen von heute, doch weitaus weiser sind: Sie verstehen, alle Freuden, die das Leben bietet, zu genießen.

Da steht auf dem Suchbaatar-Platz, auf einem steinernen Podest, eine junge Verkehrsreglerin, schlank wie eine Gerte, Mutter von vier Kindern (etwa ebenso viele hat fast jede der fünfzehn weiblichen Kfz-Inspektoren von Ulan-Bator), von allen Verkehrssündern gefürchtet, winkt mit ihren weißen Handschuhen und dem Stab und weist an, wer wohin zu fahren hat. Man könnte sie wohl als Symbolfigur für die sozialistische Mongolei ansehen, und unwillkürlich kommen einem wieder die Worte in den Sinn: »O du Kleinod im Lotos …«

Gespräch mit dem Dalai-Lama

Im Juni 1979 verbreitete sich mit Windeseile die Kunde in Ulan-Bator, daß die Ankunft des vierzehnten Dalai-Lama, des Oberhaupts der Buddhisten, bevorstehe. Der in der Steppe herrschende alte Brauch, »Langes Ohr« genannt (›hast du eine Neuigkeit erfahren, dann gib sie unverzüglich weiter‹), hatte auch diesmal wieder mit geradezu kosmischer Geschwindigkeit funktioniert. Schon seit dem frühen Morgen ergossen sich aus den Jurtensiedlungen Massen von Menschen in die Gassen, vereinigten sich auf den Straßen zu Strömen und wogten gegen die Klostermauern. Gebrechliche alte Leute trug man auf den Schultern herbei, sie betrachteten mit tränennassen und dankbaren Augen die Welt. Die Menschenmassen hielten Ausschau und warteten, daß in der golden flimmernden Luft jener Mann auftauche, in dessen sterblicher Hülle die fromme Seele vorangegangener Dalai-Lamas lebt, deren Reinkarnationen nach buddhistischem Glauben zum Bodhisattwa Awalokiteschwara aufsteigen, dem großen Apologeten von Mitleid und Barmherzigkeit in einer Welt, in der das Böse triumphiert. Von allen Seiten drang das Gemurmel der alten Leute, die ihre Rosenkränze durch die Finger gleiten ließen, auf einen ein:

»Sichtbare und unsichtbare Wesen, ihr, die ihr mir nahe seid, und ihr, die ihr mir ferne seid, mögt ihr alle glücklich sein, möge das Seiende freudig sein. Fügt einander keinen Schaden zu, verachtet nie jemanden, wünscht einander nichts Böses, wie die Mutter, die unter Einsatz ihres Lebens ihr Kind schützt, so liebe auch du alles Seiende.«

Unsere bewegte Zeit hat den Menschen vielem entwöhnt, aber ihn daran zu hindern, in der Klosterstille den Kopf zu neigen vor dem Lama und zu warten, daß er ihn mit der silbernen Wadshra (Otschir) segne, dem kleinen Zepter, das die Kräfte des Bösen austreibt, das hat sie nicht fertiggebracht. Würde man alle buddhistischen Lamas, die es in der Welt gibt, an einem Ort versammeln, käme eine Millionenstadt zusammen. Heute werden die Lamas in verschiedenen Ländern Asiens als eifernde Bewahrer religiös-kultureller Traditionen verehrt, von denen sich Hunderte Millionen Menschen nicht trennen möchten. Unterschiedliches zieht die Menschen an dieser uralten Lehre an – den einen die Ethik, den anderen die Philosophie, einen dritten die schönen und prunkvollen Riten.

Die mongolischen Lamas sind ehrenwerte Leute, sie unterstützen die Initiativen der Regierung und treten aktiv für den Frieden auf der Welt ein. Ulan-Bator wurde zu einem Zentrum der buddhistischen Bewegung für die Sicherheit der Völker. Der Dalai-Lama erkannte diese Rolle Ulan-Bators an und reiste persönlich zur Generalversammlung der Asiatischen Buddhistischen Konferenz für Frieden. Ich gewann den Eindruck, daß die meisten Menschen, die sich zu seinem Empfang versammelt hatten – von oberflächlicher Neugier, wie sie der Jugend eigen ist, einmal abgesehen –, die Ankunft des höchsten Vertreters dieser alten Weltreligion ein Ereignis von historischem Rang war, das mit den Glaubensvorstellungen der Vorfahren, mit der alten, inzwischen Legende gewordenen Lebensform im Einklang stand. Es gab auch Gläubige unter den Zuschauern – sie hielten blaue Chadag in ihren ausgestreckten Händen.

Ich fand mich auf allen Seiten eingequetscht in die Menschenmasse, konnte weder Arm noch Bein bewegen, stellte mich auf die Zehenspitzen, weil ich befürchtete, den Augenblick zu verpassen, da auf der lichtüberfluteten Straße der wahre Schraman, wie man früher die Buddhisten nannte, erschien; Schraman, der Denkende, der in jedem Sinne Reine, Sündenfreie, Makellose ... Da tauchte auf der Straße eine schwarze Limousine auf. Die Polizisten bildeten eine Kette, um dem Ansturm der Massen zu begegnen. Das Auto hielt, zwei Bedienstete öffneten den Schlag und halfen einem gebeugten alten Mann in weißen Gewändern heraus. Von den Dienern gehalten, auf einen knorrigen Stock gestützt, humpelte der Mann zum Klostertor und hielt Umschau. Mir gelang es schließlich doch, den Fotoapparat über den Kopf zu heben. Als der Film fast alle war, sagte jemand hinter mir:

»Der nächste wird der Dalai-Lama sein.«

»Und wer war das?« wandte ich mich aufgeregt um.

»Das Oberhaupt der japanischen Buddhisten.«

Auf das Klostertor rollte eine weitere schwarze Limousine zu. Andere Bedienstete öffneten den Schlag, und dann sahen wir Ihn. Der kahlköpfige, noch nicht sehr alte Mann in wallenden kirschroten Seidengewändern wirkte gebrechlich, ja fast kränklich, und ich konnte mir nur schwer vorstellen, daß dieser Mönch Führer eines bewaffneten Aufstandes gewesen war. Er ging seinem Gefolge voran, lächelte sanft nach allen Seiten und nickte den ein Spalier bildenden Menschen zu. Durch die Brille blinzelten kluge, scharfblickende Augen. Er wandte sich zu den Lamas seiner Begleitung um, sagte etwas zu ihnen, offensichtlich etwas Scherzhaftes, denn sie lächelten. Mir Sündhaftem ging der lästerliche Gedanke durch den Kopf, daß diese Prozession einem Karneval gleiche.

Über den Dalai-Lama hörte ich in jenen Tagen Unterschiedliches, die einzelnen Informationen wichen stark voneinander ab. Mein Wissen über sein Leben verdanke ich vor allem einem Informanten, dem ich mehr als anderen traute, er ist nämlich mit dem Dalai-Lama zusammen in einem Haus aufgewachsen.

Als eines von vielen Kindern eines armen tibetischen Bauern am Ufer des Kukunor (Qinghai), des »Blauen Sees«, an der Grenze zwischen Tibet und der Inneren Mongolei geboren, war er gerade fünf Jahre alt, als buddhistische Mönche ans Haus klopften. Diese forschten nach Kindern, die in der Sterbestunde des vorigen Dalai-Lama geboren worden waren, und hofften zu ermitteln, in wem dessen Seele wiedergeboren war. Die Mönche setzten sich mit verschränkten Beinen an den flachen Tisch, holten aus einer Ledertasche silberne Trinkschalen (aus den Gerätschaften des Verstorbenen) und blickten verstohlen auf das Kind, ob dessen Seele das Geschirr vielleicht wiedererkannte, sich seiner erinnerte. Der Knabe streckte die Ärmchen aus und soll gerufen haben: »Meine Schalen, aus ihnen habe ich schon getrunken!« Da brachte man, so heißt es, Leute herbei, die mit dem Verstorbenen bekannt waren, und der Knabe erkannte auch sie und ging mit ihnen um wie mit alten Freunden, er wußte sogar, so wird behauptet, wie sie hießen. Den völlig überrumpelten Eltern nahm man das Kind weg, setzte es auf ein Pferd, und die Prozession bewegte sich gen Lhasa. In Anwesenheit von fünfhundert Delegierten der Nationalversammlung Tibets rief man das Kind zum vierzehnten Dalai-Lama aus, zum neuen Oberhaupt der buddhistischen Welt.

So hat mir in Ulan-Bator Tubten Dshigme Norbu, Doktor der Tibetologie an der Universität Indiana (USA) und leiblicher Bruder des Dalai-Lama, den tibetischen religiösen Ritus geschildert, der zwar nichts mit der buddhistischen Philosophie zu tun hat, doch unter den Gläubigen die Idee von der Erblichkeit der obersten Macht, ihr Prestige stützen soll. Die tibetischen Gelehrten, die dem jungen Führer zur Seite gegeben wurden, riefen durch ihr ganzes System der Unterweisung in ihm jenen psychisch-physischen Zustand wach, der schon dem vorigen Dalai-Lama eigen war: Seine »Dharmas« (Elemente der Lebenstätigkeit) müssen nämlich auch in der Hülle des geistlichen Nachfolgers vorhanden sein.

Zu anderer Zeit hätte der junge Dalai-Lama achtzehn Jahre warten müssen, ehe er sich auf den goldenen Thron setzen und die ganze Macht übernehmen konnte. Doch die Tibeter, die sich mit der chinesischen Administration nicht einigen konnten, beschlossen, ihm schon früher die Oberherrschaft anzuvertrauen. Der sechzehnjährige Dalai-Lama versuchte, mit den chinesischen Behörden ein Übereinkommen zu treffen, doch ohne Erfolg. 1959 brach in Tibet ein bewaffneter Aufstand aus, der aber niedergeschlagen wurde. Der Dalai-Lama und Mönche seiner Umgebung gingen außer Landes und fanden in Indien Zuflucht, in der kleinen Stadt Dharmsala, die auf malerischen Hügeln etwa vierhundert Kilometer nördlich von Delhi liegt. Hier schlagen jeden Morgen dreihundert im Exil lebende tibetische Lamas, von blauen Thymianschwaden eingehüllt, ihre Pauken, Schellen und Gongs, sprechen dem Dalai-Lama, der in der einen Hand eine Glocke, in der anderen die Wadshra hält, die Gebete nach.

Zwei Tage nach seiner Ankuft in Ulan-Bator empfing mich der damals vierundvierzigjährige Dalai-Lama in seiner Residenz, angetan mit dem über die linke Schulter geworfenen kirschroten raschelnden Orchimtsch. Seine Augen hinter der Brille blickten nicht in die meinigen, sondern schienen durch mich hindurch in unbestimmte Ferne zu schauen, und so verspürte ich zunächst doch einige Befangenheit und konnte mir lange nicht schlüssig werden, wer von uns beiden denn nun zuerst auf den Diwanen um den mit mongolischen Speisen vollgestellten Tisch Platz zu nehmen hatte.

Der Dalai-Lama schien voller Erwartung zu sein; wenn es angebracht war zu lächeln, spielte die ganze Zeit ein Lächeln auf seinem Gesicht. Schließlich setzten wir uns, und die Rede kam auf die Friedensinitiativen: Wiewohl sie die Gefahr eines Weltenbrands nicht ausschließen, grenzen sie doch die Möglichkeit ein, daß ein Krieg ausbrechen könnte.

»Alle Völker leben in der Hoffnung, daß Frieden auf der Welt herrschen möge. Geduldige und beharrliche Arbeit in dieser Richtung, guter Wille und Aufrichtigkeit werden helfen, auf diesem Wege weiter voranzukommen«, meinte der Dalai-Lama und machte es sich auf dem Diwan bequem.

»Gewiß werden die Elemente der Unsicherheit, die vorerst noch in der Welt existieren, stimuliert von dem noch nie dagewesenen Tempo, mit dem sich Veränderungen im Leben der Völker vollziehen, und den sozialen Experimenten, deren Folgen erst in Zukunft offenbar werden«, bemerkte ich.

»Meiner Ansicht nach sind es solche Eigenschaften der menschlichen Natur wie Mißtrauen, Neid und Boshaftigkeit, die diese Schwierigkeiten schaffen«, sagte der Dalai-Lama. »Was haben die Menschen dem entgegenzusetzen? Aufrichtigkeit, Brüderlichkeit. Einen Baum niederreißen kann man in einem Augenblick, doch ihn aufziehen, dazu braucht es Jahre. Wir alle müssen uns in Geduld üben, nicht im Sinne von Dulden, sondern im Sinne geduldiger, beharrlicher Arbeit, ohne vor Schwierigkeiten zurückzuschrecken, ohne uns der Zeit und den Problemen zu verschließen.«

Der Dalai-Lama hat sehr bewegliche dunkle, wie von Wind und Wetter gegerbte Lippen, die in ständiger Erregung sind, so daß es schwierig ist, zu erfassen, was sie in diesem Moment gerade artikuliert haben und was schon entschwunden ist, unmöglich ist zu erraten, was nun folgt: ein Lächeln oder ein Gebet.

»Der Friede auf Erden«, fährt er fort, »hängt ab von den friedlichen Gefühlen der Menschheit selbst. Solange unter den Menschen Gier, Eigennutz und Bosheit leben, kann kein wahrer Frieden herrschen. Der psychische Zustand des Menschen hat ohne Zweifel Einfluß auf dessen Umwelt. Die Menschen müssen geduldiger, gütiger miteinander umgehen, man muß verzeihen lernen. Das gilt auch für menschliche Gemeinwesen.«

Während des Gespräches nimmt er ganz mechanisch seinen Kugelschreiber auseinander, und mir fällt wieder ein, was mir seine Verwandten über seine Lieblingsbeschäftigung gesagt haben: etwas bis auf das letzte Schräubchen zerlegen und wieder zusammenbauen (Uhren, Spielzeug usw.). Vielleicht, so überlege ich, tut er das, weil er in seiner Kindheit, allein schon bedingt durch den hohen Rang, den er bekleidete, in seinem natürlichen altersgemäßen Spieltrieb eingeschränkt war und deshalb die damals unerfüllt gebliebenen Bedürfnisse jetzt unbewußt kompensiert. Man sagt, seine Freizeit verbringe er gern in seinem Garten in Dharmsala, wo er seine Blumen und Obstbäume pflegt.

»Unsere Generation, die dabei ist, sich von Vorurteilen freizumachen«, nehme ich das Gespräch wieder auf, »kann bereits die anstehenden Probleme der Epoche beim Namen nennen und sich erkühnen, selbst Entscheidungen zu treffen und sie nicht auf unsere Kinder und Enkel abzuwälzen.«

»Sehr wichtig ist es, daß Menschen unterschiedlicher Überzeugungen bei Problemen, die die Gesellschaft angehen, in die jeder Mensch eingebunden ist, in prinzipiellen Fragen ihre Meinungen aufeinander abstimmen, einander richtig verstehen. Das betrifft alle Buddhisten auf der Welt, doch nicht nur sie allein.«

Die Fenster der Residenz gehen auf den mit Kiefernwald bestandenen

Hang des Bogdberges hinaus. Vom Gipfel kommen wildlebende Hirsche herabgestiegen, sie haben hier niemanden zu fürchten. Der Dalai-Lama beobachtet, bereits in seine eigene Gedankenwelt versunken, wie sie sich langsam nähern. Gewiß erinnern ihn diese Bilder an Tibet. In der Gemäldegalerie von Ulan-Bator konnte er sich gar nicht von einem Gemälde des berühmten mongolischen Künstlers Scharaw losreißen, der das alte Lhasa gemalt hat: Allen zeigte er, wo sein Haus stand, was hier abgebildet und wie es gemalt ist. Er sprach mit einer solchen inneren Anteilnahme von jedem Detail des Bildes, daß man nur ahnen konnte, wie sehr er sich nach seiner fernen Heimat sehnt. Die chinesische Regierung hat sich bereits zweimal an ihn mit dem Vorschlag gewandt, nach Tibet zurückzukehren, doch er hat es bisher abgelehnt.

Der Dalai-Lama erwacht wieder aus seiner Versunkenheit: »In den drei Tagen meines Aufenthaltes in der Mongolei habe ich in der Praxis gesehen, wie dieses früher materiell rückständige Land mit Hilfe sozialistischer Methoden große Erfolge erzielt hat. Wir sind mit einer AN 24 in eine mongolische Steppensiedlung geflogen, um dort mit Mitgliedern einer landwirtschaftlichen Vereinigung zusammenzutreffen. Die Piloten sind Mongolen gewesen. Ich fragte sie, wo sie geboren seien, und sie antworteten: ›In der Steppe, wir stammen von Nomaden ab.‹ Nomaden sind Piloten geworden! Seit ich meine Heimat verlassen habe, ist es das erste Mal, daß ich Gelegenheit bekomme, ein sozialistisches Land kennenzulernen, das ist eine große Freude für mich.«

»Ich glaube, Sie sind in der Geschichte der Mongolei der zweite Dalai-Lama, der dem Land einen Besuch abstattet. In den Jahren 1904/05 hat ja der dreizehnte Dalai-Lama auf der Flucht vor den Engländern, die Lhasa erobert hatten, hier Zuflucht gefunden, und zwar im Kloster Gandaan, wo gegenwärtig die Generalversammlung der Asiatischen Buddhistischen Friedenskonferenz stattfindet.«

Der Dalai-Lama zeigt lebhaftes Interesse: »Wissen Sie, es war für mich interessant, zu erfahren, wie das Kloster Gandaan unter den Bedingungen eines sozialistischen Landes arbeitet und seinen Beitrag leistet im Kampf der Völker um Frieden ...«

Das Kloster Gandaan oder Gandaantegtschinlin (»Großer Wagen der Ungeteilten Freude«) liegt auf einem einzelnstehenden Hügel im Nordwesten von Ulan-Bator. Es ist ein großer Tempelkomplex mit einer Geistlichen Hochschule (dort studieren auch junge Geistliche aus der Sowjetunion), mit einer Bibliothek von 70000 Bänden (darunter eine sehr seltene Ausgabe des Gandshur, im neunzehnten Jahrhundert abgeschrieben von mongolischen Lamas mit Gold auf schwarzem Papier, Handschriften in Mongolisch, Oiratisch, Tibetisch, in Sanskrit, Pali und anderen Sprachen), mit schneeweißen Suburganen, Räucherpfannen und Löwen im Klosterhof. Die mongolischen Lamas sind in alle Lebensbereiche der sozialistischen Republik integriert, sie wählen auch die Staatsorgane mit, und der Staat erweist den Buddhisten vielfältige Hilfe. So beteiligt er sich an der Errichtung neuer und der Restaurierung alter Bauten. Er schützt sie als architektonische Denkmale. Der Klostervorsteher, der Chamba-Lama Gombodshaw, Doktor der buddhistischen Philosophie, war Präsident der Asiatischen Buddhistischen Friedenskonferenz und Mitglied des Präsidiums des Weltfriedensrates.

»Das Wissen des Menschen über seine Umwelt und über sich selbst wächst quantitativ und qualitativ so stürmisch«, fahre ich fort, »daß man von der heutigen Generation eine gerechte Lösung der Probleme erwarten kann, die im Einklang mit den höchsten Idealen der Menschheit steht.«

»Ich meine, man sollte die unterschiedlichen philosophischen Strömungen studieren und sie analysieren. In der Welt hat sich eine Vielzahl von guten Ideen angehäuft, doch die Theorie allein kann vorläufig noch keinen Menschen glücklich machen«, sagt der Dalai-Lama. »Man muß im Namen des Glücks der Menschen die Lehren erst in die Praxis umsetzen.«

»Die Menschen haben unterschiedliche Auffassungen vom Glück«, wende ich lächelnd ein.

»Möchten Sie meine Meinung wissen?« Der Dalai-Lama zieht sich einen Augenblick lang in sich selbst zurück. »Um glücklich zu sein, braucht der Mensch Nahrung, Kleidung und ein Dach über dem Kopf. Das sind elementare Bedürfnisse. Auch ein Hund braucht Futter und eine Hundehütte. Der Mensch aber zeichnet sich dadurch aus, daß ihm das allein nicht genügt. Der Mensch hat Augen und Ohren, er ist fähig, Musik zu genießen, die Schönheit des Schnees oder eines blühenden Gartens zu sehen. Er braucht Gesundheit, Bildung, Kultur und die Wissenschaft. Aber auch das ist noch nicht alles. Obgleich wir beide als Menschen einen komplizierten Körperbau haben, ist unsere geistige Welt noch weitaus komplizierter geartet. Wie aber soll man das Streben nach Erkenntnissen befriedigen? Gewiß darf man nicht glauben, man stünde höher als andere, über anderen, sondern man muß ein gutes Herz haben, das auch verzeihen kann. Ein gutes Herz, ein warmes Herz — das ist sehr wichtig für das Glück.«

»Und die Liebe?« frage ich.

»Die Liebe allein ist schon Glück. Sie bedeutet immer Bindung. Sie schafft zusätzliches inneres Erleben. Dieses Gefühl zeugt Harmonie und schafft Frieden, doch nur dann, wenn kein Platz für Eigenliebe ist. Wer den anderen mehr liebt als sich selbst, der liebt echt und wahrhaft. Angenommen, in einer kleinen Familie ist ein Familienmitglied reizbar, boshaft. In so einer Familie herrscht ständig eine gespannte Atmosphäre. Güte, Verzeihen und Toleranz aber schaffen selbst in einer großen Familie, die in schwierigen, beengten Verhältnissen lebt, eine trotz aller Schwierigkeiten des Daseins freundliche Atmosphäre. In einer solchen Familie wohnt der Friede.«

In Ulan-Bator habe ich mit eigenen Augen gesehen, wie gläubige alte Mongolen auf der Straße dem Dalai-Lama auf ausgestreckten Händen blaue Chadag entgegenstreckten und ihn wirklich als lebendigen Gott verehrten. Auch ich hatte in gewisser Hinsicht das Glück, seine wundertätigen Eigenschaften an mir selbst zu erfahren. Allein schon, daß man mich mit ihm zusammen gesehen hatte, bewirkt, daß mich die Telefonistinnen im Fernamt Ulan-Bator nicht mehr eine Stunde lang auf ein Gespräch warten lassen, sondern mich innerhalb einer Minute mit Moskau verbinden. Ein echtes Wunder — wirklich!

Der Tag eines Dalai-Lama ist arbeitsreich, für mich wird es daher höchste Zeit, mich zu verabschieden. Ich reiche ihm mein Notizbuch hin und bitte ihn, ein paar Worte hineinzuschreiben. Er neigt sich über den Tisch, und ich sehe, wie die schönen tibetischen Buchstaben das Blatt füllen. Später hat man sie mir übersetzt: »Hat ein Mensch ein gütiges Herz und einen gerechten Sinn, dann werden alle seine Vorhaben von Erfolg gekrönt sein.«

Dann streckt mir der Dalai-Lama seinen entblößten rechten Arm entgegen, und ich bemerke auf der sonnengebräunten Schulter die Narben von Pockenimpfungen. »Er ist also doch ein Sterblicher«, denke ich erleichtert.

Gedanken auf einer Flußfahrt

Mein Wissen von der mongolischen Psyche erfuhr im Sommer 1980 einige Ergänzungen, als ich auf zwei aneinandergekoppelten Schlauchbooten den Selenge hinabfuhr. Es mag seltsam klingen, aber die besten Gedanken über die Psyche kamen mir in einer Situation, als wir einmal drei, vier Tage keinem Menschen begegneten, ja nicht einmal Spuren von Menschen entdeckten — keine einzige Konservendose etwa. Lediglich die allgewaltige elementare Natur, unendlich in der Vielfalt ihrer Formen, schlug uns in ihren Bann, bezauberte uns durch ihre lebendige Schönheit und beherrschte übermächtig unser Denken. Als wir unser aufblasbares floßähnliches Boot — mit Schlafsäcken, Zelten, Rucksäcken, Fotoapparaten und manchem anderen beladen — von dem mit Weiden bestandenen Ufer abgestoßen hatten, als die drei Flüßchen, die sich zum Selenge vereinigen, schon außer Sicht waren, als wir die erste Flußbiegung, die erste Stromschnelle zwischen zwei Felsen passiert hatten, da überfiel uns die Natur regelrecht, ließ uns nicht mehr zum Nachdenken kommen. Unter uns und über uns schoß sie dahin, wirbelte an uns vorbei und gab uns das Geleit in Gestalt vielarmiger Wurzelstöcke, die sich im rasch strömenden Wasser widerspiegelten. Welch gute Beobachter waren doch die Verfasser jenes mongolischen Epos, in dem von zwei Liebenden gesagt wird: Sie lebten in herzlichem Einvernehmen und stützten einander wie Wasser und Ufer.

Über dem Fluß rauschten mächtige, ausladende Bäume, als sei in diese ferne Gegend das Feuer noch nicht vorgedrungen, als sei die Raupe des Seidenspinners noch nicht bis hierher gekrochen, als seien alle anderen Übel auf dem Wege hierher auf der Strecke geblieben. Da gab es Bäume, die vom Ufer herab mit der grünen Krone ins Wasser gestürzt waren, doch selbst sie sahen aus, als stünden sie noch voll im Saft, als seien sie nicht abgestorben, sondern erschlagen worden. Wurde man zur Flußmitte hin abgedrängt und blickte man, den Kopf im Nacken, zu den schwarzen Felsen hoch, kamen einem die Uferwälder niedriger vor, als hätten die tiefziehenden Wolken sie wie Sprungfedern gegen die Erde gedrückt. Felsen gähnten in Gestalt von Höhlengängen, die einen mit ihrer Feuchte und Verschwiegenheit lockten.

Unter Wurzelknorren, die vom Ufer ins Wasser herabhängen, kommt eine Ente hervorgeschossen mit ihrer Brut, neun Kücken, hintereinander aufgereiht zu einer silbernen Kette, die das unter ihren Schwimmhäuten aufschäumende Wasser bildet. Gerade hat ihnen die Mutter beigebracht, wie sie auffliegen, sich mit ihren gekräftigten Flügelchen in die Luft erheben müssen. Brav ahmen sie die Bewegungen der Mutter nach, bis der Lärm unserer Motoren die Belehrung unterbricht. Die gerade, aufschäumende Frontlinie beibehaltend, entfernt sich die Kückenschar rasch von uns, die Mutter folgt ihnen mit rauschendem Flügelschlag und lenkt mit schrillem Schrei ihre dummen Entchen in die Strommitte. Der auseinandergezogene Verband zieht lange vor unseren Booten her.

Hinter einer Insel erstreckte sich eine hohe steile Lehmwand, von Nestern wie von Pockennarben durchlöchert. Eine Wolke von Uferschwalben schoß über dem Wasser dahin, mit schrillem Schrei zogen die Vögel ihre Kreise. Unsere Boote interessierten die Schwalben nicht, keine einzige folgte uns. Diese fehlende Neugier hätte man auch als Höflichkeit von Gastgebern interpretieren können, die seltsame Besucher auftauchen sehen. Zumindest warf ein ausgewachsener Elch, der von den Bergen zur Tränke herabgestiegen war, uns einen solchen freundlich-zurückhaltenden Blick zu.

Mein mongolischer Freund, Journalist wie ich, machte es sich auf dem zusammengerollten Schlafsack bequem, stützte sich auf das Ruder zwischen den Knien und seufzte:

»Weit und breit keine Menschen, kein Bestarbeiter – nichts, worüber man schreiben könnte.«

»Schreib doch über dich selbst«, trösteten wir ihn, »schreib darüber, was du siehst, was du fühlst.«

»Wen interessiert das schon?«

Seit fernen Schamanenzeiten verehrten die Nomaden Zentralasiens Geister, den Geist der Berge, den Geist der Flüsse, die Geister aller Elemente einer Landschaft. Sie vergotteten diese Geister, erflehten deren Gunst, nannten sie mitunter Fremden, ja selbst Nachbarn gegenüber nicht einmal bei Namen. Daß diese ihre unbewußten Handlungen, insgesamt gesehen, das gleiche waren, was man Jahrhunderte später Umweltschutz nennen würde, das konnten sich allerdings nicht ahnen. Selbst heute findet der Wanderer auf Berggipfeln außer Steinhaufen, Owoo genannt, Hammelschädel und andere Überreste von Opferhandlungen. Er staunt über diese Art Exotik und bemerkt darüber nicht, wie verblüffend gut erhalten, wie heil diese in ferner Vergangenheit vergottete, seit jener Zeit so etwas wie verwunschene Landschaft noch ist. In jeder mongolischen Gegend gibt es solche durch die Tradition geschützte Stückchen Natur. Heute erinnert allerdings nichts mehr an die Riten, die der Verehrung jener Geister dienten. Nur noch ganz selten kann man, wenn man großes Glück hat, an entlegenem Ort einen alten Mann treffen, der im Kreis um einen Hügel herumgeht und dabei das uralte Gebet flüstert: »O Duntschdshongarbo, Geist meines Berges, König Duntschdshongarbo, heiliger Duntschdshongarbo, felsiger, unzugänglicher Duntschdshongarbo, sende deinem Volk Wohlstand und Glück.«

Der Charakter des Mongolen hat im Schoß der Natur, unter ihren Augen, ihr Rechnung tragend sich formiert. Mongolen aus den östlichen Steppenregionen sind von ruhigem ausgeglichenem Wesen, sie neigen zu Beschaulichkeit, zu besonnenem Denken und Sprechen. In den nördlichen und westlichen Berggegenden mit ihren Wäldern sind die Menschen dynamischer, energischer, zielstrebiger, in der Hügellandschaft der Inneren Mongolei dagegen, wo sich ein Höhenzug hinter den nächsten reiht und die unbekannte Ferne dem Blick verborgen bleibt, verschlossener, argwöhnischer, hellhöriger und nicht sehr selbstsicher. Natürlich kann ich mich nicht dafür verbürgen, daß diese Merkmale in so reiner Form auftreten, doch versichern mongolische Ethnographen, daß vom Gesicht eines Menschen, von der Art, wie er auf ein Ereignis reagiert, mit ziemlicher Sicherheit abzulesen sei, welchem

Naturmilieu er entstammt. Zweifel bestehen wohl kaum darüber, daß die Mongolen zum Beispiel zur Natur ein weitaus besseres Verhältnis haben als andere Völker, ihr bisher noch enger verbunden, abhängiger von ihr sind – und das bewahrt auf Dauer dem Charakter dieses Volkes viele sympathische Züge.

Ein Nomade wird niemals Müll oder Abfälle in einen Fluß oder in Flußnähe schütten. Er geht damit ein Stück weiter weg und vergräbt ihn. Schon das Nomadenkind wußte: Man darf niemals im Gebüsch umhertoben, obgleich es erst viele Jahre später den Grund dafür begriff – die kärgliche Steppenvegetation muß erhalten bleiben. Mongolen, die in der Steppe aufgewachsen sind, finden sich ausgezeichnet in einer Gegend zurecht und können auf Grund bestimmter Anzeichen mit größerer Sicherheit als die Meteorologen vorhersagen, was für ein Wetter morgen und in den folgenden Tagen zu erwarten ist. Wenn die Zugvögel im Herbst tief fliegen, wird es einen ruhigen, milden Winter geben. Fliegen sie dagegen hoch am Himmel, muß man sich auf strenge Kälte einrichten. Die Alten untersagten, ohne Not Tiere zu töten, und auch heute noch werden sie sehr böse, wenn etwa ein junger Mann einfach so zum Spaß auch nur einen Geier schießt. Nicht ohne Grund spricht man in der Mongolei, wenn man Schüsseln mit Fleisch oder Milch auf den Tisch stellt, die Formel: »Das sind Gaben des Himmels, der Sonne und der Erde – nichts ist reicher als die Natur!« Mir haben alte Leute erzählt, daß über ihren eigenen Kinderwiegen, die an Roßhaarschnüren am Dachgestänge der Jurte hingen, die Eltern Tieramulette aus Filz anhängten, eine Art Spielzeug, gleichzeitig aber auch Symbol für die Verehrung und für Gebete, bei denen es meist um den Schutz von Lebewesen ging. Keiner wußte mehr zu sagen, wie der Text eines solchen Gebets lautete, zu lange lag das alles zurück. Lediglich in der Bibliothek von Akademiemitglied Damdinsuren fand sich auf alten Kartons die altmongolische Niederschrift eines Gebets vor der bildlichen Darstellung eines Fuchses. Damdinsuren las mir die lineare Übersetzung vor, und ich notierte sie, soweit das möglich war: »Ich bete zu dem heiligen Mantschdshuschin: Im Himmel gibt es 360 Götter, sie sind unendlich rein, aber wenn sie von etwas Unreinem berührt werden, mögen sie sich reinigen; am Himmelszelt gibt es 360 Sternbilder, sie sind unendlich rein, aber wenn sie von etwa Unreinem berührt werden, mögen sie sich reinigen; unter der Erde sind 360 Schutzgeister, sie sind unendlich rein, doch wenn sie von etwas Unreinem berührt werden, mögen sie sich reinigen ... Zuerst gab es neun Rotfüchse, beschützt von sieben Sternen. Die Sterne wissen, daß die Menschen sündhaft sind. Deshalb sandten sie die Füchse zur Erde, die den Menschen helfen, sich zu reinigen. Die Menschen sagen, sie seien sündhaft geworden von den Füchsen, deshalb wollen sie die Füchse töten. Die Füchse antworten: Wenn ihr uns anrührt, werdet ihr noch mehr in Sünde fallen. Mir, dem Fuchs, steht der Himmel bei. Ich habe im Schatten unter dem Baum der Wünsche gelegen, habe aus dem heiligen Meer getrunken und herrliche Wohlgerüche eingeatmet. Meine Brust war weiß, aber ich lief unter der Sonne, und da wurde mein Fell rot. Ich bin die Milchstraße gewandert, deshalb ist mein Schwanz lang, bin durch Flüsse geschwommen, deshalb sind meine Lenden blau. Ich habe im abendlichen See gebadet, deshalb ist mein Fell rot. Wenn die Berge oder Flüsse verunreinigt sind, kann ich ihnen helfen, rein zu werden. Mit meinen Haaren reinigt sich der Himmel, mit meinen Gebeinen der Erdgeist, mit der rechten Rippe reinigen sich die Tagesgötter, mit der linken Rippe die Nachtgötter, mit den Eingeweiden alle Lebewesen ...«

Verschmutzung und Reinigung sind bei den Mongolen nicht so sehr praktische als vielmehr geistige, abstrakte, ethische, bis in buddhistische Vorstellungen über Gut und Böse zurückreichende Kategorien. Aus gutem Grund zitieren die Lamas zum Lob von Buddha Schakjamuni immer wieder die Legende von Buddha, der sich angesichts hungriger Tiger selbst diesen zum Fraß vorwarf, damit die Tiere nicht Hunger litten. Bei aller religiöser Tendenz dieser Art von Sujets haben sie das Volk doch von Kindesbeinen an zum Mitleiden mit allem Lebenden erzogen, dessen Zeit wie auch die der Menschen auf der Erde nur kurz bemessen ist.

Folkloreforscher sind immer wieder fasziniert von der Vielfalt rein nationaler Epitheta, die, von der mongolischen Natur inspiriert, ebenso farbenreich und so ausdrucksstark sind wie die Ebenen, Berge, Jurten und Herden in einer mongolischen Abendlandschaft selbst. Doch auch ein Reisender, der der Philologie fern steht, fühlt sich in diesen Gegenden wie ein Staubkorn im Raum, vergrößert in seiner Phantasie dadurch nur noch die ohnehin riesigen Maßstäbe, und wenn er am lodernden Herdfeuer den Araten lauscht, fährt er bei den zuweilen überraschenden Wortverbindungen regelrecht zusammen. Da bittet er zum Beispiel um etwas zu trinken, einfaches Wasser oder Tee ohne Milch, und bringt damit die Hausfrau in Verlegenheit: »Bei uns bewirtet man einen Gast nicht mit schwarzem Wasser.« Wieso schwarzes Wasser? Dieser Ausdruck irritiert einen anfangs: Man geht im Geiste alle Flüsse, Seen und Wasserfälle durch, die man je gesehen hat, in denen sich der blaue Himmel und die weißen Wolken spiegeln, man erinnert sich ihrer Klarheit, die so groß ist, daß man die Steinchen auf dem Grund rollen sieht; alle möglichen Beiwörter für Wasser kommen einem in den Sinn — aber wieso schwarz? Hat man dann aber alle annähernd treffenden Wörter ausgesondert und kehrt in Gedanken wieder zurück zu dem tiefblauen See in der von der Sonne durchglühten wolkenlosen Steppe, stürzt man in Gedanken an einem Brunnen in der Wüste nieder und starrt in die Tiefe, aus der einem Kälte entgegenströmt — ja, da gibt man sich geschlagen: Ja wirklich, Wasser ist schwarz!

Den Folkloreforschern ist das mongolische Beiwort »charbaraan« (»tiefschwarz«) im Zusammenhang mit dem Begriff Frühling aufgefallen. Man sollte meinen, alle Völker besingen den Frühling als grün, schön, farbenfroh. In der Mongolei aber wird die schönste Zeit des Jahres wiederum durch ein melancholisch klingendes Beiwort verdüstert. Wieso soll der Frühling schwarz, sogar tiefschwarz sein? Oder ruft das neu erwachende Leben auf der Erde in der Seele des Mongolen etwa ungute Ahnungen hervor — Schnee zur Unzeit, Frost, Hunger? So dachte ich jedenfalls, bevor ich meinen ersten Frühling in der Mongolei erlebte. Mitte März taute der Schnee rasch weg, der Wind blies kräftig über die nackte Erde hin, und zwei, drei Monate lang, bis zu den letzten Maitagen, als endlich das erste Grün sproß, erlebte man einen widerborstigen, Mark und Bein durchdringenden, absolut schwarzen Frühling. Das Volk denkt sich schmückende Beiwörter nicht aus, es lauscht sie der Natur ab. Die Natur ist für den Mongolen eine nie versiegende Quelle von Bildern, aus der er ständig schöpft, wenn er seine Gedanken möglichst treffend und poetisch artikulieren will. So sagt der Mongole: »Das Leben ist vergänglich wie der Regenbogen« oder: »Das Leben trocknet weg wie der Tau.« Er ringt sich diese Worte nicht ab, er denkt nicht nach über ihren poetischen Gehalt, dem aber, der sie hört und aufnimmt, kündet ihre Natürlichkeit nicht so sehr von den Besonderheiten der mongolischen Sprache als vielmehr von den Eigenheiten der mongolischen Seele.

Mich haben immer wieder die heutzutage selten gewordenen, arglosen Gemüter in Staunen versetzt, denen man in der mongolischen Steppe bisweilen begegnet. In einer verschneiten Februarnacht kehrte ich einmal mit einem Freund, einem Journalisten aus der DDR, nach dem Zagaan sar nach Ulan-Bator zurück. Ich mußte an das Neujahrsfest denken, das wir gerade erst hinter uns hatten, wenn alle Steppenbewohner bis zum Morgen in ihren Jurten sitzen, auf Gäste warten und der Meinung sind, daß das Jahr um so glücklicher wird, je mehr Leute in dieser Nacht bei ihnen vorbeischauen. Es herrschte klirrender Frost, wir hatten Durst und baten deshalb unseren Fahrer, zu einer einsamen, am Horizont nur schwach erkennbaren erleuchteten Jurte abzubiegen. In der Jurte saßen zwei ältere Leute, ein Ehepaar, und drei kleine Kinder. Der Fahrer trug ihnen unsere Bitte um etwas Wasser vor, als sich plötzlich der alte Mann abwandte und in Weinen ausbrach. Was war los? Hatten wir vielleicht aus Unkenntnis einen Brauch verletzt? Waren wir auf die Schwelle der Jurte getreten oder über eine Kopfbedeckung hinweggeschritten. Ich rätselte herum und bat den Fahrer, dem alten Mann zu sagen, daß wir ihn nicht hätten kränken wollen, und wenn wir irgend etwas falsch gemacht hätten, dann aus Unwissenheit, und wir bäten um Verzeihung. Der Fahrer übersetzte, der alte Mann antwortete ihm, und seine Schultern bebten erneut. »Er sagt«, übersetzte unser Fahrer, »er weine vor Glück, weil er das erstemal in seinem Leben in der Neujahrsnacht so hohe Gäste in seiner Jurte hat ...«

Diese Einstellung mag in gewissem Maße mit dem alten, rührenden, klugen Brauch verbunden sein, den Heranwachsenden mit seiner engeren Heimat, mit jenem durch den Horizont begrenzten Stückchen Erde bekannt zu machen, das er seit Kindertagen mit Auge und Ohr wahrgenommen, von dem aber sein heranreifendes Inneres noch nicht Besitz ergriffen hat. Als Junge von acht, neun Jahren ist er bereits Schüler, Reiter, in der Wirtschaft erster Helfer, Erzieher der Jüngeren in der Familie. Er ist selbständiger als viele seiner Altersgenossen in den großen Städten, doch das wahre Gefühl, Sohn dieser seiner Heimaterde zu sein, stellt sich unversehens an einem warmen sonnigen Tag ein, wenn ihn der Vater oder Großvater, angetan mit den besten Kleidern und den verzierten Stiefeln, mit in die Berge nimmt. Mit jedem Schritt den Berghang hinauf weitet sich das Land, nimmt es immer neue Hügel in seinen Kreis auf. Vom Gipfel schweift der Blick über eine bekannte Landschaft: »Siehst du dort das Gurwan-Saichan-Gebirge (»Drei Schönheiten«)?« – »Ja, Vater.« – »Schau hin, weshalb man es so nennt. Den ersten Felsen tauchen die Sonnenstrahlen in Gold, eine Minute später flammt auch der zweite auf, nach ihm der dritte. In diesen Bergen hat dein älterer Bruder Bold die Schafherde vor einem Schneesturm in Sicherheit gebracht, und dabei sind ihm beide Hände erfroren ...« – »Ja, Vater.« – »Und da ist auch das Wäldchen Dsuun Mod (»Hundert Bäume«). Dort gab es einen Brunnen, den hat man vor zweihundert Jahren gebohrt. An jenem Brunnen hat Dshagwaral, also dein Großvater, mein Vater, die junge schöne Schuchuu, deine Großmutter, getroffen und sie vor einem Wolfsrudel gerettet ...« – »Ja, Vater ...«

So stehen sie beide auf dem Gipfel des Berges, bis die glühende Sonne in dem Einschnitt zwischen den Höckern eines einsamen Kamels, das durch ein kühles Tal läuft, verschwindet. Nie wird der junge Mongole jene neue Welt von Gefühlen vergessen, die sich ihm heute erschlossen hat. Er wird jetzt häufig diesen Berg ersteigen und dabei Einzelheiten entdecken, die ihm früher verborgen waren; er wird Farben sehen, die er früher nicht gesehen hat. Bis ins hohe Alter wird ihm nie der Gedanke kommen, daß er dieses Stückchen Erde ja schon in- und auswendig kennt, daß es hier nichts gibt, was ihn noch in Staunen versetzen könnte. Und wenn dann der Tag kommt, an dem er seinen Sohn oder Enkel an der Hand über eben jenen steinigen Pfad zu diesem moosüberwachsenen Gipfel führt, werden ihm vielleicht die Augen tränen, doch selbst dann noch wird er ein Detail bemerken, das er sein ganzes Leben hindurch nicht bemerkt hat. »Siehst du das Gurwan-Saichan-Gebirge?« — »Ja, Vater.« — »In diesem Gebirge hat dein Onkel Bold die Schafherde vor einem Schneesturm in Sicherheit gebracht, und dabei sind ihm beide Hände erfroren ...« — »Ja, Vater.«

Für den jungen Menschen wird diese Ebene vielleicht auch jene verheißungsvolle, süße, erregende Bedeutung haben, wie sie für Russen auf dem Lande die abendlichen Treffs der jungen Leute noch heute haben. Initiatoren bei den Mongolen sind hier gewöhnlich die jungen Mädchen. Sie verabreden sich, informieren die Eltern, daß sie wohl kaum vor dem Morgengrauen in die Jurte zurückkommen, und dann reiten sie gegen Abend auf Ochsen oder Pferden in die Steppe, drei bis vier Kilometer weit vom Standlager entfernt. Auf der Ebene treffen sich dann die Jugendlichen, mitunter reitet wohl auch einer von den Eltern vorbei, um zu gucken und sich an ihnen zu freuen. Kaum stehen die ersten Sterne am Himmel, beginnen die jungen Leute ein Spiel, das sich bei ihnen besonderer Beliebtheit erfreut — Zagaan mod (»Weißer Baum«). Einer der Burschen wirbelt über seinem Kopf ein abgehobeltes Holzscheit (einen weißen Baum) und wirft es in die Dunkelheit, und die jungen Leute stürmen Hals über Kopf los. Es geht darum, das Scheit im Finstern möglichst schnell zu finden. Irgendwie ergibt es sich dabei, daß man paarweise sucht, und zwar lange und viele Male. Lachen, Rascheln und erschrockenes Flüstern sind dann in der nächtlichen Steppe zu hören. Gegen Morgen, wenn die Mädchen und Jungen blaß und müde zum Treffpunkt zurückkehren, beneiden sie den glücklichen Finder des in der Dunkelheit gut sichtbaren hellen Zagaan mod kein bißchen. Obgleich es in den Somonzentren seit langem Klubs gibt, wo man zu Grammophonmusik moderne Tänze tanzen kann, veranstalten auch heute noch die jungen Araten in der entlegenen Steppe das beliebte Spiel Zagaan mod. Ich habe Mädchen von fünfzehn, sechzehn Jahren ihre Pferde satteln sehen, die am Abend zu ihrem ersten Zagaan mod aufbrachen. In ihren Gesichtern sah man die gleiche Verwirrung der Gefühle wie auf dem ihrer Altersgenossin Natascha Rostowa aus Tolstois Roman »Krieg und Frieden« vor ihrem ersten Ball.

Unsere Schlauchboote treiben den Selenge abwärts, vorbei an gespenstisch aussehenden Wurzeltellern von Bäumen, die von der Strömung unterspült wurden und mit den Wipfeln nach unten umgestürzt daliegen, als wüchse ein Teil des Waldes ins Erdinnere hinein und ließe die Wurzeln in der Sonne trocknen. In den Wurzelgeflechten haben Vögel ihre Nester gebaut. Auf einem waagerecht liegenden Stamm stolzieren weiße Kraniche umher. Als sie unsere Boote sehen, halten sie in ihrem Spaziergang inne und schauen uns nach, die Köpfe hoch erhoben. Wir lavieren uns zwischen den Wurzeltellern hindurch, ängstlich darauf bedacht, nicht auf einen im Wasser verborgenen Ast aufzulaufen, denn solchen Kraftproben sind die Gummiboote nicht gewachsen.

Vor uns tauchte über dem Wasser ein ausladendes Geweih auf, es sah aus, als käme uns ein Hirsch entgegengeschwommen, das heißt, nicht geschwommen, sondern er schien sich nur über Wasser zu halten und mit dem Kopf nach unten den steinigen Grund zu betrachten. Näher herangekommen, sahen wir, es war ein von der schnellen Strömung umspülter Tierkadaver. Der Hirsch lag so, als habe er sich verwundet bis zum Wasser geschleppt und schon nicht mehr die Kraft gehabt, ans Ufer zurückzukehren. Aber wer sollte in dieser menschenleeren Gegend auf ihn geschossen haben, war doch schon der dritte Tag vergangen und immer noch kein Hinweis auf Menschen — keine herumliegenden Konservendosen und Flaschen. Es mochte wohl ein alter Hirschbulle gewesen sein, der sein letztes Stündlein nahen fühlte, sich heimlich von der Herde absonderte, an das schattige Ufer lief und ins Wasser, um sich ein letztes Mal Kühlung zu verschaffen.

Wir kamen an steilen roten, schartigen Felsen vorbei mit abgeschlagenen Steinen, die zum Fluß hinabgerollt waren. Als wir genauer hinschauten, erkannten wir menschliche Gesichter, sehr vertraute menschliche Züge; ganze Scharen von Freunden und Verwandten, aus dem Fels herausgehauen, standen am Ufer als grandioses Monument einer uns nahen und doch so weit zurückliegenden Epoche der Menscheit. Riesige Augenhöhlen waren auf uns gerichtet, wir erschauerten förmlich unter den versteinerten Blicken, die uns über der Schaumspur am Heck nachsahen. Gesichter schauten uns an — lächelnd, verständnisvoll, mißbilligend; ich hatte das Gefühl, einem grausamen Gericht ausgeliefert zu sein.

»Gewiß werden wir auch die nächsten beiden Tage nicht auf Bestarbeiter stoßen«, seufzte mein mongolischer Freund und blätterte in den leeren Seiten seines Notizblocks. »Worüber soll ich bloß schreiben?«

»Schreib über dich selbst!« wiederholte ich. »Was du siehst, fühlst und denkst.«

»Über mich? Wen interessiert das schon? Wer würde das drucken?«

»Beschreibe doch einmal diesen Wald. Er ist doch schön, nicht wahr? Schau einmal, nicht das geringste Anzeichen für eine nahe menschliche Behausung.«

Mein mongolischer Freund schaute lange auf die im Winde schwankenden Wipfel.

»Ich sehe keinen Wald, ich sehe nur einzelne Bäume.«

Er stützte sich auf den Rand des Schlafsackes, rückte auf der flachen Nase seine Brille zurecht und glich nun einer Eule, die ihren Raubvogelblick umherschweifen läßt.

»So schauen Sie doch, wie die kleine Birke vor der dicken Esche katzbukkelt«, sagte mein Freund. »Weshalb kriecht die Birke vor ihr im Staub? Die Esche bemerkt sie schon seit langem nicht mehr, sie ist groß und sieht nicht, was sich da unter ihr tut. Und daneben die Stute mit dem Fohlen, die Hälse verschlungen. Hören Sie, wie kläglich das Fohlen wiehert?«

»Wo siehst du Pferde?« fragte ich verständnislos.

»Na dort, die schwarzen Kiefern, sie haben ihre Hälse umeinandergeschlungen, reiben ihre Flanken aneinander ... Ehe-hei!«

Unser Freund stammt aus der flachen Steppe im Landesinnern, wo im Weidengestrüpp stille Flüßchen dahinströmen, in den trockenen Tälern zwei, drei weiße Jurten stehen, ein Reiter im Filzhut, die lange Fangleine über der Schulter, die Herde umkreist und alle Traditionen in Kultur und Alltag mit Pferden verbunden sind. Hier stellt man den besten Kumys her, hier schmückt man Zaumzeug und Sattel mit Silberplättchen. Hier tauchte vor Jahrhunderten das große Holzrad auf, das für den Transport von Hab und Gut durch flache Täler bestens geeignet war. Die Besonderheiten der Natur beeinflußten die Form der Kleidung, Bräuche und Sitten, ja selbst den Charakter von Liedern und Tänzen. In der Steppe singt man getragene Weisen und tanzt unter freiem Himmel, im Kreis aufgestellt und einander an den Händen fassend. Die Gegend dort ist mit Gras bestanden, weiträumig. Staub gibt es nicht. Anders verhält es sich, sagen wir, in der Gobi, dem Reich der zweihöckrigen Kamele. Auf Barchanen, Sicheldünen, kann man nun einmal schlecht tanzen, also tanzt man hier in den Jurten, einzeln, wobei man Bewegungen des Oberkörpers, der Arme und des Kopfes bevorzugt, ähnlich wie beim indischen Tanz.

Man kann über das philosophische Gedankengebäude des britischen Historikers Arnold J. Toynbees geteilter Meinung sein, wandert man aber im Land der Mongolen umher und beobachtet dabei den Zusammenhang zwischen dem Naturgebundenen und dem Sozialen, erinnert man sich doch immer wieder Toynbees Konzeption von der Herausforderung, die von der Umwelt ausgeht, eine Herausforderung, auf die die Gesellschaft Antwort gibt, die ihrerseits wieder in der Umwelt eine neue Herausforderung gebiert ... Nach Ansicht des genannten Historikers verdanke die Kultur der Polynesier ihr Entstehen einer Herausforderung von seiten des Ozeans, die Kultur der Eskimos verdanke ihre Entstehung der Herausforderung, die die an ihren Gestaden berstenden Eisschollen darstellten, und die »Nomaden, die die Herausforderung der Steppe annahmen, ließen sich mutig in einen Zweikampf ein mit einem ebenso unnachgiebigen Material als Gegner. In der Tat hat die Steppe, vom Sozialen her gesehen (im Unterschied zum Physisch-Geographischen), mit ihrer von Gras und Kies überzogenen Oberfläche wesentlich mehr Ähnlichkeit mit einem von Menschenhand nicht zu bearbeitenden Meer als mit festen Land, dem immerhin mit Hakenpflug oder Scharpflug beizukommen ist«. Beobachtet man die Besonderheiten des Lebens in den verschiedenen Natur- und Klimazonen der Mongolei, kommt einem der Gedanke, daß die Herausforderungen der physischen Natur die Seele des Volkes selbst zu einer Reaktion veranlaßten. In der Steppe der Nomaden stieg der Wert der Verwandtschaft, wuchs die Achtung der Jungen den Alten gegenüber, die Hilfe der Menschen untereinander.

Es gab Zeiten, da wertete man einen jungen Mongolen danach, bis ins wievielte Glied ihm die Namen seiner Vorfahren geläufig waren. Als echter Mongole galt der, der seine Vorfahren bis ins siebente Glied kannte. Das war kein falscher Stolz auf die Herkunft oder die Bedeutung des Geschlechtes. Selbst heute noch kann man sich im Gespräch mit einem Steppenmongolen nur wundern, wie genau er über seine entferntesten Vorfahren Auskunft geben kann, wie gut er weiß, wo und was mit ihnen geschah, und mit Bedauern muß man sich dann eingestehen, daß man selbst ab dem Großvater von den Vorfahren nichts mehr weiß, und es ist auch schon niemand mehr da, den man nach ihnen fragen könnte. Immerhin ist es gut, wenn man die Geschichte seines Landes auch aus der Sicht der eigenen Geschlechterfolge betrachtet. Ohne in Hochmut oder in Kriecherei zu verfallen, fühlt man sich als Weizenkorn auf dem ewigen Acker der Geschichte und erinnert sich des namhaften sowjetischen Orientalisten N. Konrad, der einmal sinngemäß gesagt hat: »Völker, die von alters her fortgeschritten oder von alters her rückständig gewesen sind, gibt es nicht; alle großen zivilisierten Völker des Orients und des Okzidents hatten in ihrer Geschichte sowohl Perioden stürmischer Entwicklung als auch Zeiten verlangsamter Bewegung, ja sogar Zeiten gänzlicher Stagnation, was zu einem zeitweiligen Zurückbleiben führte. Niemand aber hat das Recht, das eigene Volk als ein besonderes Volk zu betrachten, das allen anderen überlegen ist. Jede Nation muß das Gefühl für eigene Würde besitzen, Größenwahn bei einer Nation aber ist ebenso falsch, schädlich und einfach lächerlich wie bei einem einzelnen Menschen.«

»Weißt du«, sagte mein Freund im Boot, »ich habe ja nichts gegen Socken, Hemden oder Jacken aus Kunstfasern. Meinetwegen mag es sogar Jurten aus Kunstfasser geben. Was ich aber nicht möchte, ist, daß die zwischenmenschlichen Beziehungen sozusagen aus Kunststoff bestehen. Ich weiß noch aus meiner Kindheit, da nahm es kein älterer Mensch stillschweigend hin, wenn sich ein Heranwachsender nicht gebührlich benahm. Der Ältere machte dem Jüngeren, wer es auch immer sein mochte, Vorhaltungen, wies ihn zurecht, und der hörte sich das höflich an. In der Steppe kann man das heute noch beobachten, in der Stadt aber bleibt selten einmal ein Älterer stehen, ja er wird nur noch schneller mit seinem Stock auf den Gehsteig klopfen und machen, daß er fortkommt.«

»Das ist für alle Städte in der Welt typisch«, entgegnete ich.

»Gut, aber weshalb sollten wir auch in dieser Beziehung andere Länder einholen?«

Der erste mongolische Kapitän

Man sagt, die Natur sei wie eine Frau: Niemals wird sie einen lieben, der sie mit Gewalt genommen hat. Darüber macht man sich im Zeitalter der Industrialisierung wenig Gedanken, man springt mit Bergen, Wäldern, Flüssen nach Belieben um, zählt Himmel und Erde zu den leicht zugänglichen »Ressourcen«. Wälder werden abgeholzt, Schächte gegraben, Fabriken gebaut, Abwässer in Seen geleitet. Zwei, drei Jahrzehnte später aber wird es still um den industriellen Boom, die Bodenschätze sind erschöpft, die Gebäude stehen da, mit Brettern vernagelt, inmitten von Erosionsschluchten und stinkenden, versumpften Gewässern. Wo bleibt da die Zivilisation? Sind etwa blühende Steppe oder selbst Sanddünen, die ja vor der Industrielandschaft da waren, weniger »zivilisiert« als verwilderte Erosionsschluchten, die jene verdrängten? Solcher Art Gedanken kamen mir angesichts alter aufgegebener Goldminen in Sibirien, wo der Wind schwarzen Staub über die aufgelassenen Tagebaue treibt. Ich habe so manches Bild von Verödung gesehen, doch nichts wirkt auf die menschliche Psyche so deprimierend wie eine von der Industrie verunstaltete und von Menschen aufgegebene verwüstete Landschaft.

Die Mongolei ist noch eine der wenigen Regionen auf unserem Planeten, wo weite Räume und eine zahlenmäßig geringe Bevölkerung, die sich vorwiegend mit Weidewirtschaft und Viehzucht befaßt oder in relativ kleinen und weit voneinander entfernten Ortschaften konzentriert ist, die ganz seltene Möglichkeit bieten, seit alters bestehende Naturkomplexe zu erhalten. Aus gutem Grund streben Touristen vieler Länder gerade in die Mongolei; sie haben den Eiffelturm, den Prager Hradschin, den Hydepark, das Kolosseum in Rom und die Donaubrücken von Budapest gesehen, nirgendwo aber Landschaften angetroffen, wie es sie schon vor Jahrtausenden auf der Erde gegeben hat, die niemals einen Kulan oder ein wildes Kamel in der Steppe zu Gesicht bekommen haben, von denen keiner je beobachtet hat, wie in der Wüste ein Dinosaurier ausgegraben wird. Ich habe in der Mongolei einen bärtigen amerikanischen Jäger aus Kalifornien getroffen, der mir sagte: »Jagdmöglichkeiten wie hier gibt es selbst in Afrika schon nicht mehr!«

Vier Tage kreiste mein Hubschrauber über der Gobi. Angerührt von der Schönheit der vielen Gesichter der Wüste, die im Licht der untergehenden Sonne aufflammte, als breite sich ein Feuermeer über dem Sand aus, konnte ich mich gar nicht losreißen von meinem Bordfenster. Hier und da standen vereinzelte Bäume, die ihre üppige Krone hoch über dem Sand in die Höhe reckten, selbst für Kamele nicht erreichbar. Steile Felsklippen sah ich vorübergleiten, durch den Wechsel von Hitze und Kälte in Stücke zersplittert, steinige Steppe wechselte ab mit Kieswüste, Staubwolken ballten sich unter uns zusammen. Die Welt da unten kam mir so unendlich fern vor, wie eine Marslandschaft etwa, anziehend und furchteinflößend zugleich. Gewaltige freie Räume, die letzten auf unserem Planeten, der Sahara oder der Taklimakan ähnlich, drehten sich da unter mir im Kreise. Als ich sah, wie ein von dem Motorenlärm aufgescheuchtes wildes Kamel hin und her raste, umhertänzelte, als wüßte es nicht, wohin mit seinem Jungen vor dem Lärm, der da vom Himmel herabdröhnte, kam mir der Gedanke, daß diese Art Bilder einem Menschen, wenn er sich ihrer erinnert, sehr viel bedeuten können.

Da hier nun einmal die Rede ist von der Psyche des Mongolen, wie sie früher beschaffen war und was ihr widerfahren ist, müssen wir spätestens an dieser Stelle einen Wesenszug nennen, den die neue Zeit hervorgebracht hat.

Wir fahren zum Chuwsgulsee, in der Hoffnung, zumindest ein wenig Kontakt zu bekommen zu einem Menschen, der der im Vormarsch begriffenen Industrie nicht den Rücken gekehrt hat, sondern aktiv nach Wegen sucht, die beeindruckende Unversehrtheit der Natur und den unumkehrbaren technischen Fortschritt miteinander in Einklang zu bringen. Es soll uns dabei nicht irritieren, daß der dieserhalb besorgte Mensch Leiter einer Schifffahrtslinie ist, der kleinsten, die es auf der Welt gibt: Sie besitzt nur ein einziges Schiff, die »Suchbaatar«, und auf diesem Schiff ist er Kapitän. Über diesen stattlichen brünetten mongolischen Kapitän ist hier schon viel geschrieben worden. Fotos hat man von ihm gemacht, im Kino war er zu sehen in gebügelter Uniform mit goldbetreßten Aufschlägen; das Fernglas in der Hand, so schaut er trutzig in die dunstige Ferne, und Möwen formieren sich zu einem über seiner Mütze schwebenden Heiligenschein. Solange ich Kapitän Bataa so sah — und er gab sich alle Mühe, so zu erscheinen, wie sich die Leute eben einen mongolischen Seebären vorstellen —, wollte ich nicht über ihn schreiben, obwohl ich mehr als einmal neben ihm auf der Brücke gestanden und sein schneidiges Kommando »Volle Fahrt voraus!« gehört hatte. Für diese Art Selbstsicherheit konnte ich mich nicht begeistern, da waren mir die Seemannsfrauen von Turtu schon lieber oder die Melkerinnen in Nähe des Hafens, wenn sie auf ihren kleinen Höfen für ihre so ganz normalen Durchschnittsfamilien das Abendessen bereiteten.

Meine Pläne gerieten ins Wanken, als ich an einem Juliabend am Ufer des Chuwsgul entlang zu der Jurte wanderte, in der Kapitän Bataa wohnte.

Chuwsgul heißt »Wasserreicher«, so nannten die alten Turkstämme diesen Gebirgssee, weil sie in der ihnen eigenen konkreten Denkweise meinten, es gebe in den Gebieten Zentralasiens, die sie von ihren Wanderzügen her kannten, keinen wasserreicheren See als eben diesen Chuwsgul. Daß ein von einem Felsen herab in seine Fluten geworfener Holzsattel durch den seichten kleinen Eg (Egijn-gol) in den Selenge und tausend Kilometer weit auf diesem durch die Steppen Burjatiens in den noch viel tieferen und noch weitaus wasserreicheren Baikal schwimmen würde — das konnten die Reiter damals natürlich nicht wissen. Sechzehn Jahre habe ich am Baikal verbracht und mußte nur immer wieder staunen über die Schönheit und Kraft dieses sibirischen Wunders. Ich habe seine Ufer abgeschritten, bin mit Tauchern auf seinen Grund hinuntergestiegen, habe seine Sorgen mit ihm geteilt und nicht geglaubt, daß es auf der Erde noch ein Gewässer geben könnte, das ihm auch nur im entferntesten gliche. Der Chuwsgul aber ähnelt ihm, als sei er sein kleinerer Bruder: das gleiche intensive Blau, die überhängenden Felsen, in dichte Wälder gebettet, und überdies gibt es auf der Steininsel und in der Mündung des Flüßchens Choroo zwei riesige Vogelbasare: Zu Tausenden kreisen Möwen und Kormorane über einem, so tief, daß man meint, man brauche nur den Arm auszustrecken und ein Vogel setze sich einem auf die Hand.

Und nun war ich also unterwegs zu Bataas Jurte ... Durch den Schotter am Ufer stapften zottige Grunzochsen, die von ferne mittelalterlichen gepanzerten Streitrossen ähnelten. Das Wasser atmete Kühle, ein nach Algen riechendes Lüftchen erhob sich und verwehte den Rauch der Lagerfeuer in alle Himmelsrichtungen. Die Matrosen saßen im Kreise ihrer Familien beim Abendessen. Dreiunddreißig Männer vom Chuwsgul, Nomaden von gestern, hatten den Sprung vom Sattel auf das nach Teer und Tauen riechende schwankende Deck des Dampfers gewagt, sicherheitshalber aber doch ihren mit Stangen umzäunten kleinen Hof am Ufer, die Hürde für das Vieh und die Jurte — ihre gewohnte Umwelt — beibehalten. Vielleicht übernimmt man Neues beruhigter, wenn man das heile, liebe Alte noch hinter sich weiß.

Ich öffnete die Jurtentür und sah an einem Nagel die Kapitänsjacke hängen; die Mütze mit der bronzenen Schirmumrandung steckte hinter einer Dachstange. Bataa saß im Hemd, die Ärmel aufgekrempelt, am Tisch, zu seinen Füßen krabbelten seine kleinen Kinder auf dem Filz umher, während er hörbar schnaufte und schrieb.

»Sain bainuu!« grüßte ich. Der Kapitän blickte mich verständnislos an, noch ganz auf die halbvolle Papierseite konzentriert. Ich zerbrach mir den Kopf, mit was für einer Meldung, was für einem schriftlichen Bericht der Hausherr sich da so abplagte, was für Gedanken das wohl sein mochten, die das energische, kühne Gesicht hatten erschlaffen lassen, auf dem sich jetzt eine diesem Manne so gar nicht eigene und dennoch sehr zu ihm passende Hilflosigkeit malte. »Ja, sehen Sie«, antwortete der Kapitän etwas verlegen, »ich arbeite noch ein bißchen ...« Mit einer Geste lud er mich an den Tisch, und mein Blick blieb auf den mit schülerhaftem Eifer gemalten runden Buchstaben haften: »Winde vorwiegend aus West, weniger Sandbänke, deshalb entschloß ich mich für die Route am Westufer entlang.«

Bataa hat für den Chuwsgul ein Lotsenhandbuch erarbeitet. Für einen Laien bedeutet das vielleicht nichts Besonderes, selbst wenn er weiß, daß es ein Lotsenbuch für diesen See bisher nicht gab. Doch man muß sich einmal diese an den See grenzende aus Holz gebaute Siedlung Turtu mit ihren wenigen Dutzend Jurten vorstellen, die im Nachtwind schwankende Kapitänsjurte, auf dem Tisch die Schale mit dem kalt gewordenen Tee und auf einem Schemel sitzend den Kapitän, einen Nachkommen von Nomaden vom Chuwsgul, der sich an eine so grundlegende hydrographische Arbeit gewagt hat, die ein ganzes Forscherkollektiv beschäftigt hätte. Und all dies muß man sich in den Norden der Mongolei projiziert vorstellen, wo Siedlungen selten und klein sind, wo in nächster Nähe in kaum zugänglichen Bergen noch die Zatanen leben, eine nur wenige hundert Menschen zählende Gruppe von Jägern, dann stellte die Erarbeitung eines Lotsenhandbuches schon etwas dar, was weniger mit Hydrographie als vielmehr mit den Ressourcen an geistigem Potential zu tun hat.

Zu Beginn unseres Jahrhunderts tuckerte die »Mongol« auf dem Chuwsgul umher, russische Kaufleute hatten den kleinen Dampfer hierher gebracht, er roch nach Hammelfleisch, Mehl und Eisenblechen. Niemand weiß, wo die »Mongol« abgeblieben ist, wo der hölzerne Schiffsrumpf verrottet ist, jedenfalls tauchten in den dreißiger Jahren auf dem scheinbar stillen See zwei neue hölzerne sibirische Schiffe auf, die »Zehn Jahre MVR« und die »Suchbaatar«, und mit ihnen Schuten; am See baute man Lagerräume, Anlegestellen, Werkstätten und eine Funkstation. Die Lotsen waren Sibirier von der Lena, dem Jenissej und der Angara. In offenen Wattejakken, die das Matrosenhemd über der Brust sehen ließen, hatten sie sozusagen nach Gefühl, intuitiv, die Schiffe hierher gesteuert und halfen den ersten Seefahrern mongolischer Herkunft, ohne Seezeichen die Fahrrinne zu finden. Mongolen wurden Matrosen, Bootsmänner und Schiffsmechaniker, die unter Binnenseebedingungen selbständig arbeiten konnten. Zu Beginn der fünfziger Jahre führte dann das erste Mal ein mongolischer Kapitän ein Schiff. Es war der ehemalige Heizer von der »Suchbaatar«, Tschadraawal, der schon an den Revolutionskämpfen teilgenommen hatte, und dieser Tschadraawal war der Vater von Kapitän Bataa.

Als der alte Tschadraawal starb, begrub man ihn in der Siedlung auf einem hohen Hügel. An die Umfriedung schweißte man einen schweren Kupferanker, der besagen sollte, daß die Gegend am Chuwsgul von nun an und für alle Zeiten Heimstatt mongolischer Seeleute ist. Der junge Bataa ging ebenfalls als Heizer auf die »Suchbaatar« und setzte damit eine für Mongolen ungewöhnliche Familientradition fort. Seefahrerfamilien hatte es in der Steppe bisher noch nicht gegeben. Übrigens war und blieb der Dampfer dem Verkehrsministerium unterstellt, das sich mit LKW-Transporten befaßte, doch das empfanden die Binnenschiffer nicht etwa als Herabsetzung, es verweist nur auf ihre Rolle, die sie in der Steppe spielen. Bataa schickte man auf die Fachschule für Binnenschiffahrt in Astrachan. Als Kapitänstellvertreter fuhr er auf der Wolga und transportierte Melonen, Fisch und Kies. Als er Monate später an den Chuwsgul zurückkehrte, entlockte er, wenn er nachts Wache hatte, den Matrosen oft ein Lächeln, weil er das in der Mongolei kaum bekannte russische Lied von Stenka Rasin vor sich hin zu summen pflegte. Er war schon Kapitän auf der »Suchbaatar«, da erwarb er im Fernstudium in Nowosibirsk noch den Abschluß als Ingenieur und erhielt als erster mongolischer Seemann Hochschulbildung. Das Thema seiner Diplomarbeit war die nautische Beschreibung des Chuwsgul.

23
23

Die junge Stadt Erdenet mit dem riesigen Kupfer-Molybdän-Kombinat. – Mächtige Kipper befördern das im Tagebau gewonnene Erz zum Aufbereitungswerk

Ich habe diese Diplomarbeit in der Hand gehabt, es ist eigentlich schon eine richtige kleine Chuwsgul-Enzyklopädie. Ich las da über die dichten Nebel, die im Juli morgens von zwei bis sechs Uhr herrschen, über die hohen Lärchen am Ufer, die Zirbelkiefern, Birken und Espen, über die verschiedensten Tiere, vor allem die Vögel, die hier in großer Zahl anzutreffen sind; ich erfuhr, wie man Äschen, Hechte, Taimen und Plötzen fängt, wann der See zufriert und an welcher Stelle er zuerst aufbricht, und fand die mit besonders fester Hand geschriebene und noch unterstrichene Zeile: »Der Chuwsgul ist einer der saubersten Seen der Welt und von anthropogener Tätigkeit noch fast unberührt.« Der Kapitän konnte damals nicht ahnen, wieviel Mühe es kosten würde, damit seine Worte ihre Gültigkeit behielten.

»Wissen Sie, warum der aus dem Baikal stammende in den Chuwsgul umgesetzte Omul (Coregonus autumnalis) sich eingewöhnt hat und hier größer wird als der im Baikal?« Kapitän Bataas Augen blitzten schalkhaft. »Er hat bei uns keine Futterkonkurrenten. Außer dem Omul frißt bei uns kein Tier Plankton, allen anderen Fischen im Chuwsgul genügen die ins Wasser fallenden Insekten und die Organismen in den bodennahen Schichten!«

Er sagte das freudig, mit innerer Anteilnahme und zeigte sich mir damit von einer Seite, die ich noch nicht kannte: Er ist ein so leidenschaftlicher Umweltschützer, daß alle Gespräche über die Flotte ganz von selbst in ökologische Probleme einmünden. Mit ihnen setzt unser Kapitän sich auseinander, sie nimmt er ernst, als seien es seine wichtigsten persönlichen Anliegen. So ein Engagement ist wohl für Biologen selbstverständlich, aber ich habe in ihm zum ersten Mal einen Mongolen gesehen, der von Berufs wegen nichts mit Umweltschutz zu tun hat und sich dennoch so ehrlich für Probleme engagiert, die für die mongolische Öffentlichkeit neu sind. Am See leben in Zelten Wissenschaftler und Studenten, Trupps einer sowjetisch-mongolischen biologischen Gemeinschaftsexpedition; dort hat der Kapitän viele Freunde, und dort verbringt er auch seine ganze Freizeit. Er bewundert ihre Ausdauer und Unerschrockenheit (es gibt unter ihnen auch Frauen), hat Verständnis für ihre Begeisterung und ihre Bereitschaft, sich auf weite Touren zu begeben, sobald der Frühling kommt, um auf Felsen herumzukraxeln oder bei glühender Sonne Gräben auszuheben. Es ist wohl der russische Forschungsreisende Pjotr Koslow gewesen, der ihren Motiven am besten Ausdruck verliehen hat: »Doch wieviel bedeutet der Höhenflug des Geistes, der leidenschaftliche Wunsch, in dem zu erforschenden Land in alle Einzelheiten des Lebens in der freien Natur einzudringen, die Geschichte der Völker aufzuhellen, die es bewohnen … Alle diese Bestrebungen lassen einem neue Kräfte zufließen, und die Müdigkeit scheint wie weggeblasen.«

Mongolische Wissenschaftler, die in der Gemeinschaftsexpedition ihre ersten zaghaften Schritte taten, sind inzwischen promovierte Leute, ihre Ansichten haben in der wissenschaftlichen Welt nicht nur Stimme, sondern erlangen mit jedem Jahr immer größeres Gewicht. Die wissenschaftliche Leitung der Expeditionen liegt in den Händen namhafter Wissenschaftler der UdSSR und der MVR, die als Autoritäten auf ihrem Fachgebiet, als Begründer eigener Schulen gelten. Bemerkenswert aber und noch viel wichtiger ist, daß, wenn am abendlichen Lagerfeuer am Seeufer die Meinungen aufeinanderprallen und die Diskussionen entbrennen, nicht die Autoritäten, sondern die Argumente, die in der gemeinsamen Arbeit gewonnen wurden, Priorität haben.

Schon vor zwanzig Jahren war Bataa bei den Wissenschaftlern zu finden gewesen, als man sich hier zu einem Experiment entschlossen hatte: Vierzehn Millionen Omuleier sollten vom Baikal geholt und in den Chuwsgul gebracht werden. Der See sorgte für allgemeine Verwunderung. Nicht nur, daß sich die Fische sehr gut eingewöhnten und mehrere Male Nachwuchs hatten, sie wurden auch größer als ihre Vorfahren aus dem Baikal, ihr Fleisch war weißer und schmackhafter. Zur Zeit rechnet man mit etwa zehn Millionen Omulen im Chuwsgul.

Womit konnte Kapitän Bataa dem Omul helfen? Nun, er verbot, Schmutzwasser von seinem Dampfer und den Lastkähnen in den See abzulassen. Wasser, das sich während der Fahrt auf dem Schiffsboden ansammelt, kann man aber anders nicht beseitigen, schon seit fünfzig Jahren läßt man es in den See ab, und auch in vielen anderen Ländern verfährt man nicht anders. Wohin auch damit?

Bataa brachte leere Fässer zur Anlegestelle, lud sie sich gemeinsam mit den Matrosen auf den Rücken und schleppte sie über die Gangway an Deck. In die Fässer pumpen sie das Abwasser vom Schiffsboden; zweimal im Monat werden diese Fässer ans Ufer transportiert und an für den See gefahrlosen Stellen entleert. Auch hier geht es nicht darum, daß der Kapitän das bewerkstelligt hat, wichtiger in unserem Falle war sein inneres Bedürfnis, solche Kraftakte zu vollbringen, jener Enthusiasmus, bei dem der Mensch keine Unterschiede mehr macht zwischen dem, was er selbst, und dem, was die Gesellschaft braucht.

»Ich weiß noch gut, wie der Vater einmal an einer Schnur einen weißen Teller in den See hinunterließ. Noch in fünfundzwanzig Meter Tiefe war der Teller zu sehen. Von Zeit zu Zeit tun wir das gleiche. Vorläufig ist die Bewertungsnote noch unverändert, und wir dürfen nicht zulassen, daß sie sich ändert.«

Ackerbau war in der vorrevolutionären Mongolei so gut wie unbekannt; heute versorgen Staatsgüter und landwirtschaftliche Vereinigungen das Land fast restlos mit dem nötigen Getreide. – Rechte Seite: LKW-Fahrer auf einem Staatsgut. – Blick aus der Vogelschau auf das Zentrum einer landwirtschaftlichen Vereinigung

Es gehört nicht zu Bataas Pflichten, an einer Schnur einen weißen Teller ins Wasser hinunterzulassen und den Reinheitsgrad des Wassers zu messen, das ist überhaupt nicht Sache eines Kapitäns. Doch auch darin zeigt sich die besondere Eigenheit seines Wesens, daß er aus einem solchen Anlaß in schöpferische Unruhe geraten kann.

In der Umgebung des Chuwsgul kann man Wildschafe beobachten, wie sie ihr bizarr geschraubtes Gehörn schütteln; von den Bergen herab kommen Hirsche, Rotwölfe, Zobel. Projektanten haben vor, in dieser Gegend einen Naturpark und mehrere Natur- und Landschaftsschutzgebiete einzurichten. Nach Ansicht der Fachleute könnte hier auch ein Lager an einer internationalen Touristenroute errichtet werden, die vom Baikal durch das Tunkintal zum Chuwsgul führen würde — mit Naturlandschaften, Thermalquellen, reiner Luft im Schatten von Wäldern ... Mit der Zeit könnte hier eine ganze Kette von Sanatorien und Kurorten entstehen.

»Wissen Sie«, meint Bataa, »solcher Art von Projekten gegenüber ist meine Haltung etwas zwiespältig: Einerseits möchte ich selbstverständlich, daß möglichst viele Menschen meine Freude am Anblick der herrlichen Natur teilen. Es gibt ja nicht mehr viele Fleckchen Erde, wo Tiere noch so zutraulich sind. Andererseits aber weiß man nicht, ob unter den nur kurze Zeit hier weilenden Touristen nicht einer ist, der diese Zutraulichkeit in grober Weise für sich auszunutzen versteht, sie mit einem Gewehrschuß erwidert und am Ufer seine leeren Konservendosen zurückläßt!«

Inzwischen ist auch am Chuwsgul schon der stählerne Hauch der Industrie spürbar. Man entdeckte hier ein Phosphoritvorkommen, das in seinem Aufbau so bekannten Lagerstätten wie der im Karatau in Kasachstan und der am Georgina River in Australien ähnelt. In diesem Teil der Nordmongolei hat man auch noch andere Bodenschätze gefunden, und immer wahrscheinlicher wird, daß die Gegend um den Chuwsgul mit der Zeit einmal ein Industriezentrum wird. Wissenschaftler und Praktiker, die am See leben, machen sich darüber Gedanken, wie die vernünftige Nutzung der natürlichen Ressourcen mit dem Schutz dieses einzigartigen Gewässers in Einklang zu bringen ist. Freunde von Kapitän Bataa in der biologischen Expedition erarbeiten mathematische Modelle vom Ökosystem des Sees, der Fischbestände und der Uferlandschaften und hoffen, daß diese Modelle den Projektanten helfen, die günstigste Variante für Nutzung und Schutz der Ressourcen am Chuwsgul zu ermitteln. Ich verstehe nicht viel von Mathematik, doch weiß ich einiges über den Baikal, was er erdulden mußte, um zu überleben, und ich weiß auch, daß er ein gutes Lehrbeispiel abgibt, das denen, die am Chuwsgul nach vernünftigen Lösungen suchen, helfen kann.

Doch was ist nun mit Kapitän Bataa?

Morgens waren wir an Deck der »Suchbaatar«. Bataa liebt seinen Dampfer, er ist sein zweites Zuhause, nicht nur im übertragenen Sinne. Auf Fahrt arbeitet seine Frau dort als Köchin, manchmal nehmen sie auch die Kinder mit; sie verbringen durchschnittlich 160 Tage im Jahr gemeinsam auf dem Schiff. Während dieser Zeit transportieren Dampfer und Schuten Güter, die die Sowjetunion in die Mongolei liefert, wie Erdölprodukte, Nahrungsmittel, Industriewaren, und in umgekehrter Richtung Schafwolle in Ballen und mehr als tausend Passagiere im Jahr. Der Dampfer ist zwar noch gut, aber der Kapitän schreibt Briefe an den Minister, er will einen anderen haben: Bei einer einzigen Fahrt fressen die Kessel zweiunddreißig Kubikmeter Holz. Das sind nach Bataas Berechnungen zehntausend Bäume im Jahr. Und Bataa hat erreicht, was er wollte: Am Chuwsgul wartet man jetzt auf ein Motorschiff, das mit flüssigem Treibstoff fährt.

Wir stehen an Deck, ans Schanzkleid gelehnt, und beobachten, wie sich das Ufer entfernt. Endlich sehe ich den Kapitän einmal ohne diesen entschlossenen Ausdruck im Gesicht, irgend etwas bedrückt ihn, und so ist er mir beinahe sympathischer als dieser ewige Seebär, den er sonst abgibt. An Deck ist niemand weiter, er kann sich so geben, wie er möchte, er kann das Fernglas gut und gern vergessen, das für den Fall, daß der nächste Fotoreporter erscheint, in der Kajüte bereitliegt — alle wollen ein Fernglas auf der Brust des Kapitäns sehen. »Nanu, so melancholisch, Kapitän?« frage ich.

Bataa seufzt:

»Gestern bin ich bei unseren Ornithologen gewesen. Sie befassen sich mit den Silbermöwen und deren Verhalten unter Hochgebirgsbedingungen. Sie wiegen Herz, Leber, Nieren und Bauchspeicheldrüse. Ich verstehe ja, man muß Bewegungsaktivität, Stoffwechsel, Ernährungsbedingungen der Vögel und all das andere untersuchen, aber es hat mich doch erschüttert, und ich komme nicht darüber hinweg: Auf der Waagschale sah ich das Herz einer Möwe liegen!«

Tal der Steinernen Statuen

Hat man auf der Karte Dariganga gefunden, sammelt man Informationen über dieses Gebiet und plant eine Reise dorthin, dann beschäftigt einen von der Vielzahl von Fragen, die wie plötzlich auftretende Steppenwinde von allen Seiten auf einen einstürmen, eine ganz besonders: Wie kommt es, daß gerade dieses alte Nomadenwandergebiet, wo mongolische Hirten jahrhundertelang zwangsweise die Herden des Mandschu-Kaisers gehütet haben

АЛДАР
УЛСЫН

Die Familie eines Bestarbeiters feiert in ihrer Jurte.
Mongolen von heute

und der lange Hütestab aus Birkenholz vom Vater auf den Sohn überging, die Heimat bedeutender Vertreter der mongolischen Kultur, Wissenschaft und Diplomatie ist, wie überhaupt in dieser Wüste der Stammbaum aufeinanderfolgender Generationen herrliche Blüten getrieben hat, die der jüngsten Geschichte der Nation zur Zierde gereichen?

Es war ein warmer Augustabend, als ich mich dem Ziel meiner Reise näherte und in einem dunklen mit Gras bestandenen Tal kleinwüchsige, flachgesichtige Leute bemerkte, die sich da gerade vor dem Wind duckten. Sie saßen in Sesseln oder auf einer Art Thron, die linke Hand auf dem Knie. Mit der Rechten stützten sie einen an die Brust gepreßten Pokal, als hätten sie noch vor einer Stunde vergnügt bei einem Festmahl gesessen. Doch eine unbekannte urige Kraft schien sie mitsamt ihren Sesseln mitten in die Steppe hinein katapultiert und ihre Gesichter gesprenkelt zu haben, so daß sie aussahen, als hätten sie Pockennarben. Alles schien plötzlich zu Stein geworden zu sein bis hin zu ihren unter langschößigen Gewändern verborgenen Stiefelspitzen.

Wir durchquerten das Churugijin-Chundij-Tal, das »Tal der Steinernen Statuen«, das seinerzeit der sowjetische Archäologe Kasakewitsch beschrieben hat. Auch zuvor schon hatte ich in der Steppe solche »Steinweiber« angetroffen, etwa tausend gibt es davon. Allen sind die Köpfe abgeschlagen, Figuren, die ihren Kopf auf den Schultern tragen, trifft man kaum noch. Stammesfeinde der Verstorbenen haben mit Dolchen auf Gesicht und Brust der Figuren eingestochen. Man sagt, auch die Lamas der umliegenden Klöster hätten an den Köpfen ihren Zorn ausgelassen, sie waren eifersüchtig, weil die Gläubigen den Götzenbildern Opfer darbrachten. Enthauptete Denkmäler zeugen beredter von der bewegten Geschichte als intakte, doch darüber machten sich die Zerstörer keine Gedanken, Interesse an langfristigen Prognosen hatten sie nicht.

Im Tal der Steinernen Statuen dagegen ist es fast allen, genauer gesagt, vielen gelungen, den Kopf auf den Schultern zu behalten. Einige Köpfe fand man im Gras und setzte sie wieder an ihren Platz. So geht man also um eine solche Statue mit ihrem gegen die Brust gepreßtem Pokal herum und schaut und schaut. Das Gesicht mit den vorstehenden Wangenknochen und den nach unten gewandten Augen, auf dem Kopf die runde Mütze, das Gewand vorn mit einem verzierten Gurt zusammengehalten – wer mag das wohl sein, der hier unter diesem Stein bestattet liegt, Besitzer eines großen, längst ausgeraubten und von dichtem Gras überwucherten Grabes?

Vom sechsten bis zum achten Jahrhundert war die Steppe Tummelplatz alter Turkstämme. Ihre Reiter trugen Panzer aus Metallplatten, eine große

Metallscheibe auf der Brust, Pluderhosen aus Fell, an den Füßen weiche Filzstiefel, deren glatte Sohle im Steigbügel steckte. Die Turkvölker bildeten ein großes Reich, das von China bis Byzanz reichte, ihre Fahnen mit dem Wolfskopf pflanzten sie über den Wagenburgen im Wind auf. Die kriegerischen Nomaden kontrollierten die Große Seidenstraße, die die alten Zentren der Weltkultur in Orient und Okzident miteinander verband. Die Khane des Turkkhaganats schlugen ihre Zelte mit Brokat und Seide aus, obwohl doch Seide bei ihnen nicht eben angenehme Assoziationen hätte wecken dürfen. Einen jungen Khan setzte man nämlich auf Filz, trug ihn im Kreis gegen die Sonne, warf ihm eine Seidenschnur um den Hals und zwang ihn, auf die Frage zu antworten, wie lange er zu herrschen gedenke. Welcher Art Schwüre die Turkkhane geleistet haben mögen, wenn die Schlinge sich um ihren Hals legte, wissen wir nicht, wohl aber ist bekannt, daß sie freiwillig dem Thron nicht entsagten. Offenbar setzt ein freiwilliger Verzicht eine andere Zivilisationsstufe voraus.

Ich stieg aus dem Auto und sah, die Götzenbilder hielten Pokale in den Händen, die der gestrige Regen gefüllt hatte. Diese Trinkbecher sind das große Rätsel der Statuen: Aus welchem Anlaß hat man am Rande des Grabes ein Trinkgelage veranstaltet? Die Gesichter wirken ruhig, ja sogar finster, als seien die Steinmänner bekümmert, daß sie allein, ohne Gesellschaft trinken müssen.

Von dem Standbild weg spießen aus dem Gras Steine (Balbal) heraus, die Seelen der Feinde, die der vornehme Turkkrieger eigenhändig getötet hat. Mitunter stehen die Balbal drei Kilometer weit, einer zwei, drei Schritt vom nächsten entfernt. Vielleicht war der Tote aber gar nicht so blutrünstig, dann gaben die Untertanen ihrem Anführer auch noch die von ihnen selbst erschlagenen Feinde bei. So also liefen in der eurasischen Steppe die Totenfeiern der alten Turkstämme ab, die mit ihren fähnchengeschmückten Lanzen auf ihren sich bäumenden Pferden durch die frühe Menschheitsgeschichte sprengten.

Als ich so zwischen den Steinfiguren umherschlenderte, stutzte ich plötzlich vor einer, die einen Mann und gleichzeitig eine Frau darzustellen schien, eine seltsame Art Zwitter, aus vulkanischem Tuff gemeißelt. Das Wesen saß in einem Sessel, ohne Scham seine Mädchenbrust präsentierend, den Pokal in der Rechten wie alle anderen auch, die Linke aber nach unten gereckt, wie eilig bemüht, die männliche Blöße zu bedecken. Was für ein Geheimnis, den Zeitgenossen oder doch zumindest einem engen Personenkreis in der Steppe bekannt, hatte der alte Meister hier dem Stein anvertraut? Offensichtlich sollte er eine Weigerung, vielleicht einen Protest, eine

Abwechslungsreich sind die mongolischen Landschaften: Der Uwsnuur, der größte See im Westen des Landes. — Rechte Seite: Im Gobi-Altai (oben). — Wüstensteppe in der Gobi

Provokation ausdrücken — doch wogegen, wem gegenüber, weshalb? Wie der Schöpfer des »Moses« hätte man gegen die Figur schlagen und rufen mögen: »So rede doch!« Wenn aber schon der Prophet Moses dem kraftlosen Bildhauer Michelangelo die Antwort schuldig blieb, was ist da erst von einem Angehörigen eines alten Turkvolkes zu erwarten, dessen Sprache verschwunden ist und nur noch wenige die Runen zu entziffern versuchen, die es uns auf Steinplatten hinterlassen hat.

Ich näherte mich Dariganga und zermarterte mir immer noch den Kopf über jenes Geheimnis.

Dariganga ist eine Art Museum der Gobi. Über Steppe und kleinen Waldstücken dunkeln Vulkanberge; die Abendsonne spiegelt sich in kleinen Seen, auf denen Zugvögel lärmen. Im Gras murmeln Bäche, da und dort sprudelt eine Mineralquelle, doch der alles ausdörrende Wind ist der Hauch der nahen Wüste, und selbst vom kleinsten Hügel aus kann man einsame verkümmerte Zirbelkiefern sehen, die sich zwischen die Wanderdünen der Gobi verirrt haben. Dort, wo die Wüste in Steppe übergeht, drängen sich etwa drei Dutzend Steinhäuser, umgeben von tausend weißen Jurten, ohne Höfe und Zäune. Hier tummeln sich Kropfantilopen, sie verleihen der Landschaft ein sattes Rotbraun, das an das tote Gelb der Wüste grenzt.

Die Steppe beherrscht der steile Dar, der »Goldene Berg«, der Altanowoo, wie alte Karten ihn nennen. Hoch oben in den Wolken thronte einst ein sagenumwobener buddhistischer Tempel mit vergoldetem Dach. Dreihundert Lamas, die auf dem Gipfel wohnten, nahmen von den Nomaden Gaben entgegen: Gold, Silber, Schmuck, Mehl, Hirse und Tee. An Tee, so sagt man, hätte sich so viel angehäuft, daß er im Keller des Tempels in drei Schichten ausgebreitet lagerte. Jetzt sind die Gebäude verfallen, die goldenen Burchane — Götzen — vergraben, die Lamas haben sich in alle Winde zerstreut und die Geheimnisse des Tempels mit sich genommen.

»Es ist durchaus möglich, daß unter uns tausend Burchane lagern«, sagte der alte Bagul und rückte seinen Zopf im Nacken zurecht.

Wie Bagul erzählte, lebten vor langer Zeit einmal in dieser Gegend in Festungen zwei Fürsten — Tandshulans und Eneju (wobei ich mir nicht ganz sicher bin, ob ich die Namen richtig behalten habe). Sie besaßen so viele Kamele, daß man, hätte man alle aneinandergereiht, auf ihren Höckern hätte zu Fuß nach China laufen können. Die Fürsten rühmten sich ihrer Herden und versicherten ihren Freunden, daß ihre großen Kamele nicht einmal durch die größten Tore passen würden. Das kam den kriegerischen Mandschuren zu Ohren, und sie schickten Eilboten aus: »Wenn ein paar Kamele wirklich nicht durch unser Tor passen, dann erhaltet ihr sie zurück, zwängen sie sich aber doch hindurch, rollen eure Köpfe.« Ein Kamel zwängte sich mit Mühe hindurch, das zweite war jedoch breiter als das Tor. Die Mandschuren erschlugen die Fürsten und deren Begleiter, zerstörten die Festungen und machten alles nieder, selbst die Hunde. Lediglich die Herden verschonten sie.

»Die Ruinen der Festungen liegen etwa dreißig Kilometer von hier entfernt«, meinte Bagul, »ich kann sie Ihnen zeigen.«

Diese Geschichte habe ich von niemandem weiter gehört, sie auch nirgendwo gelesen, deshalb neige ich eher dazu, die Vergangenheit Dariganga mit dem Jahr 1697 in Verbindung zu bringen, als nämlich zuverlässigen Quellen zufolge die Dariganga-Leute dazu übergingen, die Herden des Mandschu-Kaisers zu hüten und als erste in der mongolischen Steppe nicht ihre eigenen, sondern fremde Herden weiterzuvererben. Gehütet wurden sie von Andshaa, dem Ururgroßvater Baguls, dem Urgroßvater Sodnom, dem Großvater Wantschingunden und dem Vater Delgerzogt. Auch der Ururgroßvater hat sie schon gehütet, doch Bagul weiß nicht, wie dieser hieß. Baguls Vorfahren waren einst dem Nojon Zerendshaw tributpflichtig, der im Changaigebirge Armeepferde des Mandschu-Kaisers Kan-si bewachte. Die Mandschuren nahmen den Mongolen ihre großen Herden weg, viele Nojon brachten den mächtigen Nachbarn selber Pferde zum Geschenk, und mit der Zeit wurden für den Austrieb der kaiserlichen Herden die Weideflächen Darigangas bestimmt. Der Kaiser befahl Zerendshaw: »Dariganga dient den Pferden meiner Krieger als Weide; du kannst mit allen deinen Hausgenossen dorthin übersiedeln und wirst Oberkommandierender für die Zucht von Pferden und anderem Vieh ...«

Für die kaiserliche Herde trieb man hunderttausend Pferde, Kamele und Schafe zusammen, sie war in zwei Gar, »Flügel« (einen Westflügel und einen Ostflügel), geteilt: Jeder Flügel hatte seine eigenen Kamel-, Pferde- und Schafherden sowie Beamte mit einem Taschuur, einer Peitsche. Über den Hirten stand der Surugida (Befehlshaber der Herde), über diesem der Sunida (Hundertschaftsführer), über diesem wiederum der Galida (Befehlshaber des Flügels), der Tschinzen-Galida (Führer des Flügels), und alle zusammen regierte der Statthalter des Kaisers, der Amban. Die Hirten sahen die höchste Obrigkeit in vergoldeten Gewändern paradieren, wenn die tausendköpfige Kamelkarawane mit geschlachteten Hammeln beladen wurde. Drei Monate brauchte die Karawane bis nach Peking, wo sie das Fleisch für den kaiserlichen Tisch anzuliefern hatte.

Die Bewohner von Dariganga, die kein oder so gut wie kein Eigentum besaßen, erhielten ihren Arbeitslohn in Lan (Silberbarren zu je 37,5 Gramm). Wir wissen nicht, was einem einfachen Hirten zustand, aber ein Surugida erhielt im Jahr vierundzwanzig, ein Sunida sechzig Lan ... Handel wurde hier wohl kaum getrieben, deshalb fanden die Hirten von Dariganga andere Verwendung für ihr Silber. In den Nomadenlagern etablierten sich Schmiede und Juweliere, wie man sie heute noch in Zentralasien kennt. Besonders berühmt war Dariganga durch seine Prachtgewänder für die verheiratete Frau. Eine Frau aus Dariganga verließ die Jurte in einem roten Kleid mit verschiedenfarbigem Brokateinsatz am Oberarm, auf dem Kopf ein rundes Mützchen, von Ohr zu Ohr gehalten von einem Riemchen mit Silberbeschlag, Korallen, Türkisen, das schwarze Haar war zu zwei Zöpfen geflochten, die auf der Brust durch ein inkrustiertes Silberfutteral gehalten wurden, geschmückt mit farbigen Steinen, meist blaßroten Korallen, den Lieblingssteinen der Steppenschönheiten. Solche Futterale, Gehänge, Ohrringe und Gürtelverzierungen der Dariganga-Frauen zieren heute die Museen der Mongolei.

Wenn ein Mongole einem eine Tasse aus Birkenwurzelholz, in Silber gefaßt, reicht, dann frage man nicht, woher seine besondere Vorliebe für das alte weiße Metall Silber rührt, warum die Tabakpfeife in seiner braunen Hand, das an seinem Gürtel hängende Ledertäschchen mit dem Feuerstahl, die in der Jurtenecke liegenden Sättel und Zäume Silberziselierungen aufweisen. Eine solche Frage würde ihm sonderbar in den Ohren klingen: Seit der Zeit, da er noch auf dem Filz durch die Jurte kroch oder auf den Knien der Mutter am Dreibock saß, hat er stets die silbernen Verzierungen des Hausrats vor Augen gehabt. Sie sind für ihn immer da gewesen, ebenso wie das warme Weiß, das sein Auge stets erfreut hat, die Farbe, die in der Steppe am beliebtesten ist.

In früheren Zeiten war bei den Viehzüchtern alles mögliche Geld im Umlauf, sogar mexikanische Dollars, doch der Nomade hat dem Silberlan immer den Vorzug gegeben. Nicht, weil der Lan härteste Währung war, sondern wegen der Weichheit und Schmiedbarkeit des Metalls. Die Barren brachte man dem Altandarchan, dem Juwelier, wie wir heute sagen würden, in die Jurte. Dort saß er, der geachtete Mann in der Steppe, im blaugrauen Dunst, in der Lederschürze über dem langschößigen Deel, über die einfache Schmelzwanne gebeugt, mit aller Kraft den Blasebalg aus Ziegenhäuten betätigend, inmitten von Hämmerchen, Zangen und Schabern. Niemand würde es gewagt haben, sein Werkzeug zu berühren, das er sich selbst angefertigt hatte, und jedesmal, wenn er an die Arbeit ging, legte er seine Geräte für alle Fälle in Wacholderrauch, um sie vor der heiligen Handlung gewissermaßen zu reinigen.

Was man dem Meister auch vorlegen mag, Gold oder eine andere Kostbarkeit, ihm imponiert man mit nichts, denn der wahre Wert einer Sache wird nach seiner Vorstellung nicht nach dem Geldwert gemessen, sondern mit dem von seinen Vorfahren ererbten Sinn für Schönheit. Was könnte wohl die unaufdringliche Schönheit eines Filigrans aus feinsten Silberdrähten übertreffen, das zu einem runden Ohrring verarbeitet ist oder das einen blauen Türkis in einem Armband einrahmt? Für die verheiratete Frau ziselierte er silberne Spangen (Zopfspangen), schmiedete er Ringe, Amulette und Gehänge, und alles mit erlesenem Geschmack. Silber war Bestandteil der »neun Kleinodien«, mit denen die alten weisen Bücher geschrieben worden sind. In den Magazinen der Büchereien von Ulan-Bator gibt es Traktate auf gegossenen silbernen Buchseiten, und nimmt man alle Bände eines Werkes dieser Art zusammen, wiegt es gut und gern einige hundert Kilogramm. Die Kunst der Buchherstellung auf Silber ging vom Vater auf den Sohn über und stand beim Volk hoch in Ehren. Manchmal reichte für ein Buch das Leben eines einzigen Graveurs nicht. Man kann sich vorstellen, was für Gedanken ein solches Buch enthalten muß, damit eine derartige Ausgabe gerechtfertigt war.

Den hohen Rang eines Altandarchan bekleideten in der Steppe ausschließlich Männer. Das ist etwas merkwürdig, wenn man bedenkt, daß es bei anderen asiatischen Völkern nicht selten auch Frauen gab, die meisterhaft Metall zu bearbeiten verstanden. So liefert von Jakutinnen gefertigter Silberschmuck wundervolle Beispiele für angewandte Kunst. Bei den Mongolen war das Verarbeiten von Silber wohl die einzige Betätigung, die die Männer für sich beanspruchten, heute jedoch haben die Mongolinnen auch in diesem letzten Bereich die Gleichberechtigung errungen. In der vor einigen Jahren in Ulan-Bator errichteten Juwelierfabrik arbeiten als Formgestalter und Meister der Silberschmiedekunst Männer und Frauen, sogar etwas mehr Frauen als Männer. Dort kann man auch Meisterinnen aus Dariganga antreffen. Nach ihren Erzeugnissen stehen im Kaufhaus der Hauptstadt die Menschen immer Schlange – Städter wie Steppenbewohner und ausländische Gäste.

Doch zurück zu Bagul.

»Sie sind wohl der erste in ihrer Familie, der nicht mehr das Vieh eines Mandschu-Kaisers hütet?« erkundigte ich mich.

»Der erste war mein Vater«, erwiderte Bagul, »er ließ die kaiserliche Herde Herde sein und ging in die Berge zu Toroi-bandi.«

Dieser Toroi-bandi war Anführer von Aufständischen, ein mongolischer

Stenka Rasin, wenn man so will. Die Aufständischen nannte man Sain-er. »Sain« heißt »gut«, »er« bedeutet »Mann«, »sain-er« also etwa »Prachtkerl«. Sie preschten auf schnellen Pferden durch die Steppe, nahmen den Reichen das Vieh weg und gaben es armen Leuten. Abteilungen der Armee machten Jagd auf sie, doch die Sain-er lebten in der Steppe in Höhlen, versteckten sich in den Bergen oder fanden Unterschlupf bei Hirten, die selbst nicht genügend Mut besaßen, sich der Bewegung anzuschließen, doch durchaus stolz waren auf die kühnen Männer, die die Ehre des Hirtenstammes hochhielten. Zwar zählten zu den Sain-er auch echte Diebe, die mit gestohlenen Pferden handelten, viele davon aber waren bereits »infiziert« von dem freiheitlichen Geist und dem Gefühl des Protestes und der Stärke. Die Überfälle der Sain-er waren zugleich psychologische Akte der Unbotmäßigkeit, die die Psyche auch solcher Hirten ansprachen, die mit der Gewohnheit, sich unterzuordnen, brechen wollten.

Toroi-bandi, Hirt aus Dariganga, wurde zum Liebling des Volkes, der als erster in sich die sklavische Furcht überwand, wurde zum Führer der rebellierenden Steppe. Von Toroi-bandi singen die Araten in den Jurten noch bis auf den heutigen Tag und rühmen seien Mut, seine Kühnheit.

Veränderungen kamen auf dieses Dariganga in den zwanziger Jahren zu. Der Stand eines Hirten des Mandschu-Kaisers wurde liquidiert, die Volksmacht übergab die Herde als Eigentum denen, die sie hüteten. Wohl kaum jemand hat dort in Dariganga zu jener Zeit die »Internationale« singen hören und wenn, dann von den Roten Reitern, die während des Bürgerkriegs hier weiße Banditen verfolgten, und doch kam es so, wie die »Internationale« es verheißt: Die Welt der Gewalt war beseitigt, wer ein Nichts, ein demütiger Sklave war, erhielt alle Bürgerrechte, Vieh, Hausrat, Kleidung, er richtete sich eine Wirtschaft ein und faßte neuen Mut. Die Hirten schickten ihre Kinder in die Schule, später zum Studium nach Urga, Irkutsk und Moskau. Als Agronomen, Tierärzte, Ökonomen oder Lehrer kehrten die jungen Leute zurück und führten ihre dem Auge des Steppenbewohners ungewohnte europäische Kleidung spazieren.

Im Jahre 1927 fand der schon erwähnte Kasakewitsch hier drei Schuljurten vor, ferner vier Jurten der Abteilung Staatssicherheit, zwei Gefängnisjurten sowie an die fünfzehn weitere Jurten, in denen die Angestellten der Choschun-Leitung wohnten. Um sie herum standen die weißen Jurten der Hirten, und nicht weit davon befand sich ein kleines Kloster, wo man in einem Gebäude einen staatlichen Laden einrichtete. Damit beschritt die Hauptstadt der Sain-er den nichtkapitalistischen Entwicklungsweg.

Heute gibt es im Somon-Zentrum Dariganga vierzig aus Stein errichtete Gebäude, mehr als tausend Jurten, den Stab der großen landwirtschaftlichen Vereinigung »Dariganga«, die 85 000 Stück Vieh besitzt und ein jährliches Einkommen von 3,5 Millionen Tugrik hat, ferner eine Oberschule, ein Krankenhaus, eine Post, einen Veterinärstützpunkt, Dienstleistungsbetriebe, ein Kino, eine Bibliothek, einen Laden und anderes. Ich will hier nicht alles aufzählen, weiß ich doch, dies gehört zur Standardausrüstung neuer mongolischer Siedlungen, vielmehr muß ich sagen, daß das nicht das Wesentliche ist. Die Nachfahren der Sain-er haben sich den Sinn ihrer Vorfahren für Unabhängigkeit bewahrt, das spürt man an ihrem Auftreten, ihren Bewegungen und ihrer Art, miteinander umzugehen, auch an dem gesteigerten Drang zum Studium, an dem Ansehen, in dem gebildete Menschen bei ihnen stehen, besonders solche aus Dariganga. Hier gilt ein Prophet einmal etwas in seinem Vaterland.

»Sage einmal, Bagul, was verstehst du unter Glück?«

»Glück ist, wenn man hat, was man will.«

»Und du, hast du das, was du willst?«

»Ja ... Ich habe satt zu essen, ich habe Arbeit, habe Kinder ...«

Im Jahre 1945 wurde eine Einheit der sowjetisch-mongolischen Truppen samt Zugpferden und Zugmaschinen vor ihrem Marsch durch die Gobi und über das Chingangebirge hier in Dariganga einquartiert. Jenseits des Gangasees begannen die Wanderdünen der Gobi, die Räder der Autos mahlten im Sand, drehten sich auf der Stelle und sanken ein. Eine feste Straße mußte gebaut werden. Sowjetische und mongolische Soldaten bildeten eine Kette, und der Vulkantuff, der anderthalb Jahrtausende zuvor für die Herstellung der Steinmänner verwendet worden war, ging von Hand zu Hand. Die Soldaten pflasterten damit die Hänge der Sicheldünen, Frauen aus Dariganga brachten ihnen Wasser und halfen ihnen damit, dem Gluthauch der Wüste zu trotzen. Als dann in der Nacht zum 9. August der Angriff begann, als die Scheinwerfer von gepanzerten Schützenwagen, Panzern und Motorrädern sich in die Dunkelheit bohrten und die Armee sich im blaugrauen Dunst die gepflasterte Straße entlangschob, schlossen sich der Einheit auch Männer aus Dariganga an, zogen Uniformen an und reihten sich in die Kolonne ein.

Bagul hat mich zu dieser inzwischen vom Sand verwehten, als historisches Denkmal aber doch erhalten gebliebenen Straße hingeführt. Zwischen den Steinen eingerammt stand da ein rotes Blechfähnchen mit der Aufschrift in Mongolisch: »Diese schwierige Wüstenpiste passierte die sowjetisch-mongolische Armee im August 1945.«

»Die erste Abteilung gepanzerter Schützenwagen und Panzer überquerten die Grenze um drei Uhr nachts, die zweite um vier, dann folgte in Gefechtsordnung die mongolische Reiterei.«

»Hast du da mitgekämpft, Bagul?«

»Ich bin bei dieser Reiterei gewesen.«

»Hast du keine Angst gehabt?«

»Seit dem Chalchyn Gol habe ich vor nichts mehr Angst gehabt.«

Wir besuchten die Jurte des Pferdehirten Scharbandi. Scharbandi ist Held der Arbeit und Abgeordneter des Großen Volkschural. Die Jurten in Dariganga unterscheiden sich ja in einigem von anderen Mongolenjurten: Hier verbindet man die Stangen fest mit dem hölzernen Toono, und zum Umschnüren des Filzes nimmt man aus Kamelhaar geflochtene Seile. Der Pferdehirt war noch auf der Weide, seine Frau Jumdshimaa, Feldscher und Hebamme, bewirtete uns mit Tee. Jumdshimaa ist ebenfalls Enkelin eines Sain-er. Wie sie sagt, wird in Dariganga im Jahr zehnmal Hochzeit gefeiert, und siebzehn, achtzehn Kinder werden geboren; im Durchschnitt hat eine Familie fünf, sechs Kinder. Die Araten wollen möglichst viele Kinder haben.

Bagul führte mich in die Oberschule, ins Krankenhaus, dann auf die Post, wo wir Maama trafen, einen Wissenschaftler und Schriftsteller. In meinem Bücherregal steht sein Roman »Die Erde«, der Vergangenheit und Gegenwart dieser Landschaft zum Thema hat. Aus Dariganga gebürtig, hat Maama früher in der Botschaft der MVR in Kairo gearbeitet und spricht fließend arabisch. Er ist von kleinem Wuchs, ein sehr lebhafter Mensch.

»Mit einem Bein stehe ich noch im Feudalismus, mit dem anderen bereits im Sozialismus!«

»Wieso das?« wollte ich wissen.

»In der Kindheit hat man mich beten gelehrt. Die Mutter verlangte, daß ich mit den Brüdern zusammen abends die in ein Seidentuch eingeschlagenen buddhistischen Bücher las, und bei Sonnenuntergang mußten wir siebenmal um die Jurte herumlaufen und immer wieder Gebete hersagen. Das ist noch gar nicht so lange her, und heute bin ich Marxist, Kommunist ...«

»Und die Brüder?« fragte ich.

»Dungerdshaw ist Chefarzt eines Krankenhauses in Ulan-Bator, Dandshil lehrt Politökonomie in einem Technikum.«

Wir gingen durch die Siedlung. Über jede Jurte, an der wir auf unserem Weg vorbeikamen, konnten meine Begleiter etwas erzählen, und so erfuhr ich, daß hier fast in jeder, in welche man kam, einmal ein besonders bemerkenswerter Mensch das Licht der Welt erblickt hatte. In dieser zum Beispiel hatte Kupula gewohnt, heute Kandidat der Medizinischen Wissenschaften, bei jener war Moononzagaan als Kind umhergerannt, später Diplomat in

Berlin. Und dort hatte Daschnjam die Schafe ausgetrieben, jetzt ist er Diplomat in Paris ... In Dariganga selbst haben etwa sechzig Leute Hoch- und Fachschulbildung, und viele junge Leute studieren noch an den Universitäten Ulan-Bator, Moskau, Warschau, Berlin und Prag. Über Dariganga schwebt noch immer der Geist der Sain er.

Wir stapfen über das Geröll am Ufer des Gangasees. Dieser See liegt in einer ovalen grasbewachsenen Senke, ist etwa vier Kilometer lang, die Sanddünen sind nicht weit, er ist gewissermaßen das Tor zur Wüste. Über das spiegelglatte Wasser gleitet geräuschlos eine Kette weißer Schwäne. Sie sind zu Frühlingsbeginn an den See gekommen, bei den ersten Bodenfrösten aber fliegen sie wieder in warme Gegenden zurück. Doch bis zum Herbst ist es noch weit, noch müssen die Vögel sich nicht zur Reise rüsten. Sie ziehen dahin, dem Wind gehorchend, lautlos, elegant, die stolzen Hälse gereckt, vorbei an einsamen Jurten auf dem gegenüberliegenden Ufer — ein Bild, wie ich es noch nie gesehen habe: weiße Schwäne auf blauem Wasser, vorbei an weißen Jurten, unter blauen Himmel. Als gemaltes Bild würde ich es beinahe kitschig finden.

In einiger Entfernung, schon außer Hörweite, sieht man Holzhäuschen mit Veranden und einen Volleyballplatz. Wir haben eine schmale Pforte passiert und befinden uns nun auf dem Gelände des Ferienheims »Dariganga«, Gerüche der mongolischen Küche umfangen uns. Auf der Veranda sitzt eine Schar junger Mädchen in ihren Seidendeels, laut lesend — allem Anschein nach Verse. An einzelnen Wörtern kann man erraten, wie die Zeilen lauten: »Erster bester, wenn Du im Vorübergehen mit mir sprechen willst, weshalb solltest Du es nicht tun? Und wenn ich mit Dir ins Gespräch kommen will, warum nicht?« — »Walt Whitman, ›Grashalme‹«, sagen meine Begleiter, »übersetzt ins Mongolische von Gombodshaw, ebenfalls aus Dariganga gebürtig, Nachkomme von Hirten des Mandschu-Kaisers.«

Ein weises Wort

Der Mondkalender drehte sich wie ein Kreisel in die umgekehrte Richtung, und zwar um über vierhundert Umlaufbahnen, bis zum fünften Mond des Jahres des Tigers (1578), als Sodnom-dshamzo, der dritte Dalai-Lama, in seinem Wagen bei den Nomaden in der mongolischen Steppe eintraf. Als erster tibetischer geistlicher Herrscher hatte er eine Reise in das Nachbarland gewagt. Die Mongolen beschenkten den hohen Gast großzügig, und als dessen Karawane im Hauptquartier des Altan-Khan am See Chuch-nuur (Kukunor) ankam, folgte den Fuhrwerken eine riesige Staubwolke, aufgewirbelt von den tausend Pferden, die der Dalai-Lama unterwegs geschenkt bekommen hatte. Altan-Khan, ganz in Weiß gekleidet, überreichte dem Gast eine goldene Schale mit Juwelen, eine silberne Opferschale, zweihundert Stück Seide, und als Zugabe fügte er dem beweglichen Gut noch hundert ausgewählte Rennpferde bei. Womit konnte der dankbare Dalai-Lama sich erkenntlich zeigen? Er verlieh dem Khan den Titel »König der Lehre, Großer Brahma unter den Göttern«. Zu jener Zeit liebte man Titel sehr und verlieh sie einander großzügig. Diese zwei Männer öffneten ohne große Anstrengung die religiöse Schleuse, und in die von Schamanen beherrschte Steppe schwappte die Woge des Lamaismus, des Glaubens der tibetischen Gelbmützen, verdrängte die primitiven Glaubensvorstellungen und verschmolz mit ihnen.

Buddhistische Wandermönche kannte man hier auch schon vorher. Bereits vor Beginn unserer Zeitrechnung wanderten sie zwischen den Jurten der Nomaden umher und entsetzten sich über die bluttriefenden Opfer, die man Ongon (dem Geist der Ahnen) darbrachte, über die göttliche Verehrung, die man den aus grobem Stein aufgetürmten Owoos, den Heiligtümern auf Gebirgspässen, zuteil werden ließ. Die Steppenbewohner für sich zu gewinnen, waren sie jedoch nicht imstande. Mit der Welt des wahren Buddhismus sahen sich auch die Reiter Tschingis-Khans konfrontiert in ihren Metallrüstungen, mit den runden Spiegeln auf der Brust, doch sie scherten sich wenig um die fremden geheimnisvollen Gottheiten, um die Lehre vom Mitleiden. Freilich konnten sie nicht ahnen, daß gerade diese Lehre im Bewußtsein der Mongolen Eingang finden würde und sie zu dem vielleicht friedliebendsten Volk in den Steppen Asiens werden ließ. Tschingis-Khan behandelte alle — Muslime, Buddhisten, Nestorianer und Katholiken — gleichermaßen und tolerant, mit dem gleichen spöttischen Lächeln hörte er sich ihre Reden an, nahm er sie als Lehrer und Schreiber in seine Dienste. Erst gegen Ende des sechzehnten Jahrhunderts hatte sich die Situation so gestaltet, daß die Mongolei und Tibet einander brauchten — beide Länder einte nun die Religion. Die Beziehungen wurden so eng, daß man bereits den Urenkel von Altan-Khan als Wiedergeburt des verstorbenen Dalai-Lama ausrief: als vierten Dalai-Lama, der den Namen Jonten-dshamzo erhielt. Der neue Herrscher wurde im Kloster Drepung in Lhasa feierlich inthronisiert, seinen Altersgenossen aber, den Tibeter Gendunpesang-dshamzo, schickte man als Stellvertreter des Dalai-Lama bei den Mongolen in die Steppe zu den Nomaden.

So wie das mittelalterliche Europa der Welt seine Gelehrsamkeit in einem bis zur Vollkommenheit ausgefeilten Latein präsentierte, das den Gebildeten vom Ungebildeten unterschied und den Humanisten der verschiedenen Länder zu ungehinderter Verständigung untereinander verhalf, bediente man sich in der mongolischen Steppe des Tibetischen, das in Klöstern und Jurten der Gebildeten oder, wie wir heute sagen würden, in den »besseren« Häusern üblich war. Junge Mongolen erhielten eine tibetische Bildung, übersetzten aus dem Tibetischen, schrieben selbst in Tibetisch. Die mongolische Literatur in tibetischer Sprache wurde Teil der mongolischen Gesamtkultur. In den Jurten verwahrte und las man das »Bouquet der weißen Lotosblume«, die »Schatzkammer belehrender Aussprüche«, »Lieder an die Geliebte« ... Diese herrlichen Gesänge stammen vom sechsten Dalai-Lama, der von seinen vierundzwanzig Lebensjahren nur neun Jahre den hohen Rang einnahm — er wurde vertrieben und irrte umher. Wie der sowjetische Orientalist Wladimirzow treffend bemerkte, gehörte der gebildete Mongole sozusagen dem tibetischen Kulturkreis an, sein Wissen, seine Interessen, seine Neigungen waren jener Welt verhaftet.

Mit der Flutwelle tibetischer Kultur gelangten Elemente altindischer Tradition in die Mongolei — Felsbrocken sozusagen, die aus dem Muttergestein ausgewaschen worden waren. Aus tiefsten Tiefen der indischen Mythologie kommend, fanden im Pantheon der Steppe weiße Elefanten, Affenkrieger, die vielarmigen und vielköpfigen Verteidiger der Religion des Djarmapala, der großschnäblige Vogel Garudi und andere Eingang. An den Feuern der Nomaden kann man wunderschöne Sagen hören, im ersten Augenblick neu und dennoch dem Ohr so vertraut wie etwa die Erzählung von Rama und Sita, die im tiefsten Sandelbaumwald lebten. Böse Dämonen raubten die schöne Sita und entführten sie auf die Insel Lanka. Lang und beschwerlich war der Weg des edlen Rama zu seiner Geliebten, doch zu Hilfe kamen ihm die Affenheere. Die Affen packten einander an Händen und Füßen und bildeten eine lebende Brücke zur Insel. Tausend geteerte Wände spiegelten das furchterregende Antlitz des Königs der Dämonen, doch kühne Männer entdeckten sein wahres Gesicht, trafen ihn mit dem Pfeil und befreiten Sita. Neue, der Wissenschft zuvor nicht bekannte Versionen des »Ramajana« in mongolischer und tibetischer Sprache hat der Nestor der mongolischen Nationalliteratur und Philologie, Z. Damdinsuren, veröffentlicht. Von ihm soll hier nun die Rede sein.

Das erste Mal traf ich Damdinsuren im Kellergewölbe der Staatlichen Öffentlichen Bibliothek der Akademie der Wissenschaften der MVR, wo auf schwachbeleuchteten Regalen, versteckt im Halbdunkel und eng aneinandergedrängt, Manuskripte, Pergamente, Seidenrollen, uralte Bücher mit Brettern anstelle von Seiten lagerten. Unter großer Anstrengung nahm der Archivar ein etwa ein Meter langes Buch zur Hand und schlug willkürlich eine Seite auf: »Mögen die Blinden sehen, mögen die Tauben hören, mögen die Frauen gebären ohne Schmerzen ...« Das indische Poem »Weg zum Licht« wurde von den Mongolen Anfang des vierzehnten Jahrhunderts übersetzt – die Völker Europas haben es erst sechs Jahrhunderte später kennengelernt! »Welches der Bücher ist denn das älteste?« fragte ich, als ich mir einen ganzen Berg von Seidenrollen besah – die Gandshur-Enzyklopädie in 108 Bänden und die Dandshur-Enzyklopädie mit 226 Bänden.

»Dieses Manuskript ist auf Palmblättern geschrieben«, antwortete der Archivar, »Sanskrit, elftes Jahrhundert.«

Die Palmblätter waren zu einer schmalen Harmonika gefaltet. Der Archivar zog sie wie eine solche auseinander, die schönen Buchstaben tanzten mir vor den Augen, ihr Sinn aber war mir unverständlich, und ich schämte mich vor der verdorrten Palme ob meiner Unwissenheit.

Wie eine Sage berichtet, war es der tibetische Mönch Gungaadshalzan, der vor siebenhundert Jahren das erste mongolische Alphabet schuf. In der Nomadensteppe erschien ihm bei Sonnenaufgang eine junge Frau mit einem Gerät zum Lederwalken auf der Schulter. Die Vision bezauberte den Mönch, er fuhr mit einem Stock über den Erdboden, um das Bild festzuhalten, doch es formten sich Buchstaben. Mag es sich so oder anders zugetragen haben, in den Schnörkeln der alten mongolischen Schrift kann man jedenfalls mit ein wenig Phantasie aufregende Schattenbilder erahnen. Metallstecher, Graveure und Juweliere aus dem Volk gestalteten das Buch zu einem Erzeugnis angewandter Kunst von höchstem Niveau. Die gestalteriche Meisterschaft ging vom Vater auf den Sohn über und hat sich bis in jüngste Zeit erhalten. Da ist zum Beispiel die heilige buddhistische Schrift Dshadamba, auf schwarzem Papier mit Goldpulver ausgeführt. Dem Formschneider fehlte eine Seite: 440 hätten es sein müssen, es waren aber nur 439. Wer sollte die Kupferform anfertigen? Die Arbeit übernahm ein sechsundsiebzigjähriger Schmied aus der Gobi. In dreißig Tagen schnitt er aus einer metergroßen Kupferplatte die alten Buchstaben aus. Sechshundert Buchstaben! Dafür aber kann man den Druck der neuen Seite vom Original nicht unterscheiden.

»Und wer ist dieser alte Mann?« fragte ich den Archivar, als wir den Lesesaal mit den seltenen Büchern betraten. An einem Tisch voller Manuskripte saß ein grauhaariger alter Mann mit einem klugen, feinen Gesicht und hängendem Schnurrbart, wie in alter Zeit gebildete Mongolen und Fürsten ihn trugen. Es war das Gesicht eines Humanisten aus der Renaissancezeit, dem eine Zelle, Buntglasfenster, Tintenfaß und Einsamkeit alles bedeuteten.

»Na er!« Der Archivar wunderte sich, daß ich so mangelhaft informiert war.

»Ach ja, natürlich«, flüsterte ich verlegen. Ich wußte aber immer noch nicht, wer dieser Mann wohl sein mochte, bis mein Begleiter sich herabließ zu sagen:

»Das ist doch Damdinsuren. Viele Bücher unserer Bibliothek hat er seinerzeit in der Steppe ausfindig gemacht. Haben Sie denn in den Jurten sein Foto nicht gesehen?«

Es gibt Leute, ohne die kommt man sehr gut aus, solange man sie nicht kennt. Ist man ihnen jedoch einmal begegnet und fühlt sich zu ihnen hingezogen, wundert man sich, wie man so viele Jahre außerhalb ihrer Sphäre leben konnte, ohne mit diesen Leuten, die einem »liegen«, Umgang zu haben. Lange bot sich mir keine Gelegenheit, Akademiemitglied Damdinsuren näher kennenzulernen, doch als ich dann eines Tages zu ihm in sein Haus kam und ihn in seinem Mongolendeel sah, mit einem Seidenschal gegürtet, wie die Araten ihn tragen, überkam mich so etwas wie innere Ruhe. Damdinsuren hatte das Gesicht eines Weisen aus dem Morgenland, der Macht besitzt über große Khane. Es fiel mir schwer, ihn mir auf einem Pferd vorzustellen. Weltliche Freuden bedeuten ihm nichts, sein der Welt entrücktes Denken geht über sie hinweg, ohne sie zu bemerken. Aber da war ich eben wieder in meinem Schablonendenken befangen. Vor mir hatte ich nämlich einen langjährigen Mitstreiter und ein Mitglied der Mongolischen Volksrevolutionären Partei aus dem Jahr 1924, der so manches gesehen und erlebt, den aber die Zeit nicht verhärtet hatte, nur daß seine lebhaften Augen noch ironischer blickten.

»Wir waren siebzehn junge Männer, zwei davon leben noch, der eine ist halbwegs noch auf den Beinen, und das bin ich!« scherzte Damdinsuren.

Diese siebzehn jungen Männer trafen sich im Januar 1929 in Ulan-Bator auf der ersten Versammlung eines Literaturzirkels, der Keimzelle des mongolischen Schriftstellerverbandes. Mit der für jene Zeit charakteristischen Rigorosität wurde damals festgelegt: Nächsten Monat legt jeder ein Werk vor! Tagsüber arbeiteten sie irgendwo, und nachts schrieben sie. Damdinsuren, Mitarbeiter des Verbandes der Revolutionären Jugend, hatte mehr Glück als alle anderen, in seiner Jurte gab es nämlich elektrisches Licht. Die Freunde kamen, um zu sehen, wie man mit einem Fingerdruck die Welt in Dunkelheit versetzen kann. Damdinsuren schrieb mit einem feinen Pinsel, der Pinsel gefror und wurde hart wie ein Stock. Er legte Argal im eisernen Ofen nach, wärmte den Pinsel an. Einen Monat später aber waren eine Novelle und etliche Verse fertig. Der Zirkel gab den Almanach »Sammelband für Belletristik« heraus. Die Namen der damals zwanzigjährigen Autoren jenes Almanachs — heute sind es namhafte Schriftsteller, Wissenschaftler und Funktionäre — sind in die Geschichte der neuen mongolischen Kultur eingegangen. In allen Erinnerungen dieser Leute aber, soweit ich sie gelesen habe, bezeichnen sie jenen weit zurückliegenden Monat, in dem sie den gefrorenen Pinsel über einem eisernen Öfchen auftauen mußten und ihre ersten Werke schufen, als den glücklichsten ihres Lebens.

Damdinsuren wurde zum Studium an das Leningrader Institut für Orientalistik abkommandiert. Die Freunde konnten das nicht recht verstehen — er kannte doch die vier Grundrechenarten, selbst das chinesische Rechenbrett beherrschte er, was wollte er eigentlich noch? Traditionsgemäß hatte ihre Ausbildung in ihrer Kindheit so ausgesehen: Wer in der Steppe schreiben und lesen konnte, mußte mehrere andere Knaben unterrichten, unentgeltlich natürlich, das war so Brauch, wie er von den Vorfahren überliefert und im Nomadendasein unabdingbar war. Gab es unter den Verwandten einen Lama, dann lernten die Jungen auch noch Tibetisch. Der junge Damdinsuren kehrte aus Leningrad als Philologe mit abgeschlossener Hochschulbildung zurück, doch es war damals eine schwere Zeit in der Mongolei. Auf manchen verantwortungsvollen Posten hatten sich Leute mit mangelhafter Bildung breitgemacht.

»Und was arbeitest du?« fragten sie. — »Ich übersetze Puschkins ›Lied vom weisen Oleg‹.« — »Auf welcher Seite steht der politisch?!«

»Ich war ja selbst einer von diesen Abweichlern«, meint Damdinsuren lachend. »Das alte Erbe brauchen wir nicht, hieß es, wir bauen eine neue Welt auf. Na schön, dachte ich, vielleicht brauchen wir es wirklich nicht. Bei einem Teil der Leute setzte es sich denn auch in den Hirnen fest: Eine alte Kultur gibt es nicht; das, was war, ist für das Volk unnütz und schädlich. Nicht auf Anhieb begriff ich den Kern der Leninschen Lehre von den zwei Kulturen in jeder Nationalkultur. Auch bei uns existierte neben der Kultur des Feudalismus eine Kultur des werktätigen Volkes. War es vielleicht dessen Schuld, daß sich seine künstlerische Begabung häufig nur in religiösen Sujets äußern konnte?«

Während des Krieges redigierte Damdinsuren die Zeitung »Unen«. Er war damals nervlich an der Grenze seiner Leistungsfähigkeit angelangt, und im ersten Nachkriegsjahr bewarb er sich um eine Aspirantur. Wiederum schickte man ihn nach Leningrad ... Er kam zu Professor S. Kosin, einem

Orientalisten von Weltruf, Übersetzer der »Geheimen Geschichte der Mongolen«, eines hervorragenden literarischen Denkmals des 13. Jahrhunderts, geschrieben in chinesischen Hieroglyphen, abgefaßt in mongolischer Sprache. Nirgends in Europa gab es eine so umfangreiche Sammlung alter mongolischer Bücher wie in den Leningrader Archiven, die russische Asienreisende angelegt hatten. Damdinsuren ging daran, die »Geseriade« zu erforschen. Man riet ihm ab, hielt ihm Artikel aus mongolischen Zeitungen vor die Nase, wo diese Mär zur Kategorie Feudalliteratur gezählt wurde, doch er war da anderer Ansicht. Als Damdinsuren wieder einmal in die Heimat kam, gelang es ihm, Tschoibalsan zu sprechen. »Es ist falsch, anzunehmen, bei uns habe es keine kulturellen Traditionen gegeben«, ereiferte sich Damdinsuren. »Es existieren herrliche Kulturdenkmäler, man muß nur das Volk mit ihnen bekannt machen!«

»Ich glaube, Sie haben recht«, erwiderte Tschoibalsan und drückte ihm die Hand, »ein gutes Erbe schlägt man nicht aus.«

Die Dissertation bereitete Damdinsuren Schwierigkeiten. Lange wog er jeden Gedanken ab und dachte mit Schrecken daran, wie das Ganze wohl ausgehen werde, wenn die Arbeit seinem wissenschaftlichen Leiter in die Hände geriet. Aus der Dissertation konnte man nämlich ableiten, daß gewisse Behauptungen Kosins nicht exakt waren – etwa die Aussage, die »Geseriade«, die »Dshangariade« und die »Geheime Geschichte« hätten einen gemeinsamen Prototyp des Helden. Damdinsuren beharrte auf der Feststellung, daß allein schon die Idee, es sei eine Trilogie, falsch sei, und wies nach, daß es drei voneinander unabhängige verschiedene Helden gebe, die nichts miteinander zu tun hätten.

»Begreifst du überhaupt, gegen wen du da antrittst?« versuchten ihn seine Freunde zurückzuhalten. »Verteidige erst deine Arbeit, und dann erst kritisiere Akademiemitglieder und wissenschaftliche Leiter.«

Die Verteidigung war tatsächlich eine Verteidigung: Kosin polemisierte mit seinem Schüler, die Gutachter schlugen vor, dem Autor sogleich den Doktorgrad zuzuerkennen, doch der Wissenschaftliche Rat legte mit der Weisheit des Unparteiischen fest, daß vorerst der Grad eines Kandidaten angemessen sei.

Im Jahre 1961 wurde Damdinsuren zum Ordentlichen Mitglied der Akademie der Wissenschaften der Mongolischen Volksrepublik gewählt. Er bekleidete verschiedene hohe Posten, doch war das Leiten nicht nach seinem Geschmack. Er wollte das machen, was ihm Freude bereitete und worauf er sich verstand. Einmal mußte er einem Wissenschaftlichen Komitee vorstehen. Er bat, ihn von dieser Funktion zu entbinden, doch man gab ihn nicht frei. So schrieb er anonym einen Artikel an die Zeitung, in dem er in scharfen Ausdrücken das Wissenschaftliche Komitee und dessen Leitung kritisierte, etwa in der Art: »Ein starkes Stück! Wissenschaftler verweigern einer Fabrik Hilfe beim Zurichten von Häuten.« — »Dabei wußte ich ganz genau, daß sie gar nicht helfen konnten, wir hatten damals eben noch keine Chemiker ...«, lachte Damdinsuren über seine eigene Schläue. Der Artikel wurde diskutiert, man beschloß dringliche Maßnahmen, und Damdinsuren wurde von seiner Funktion entbunden.

An der Mongolischen Staatlichen Universität hat er viele Studenten und Aspiranten. Er arbeitet gern mit jungen Leuten und freut sich besonders über Beweise von selbständigem, neue Wege beschreitendem Denken. Kaum kommt das Frühjahr, kehrt er gleich nach dem Zagaan-sar-Fest der Stadt den Rücken und nimmt sich eine Fahrt in die Steppe vor. Dann legt er sich mit der Universitätsleitung an, wenn sie ihm für diese Reisen einen Jeep mit weichen Sitzen zur Verfügung stellt, er braucht einen LKW. Er ist nämlich unterwegs, um alte Bücher zu beschaffen, und es ist noch nie vorgekommen, daß in einer Jurte, selbst in der entlegensten, die Araten Damdinsurenbagsch, dem Lehrer Damdinsuren also, nicht ihre Truhen mit den Familienbibliotheken geöffnet hätten. Hier hat er schon Manuskripte und Bücher von unschätzbarem Wert entdeckt. Ein Teil von ihnen bildet den Grundstock für die von Damdinsuren zusammengestellte Anthologie »Hundert Beispiele alter mongolischer Literatur«, die heute das Standardlehrbuch der Philologiestudenten ist.

Damdinsurens Privatbibliothek ist eine der größten Bibliotheken in Ulan-Bator überhaupt. Historiker, Philosophen und Kunstwissenschaftler leihen sich bei ihm Bücher aus. Als im Lande das Gesetz über die Registrierung von Denkmälern der Vergangenheit erlassen wurde, erschienen bei ihm zwei junge Leute. »Wir müssen eine Aufstellung von Ihren Büchern machen.« — »Bitte sehr«, forderte Damdinsuren sie auf, »wieviel Leute sind Sie denn?« — »Wir sind zu zweit, und da schaffen wir das schnell.« — »Können Sie nicht noch einen dritten Mann dazuholen? Ich glaube, zu dritt würden Sie das in zwei, drei Monaten schaffen können. Selbstverständlich mit Mittagspause.« Die Bücher wurden nicht registriert. Es wäre wirklich eine Riesenarbeit gewesen, allein schon deshalb, weil die alten Bände in unterschiedlichen Sprachen und Alphabeten geschrieben sind, die heute kaum noch jemand entziffern kann; der Professor hatte schon die Befürchtung, daß sich mit der Zeit überhaupt kein Wissenschaftler mehr finde, der sie lesen kann. Wer beherrscht denn heute noch die alten orientalischen Sprachen!

Zu seinem siebzigsten Geburtstag lud man Damdinsuren in das Haus der

Regierung ein. Aus diesem Anlaß zog er sich seinen dunkelblauen Anzug an und band sich eine Krawatte um. Man verlieh dem Wissenschaftler den Suchbaatar-Orden und erkundigte sich nach dem Ergehen des Jubilars.

»Vielleicht haben Sie irgendwelche Wünsche an die Adresse der Regierung?«

»Nun ja, ich habe da einen«, antwortete Damdinsuren. »In unserem Land gibt es eine umfangreiche Literatur in tibetischer Sprache. Wir müssen das mongolische tibetischsprachige Erbe erschließen, das ist eine Aufgabe, an der Orientalisten in der ganzen Welt zu arbeiten haben. Um so mehr in der jetzigen Situation, da sich in Tibet selbst eine Sinisierung der Nationalkultur vollzieht.«

»Und was brauchen Sie dazu, Damdinsuren?«

»Junge Leute, die die tibetologische Tradition fortsetzen«, erwiderte der Gelehrte.

»Wie viele?«

»Mit dreien wäre mir schon geholfen ...«

»Drei sind zu wenig ... Wie wäre es mit fünf? Oder sagen wir: acht? Wir schreiben einen Wettbewerb aus, da können Sie sich selbst die besten Studenten aussuchen!«

Jede Generation hat ihre Helden, die sich der besonderen Gunst der Nation erfreuen. Sie überqueren mit einem Segelboot, allein auf sich gestellt, den Ozean, projektieren Traumstädte, erstürmen ungeahnte Höhen, schreiben kluge Bücher, fliegen im Weltall umher ... Damdinsuren gibt seinem Volk das kulturelle Erbe zurück und stärkt dessen legitimes Gefühl für nationale Werte.

Dennoch würde man einen Fehler begehen, stellte man sich Damdinsuren als alten Mann vor, der dem Treiben der Welt den Rücken gekehrt hat und nur noch in der Vergangenheit lebt, weit gefehlt – er nimmt regen Anteil an dem Streß und den Sorgen von heute, er ist dynamisch und streitbar, lädt sich Lasten auf, die den Kräften eines jungen Kollektivs angemessen wären. Er hat den Text zur Nationalhymne der Mongolischen Volksrepublik geschrieben, er übersetzt Puschkin, Lermontow und Neruda und steht voll im öffentlichen Leben*. Ich war bei einem Treffen von Schriftstellern aus Asien und Afrika in Ulan-Bator zugegen, als Damdinsuren das Rednerpult betrat. Man empfing ihn wie einen Nestor der modernen Kultur Asiens. Seine

*Zur Zeit bereitet sich Damdinsuren auf einen einjährigen Aufenthalt in der DDR vor, um gemeinsam mit hiesigen Mongolisten ein umfangreiches deutsch-mongolisches Wörterbuch fertigzustellen (Anm. d. Red.)

Stimme, die er zur Verteidigung der Weltzivilisation, für Vertrauen zwischen den Völkern erhebt, ist weithin zu vernehmen.

Schaut man Damdinsuren — er wurde dreimal mit dem Staatspreis der MVR ausgezeichnet und ist Akademiemitglied — in sein kluges Gesicht, kommen einem die Zeilen in den Sinn, die ein Dichter einmal in sein Tagebuch schrieb: »Das Gesicht Damdinsurens ist wie ein Bild im Geschichtsbuch, wie eine alte Handschrift in einem Tempel, unberührt von den Händen jener, die das mongolische Gewissen und das mongolische Ehrgefühl am liebsten verbrennen möchten.«

Musik und Musikinstrumente

Wenn Steppenbewohner mit anderen Völkern in Berührung kamen, lehnten sie nicht hochmütig fremde Zivilisationen ab, sondern übernahmen einzelne Elemente aus deren geistigem Potential. Das einzige vielleicht, was nicht kulturell diffundierte, waren die mongolischen Lieder, die das Nomadenmilieu hervorgebracht hat und dem sie auch verhaftet sind. Für ein sensibles Ohr sind sie voll von unendlich vielen Zwischentönen, so wie die Steppe selbst, die auf den Fremdling einförmig, melancholisch wirkt und sein Auge ermüdet, dem in der Steppe Lebenden jedoch, wohin sein Blick sich auch richten mag — auf ein dürres Grasbüschel, ein Frühlingsbächlein, ein grünes Reis —, sich in ihrer ganzen Vielfalt darbietet. An einem heißen Tag pfeift sich der Mongole eins, treibt damit sein Pferd an und erfrischt sich mit der Luft, die dessen Brust ausstößt, das schweißnasse bronzefarbene Gesicht; mit melodisch klingendem Zuruf treibt er die Schafe zusammen, mit improvisiertem Gesang wünscht er den Sportlern beim Naadamfest Erfolg, preist er den Sieger im Pferderennen; bei den Wettkämpfen der Bogenschützen tun die im Ziel stehenden Gehilfen der Schiedsrichter in einer Art Sprechgesang kund, ob der Pfeil sein Ziel erreicht oder der Schütze es verfehlt hat. Die Melodien sind angereichert mit emotionalen Informationen über die Welt. War das vielleicht der Grund, weshalb in buddhistischen Klöstern die Musik zu den Hauptwissenschaften zählte und sie einen noch höheren Rang einnahm als die Astronomie?

Die gleichen Hände, die die Kamele einer Karawane am Zügel durch die Wüste führten, mit Stöcken Schafwolle schlugen, mit dem Schaber die Innenseite der Felle säuberten, Pferde- und Kamelstuten melkten, eben die schnitzten in freien Stunden, der Melodie im Innern gehorchend, Instrumente, die bis heute in der Steppe hoch geschätzt werden: die Chutschir, die mongolische Geige, die Jatga, eine Art Gusli, die Limbe, eine Flöte, die dreisaitige Laute, die Schands, und die 35saitigen Zimbeln. Und dann waren da noch Trommeln, Kupferbecken sowie Glöckchen, einfach im Bau und bequem zu transportieren. In diesem Orchester der Volksinstrumente gab, hoch über allen anderen stehend, der Liebling der Nomanden, die Morin-chuur, den Ton an, ein kleines zweisaitiges Cello mit gedämpftem geheimnisvollem Klang, das wie kein anderes Instrument das Gemüt des Steppenbewohners anrührt. Das Griffbrett der Morin-chuur wird von einem Pferdeköpfchen gekrönt mit großen erstaunten Augen, die bald den Fingern des Musikanten, bald dem Ausdruck seines Gesichts zu folgen scheinen. Das Absonderliche in den Augen des Pferdes und denen der Chuurtsch (so heißen die Morin-chuur-Spieler) erklärt eine Sage, die in vielen Variationen erzählt wird. Ich hörte sie in einem Aimak im Osten des Landes, am Ufer des Onon, woher die Morin-chuur selbst und auch die berühmtesten Morin-chuur-Spieler stammen. Ein armer Arate besaß sein Leben lang ein Pferd, das ihm treu ergeben war. Als das Pferd von dieser Welt schied und leblos an der einsamen Jurte lag, spannte der unglückliche Arate auf dessen Gebeine Saiten, befestigte den Kopf des Pferdes am Griffbrett und lehnte seinen eigenen Kopf an den des Pferdes, damit wenigstens beider Seelen beieinander wären.

Die Chuurtsch sind gewissermaßen die fahrenden Sänger der Mongolei. Leuten, denen sie unterwegs begegneten, sangen sie manch scherzhaftes Loblied und erhielten dafür Almosen, doch ihre lustigen Couplets waren nicht immer ganz harmlos, was ihnen zwar keinen zusätzlichen Lohn einbrachte, wohl aber ihren Ruf als Fürsprecher des einfachen Volkes festigte. In vergangenen Zeiten maßen die Chuurtsch nämlich weniger dem Einkommen, als vielmehr einem guten Ruf Wert bei. Im Gedächtnis der Mongolen lebt noch heute die Sage vom Chuurtsch Argasun, einem Sänger ohne Furcht und Tadel, der sich selbst dem großen Khan nicht beugen wollte. Man erzählt, bei der Heimkehr von einem seiner Feldzüge habe Tschingis-Khan unterwegs einen Musikanten getroffen und gefragt, ob die Frau des Khans, ihrer beider Söhne und das ganze Volk wohlauf seien. Der Chuurtsch hob an zu singen: »Deine Gattin und deine Söhne sind wohlauf! Wie aber dein ganzes Volk lebt, das weißt du nicht. Deine Frau und deine Söhne sind wohlauf, doch über das Ergehen deines ganzen großen Volkes weißt du nichts. Von Leder und Rinde ernährt es sich, von dem, was es mit seinem riesigen Mund gerade findet; über deines ganzen Volkes Ergehen weißt du nichts! Wasser trinkt es und Schnee, wie es gerade so kommt, mit seinem lechzenden Mund. Du aber kennst deiner Mongolen Bräuche und

Touristenstützpunkt im Gebirge. — Der Gobi-Altai bildet auf weite Strecken hin die Grenze zwischen der Mongolischen Volksrepublik und China

Verhalten nicht!« Für diese dreisten Worte schloß man den Chuurtsch indes nicht aus der Schar der Sänger aus, denn den großen Khan bewegte in diesem Moment vielmehr die Frage, wie seine Hauptfrau wohl die Nachricht von seiner Heirat mit einer koreanischen Prinzessin aufnehmen würde. Der Khan war eben auch nur ein Mensch, und nichts Menschliches war ihm fremd.

Wie Reisende behaupten, ist das Lied der Mongolen »leise und getragen; das Ohr empfindet es als angenehm, ja als zu Herzen gehend, insgesamt aber ist es schwermütig und läßt einen, ähnlich wie die mongolische Wüste, in Melancholie verfallen« (Jakinf Bitschurin).

Fast in jeder Jurte hängt an der Nordseite — dem Ehrenplatz — eine Morin-chuur, und das Pferdeköpfchen mit der langen Mähne blickt auf den, der die Schwelle überschreitet. In einer mongolischen Familie gibt es mit Sicherheit einen, der das Instrument spielen kann und eine leise, gedämpft klingende, getragene kehlige Weise dazu singt — Musik eines Streichinstruments mit aufgesetztem Dämpfer, bald verschwommen, bald volltönend. Einen echten Chuurtsch empfängt die Steppe mit den gleichen traditionellen Ehren wie einen in der Gegend besonders beliebten Ringkämpfer, der den Titel »Unbesiegbarer Löwe« oder »Mächtiger Elefant« trägt: Ihm bringt man auf blauem Chadag eine Schale Kumys dar. So pflegte man zum Beispiel, wie ich es selbst erlebt habe, den Volkskünstler der MVR G. Dshamjan zu empfangen, was den höchsten Grad von Ehrung bedeutet.

Bis zu seinem Auftritt bleibt dem Chuurtsch noch Zeit, er möchte allein sein, die Luft der abendlichen Steppe, den süßlichen Rauch des Argal, die Gerüche der Kindheit atmen. In einem Gatter blöken Schafe, eine Frau hat sich niedergehockt und melkt eine Stute, man hört, wie die Milch in den Blecheimer spritzt. Der schrille Schrei eines Vogels, das Rauschen mächtiger Schwingen streift das Ohr, ein Königsadler kreist über einer Karawane, die ganz in der Nähe durch eine mittelalterliche Ruinenstadt zieht. Dies alles sind Laute des Friedens, der Freude, des Lebens. All diese Töne, das Rascheln, Plätschern und Klirren, läßt der Chuurtsch in seiner frei erfundenen Melodie aufklingen.

Die Chuurtsch von heute haben es nicht mehr nötig, die Vorzüge irgendwelcher Leute in den Himmel zu heben, um sich ihren Lebensunterhalt zu verdienen, andererseits aber schleudern sie Khanen auch keine Dreistigkeiten mehr ins Gesicht, weil es keine Khane mehr gibt … Immer weniger Chuurtsch besitzen noch die Gabe zu improvisieren, sie werden allmählich zu professionellen Musikanten, zu Interpreten, die die Melodien der Steppe in ihrer Reinheit bewahren. Weniger interessiert sind sie an der publizistischen Wirkung, dafür erreicht ihre Spieltechnik höchste Höhen der Perfektion.

Die Jurte ist brechend voll. Viehzüchter aus der ganzen Umgebung sind zusammengeströmt, haben sich auf der Filzmatte niedergelassen, die Beine untergeschlagen, auf den Knien die Kinder. Dshamjan erscheint, er sieht aus, wie einem mongolischen Märchen entstiegen — in einem schönen Seidendeel, in bemalten Stiefeln, eine Samtmütze auf dem Kopf. Würdevoll läßt er sich auf einem niedrigen verzierten Schemel nieder, berührt fast mit der ergrauenden Schläfe das Pferdeköpfchen, und sein Bogen entlockt den Roßhaarsaiten berückend schöne Steppenmelodien. Ich betrachte die Sitzenden und kann mich nur wundern, wie gespannt sie zuhören. Es ist, als lauschten sie nicht Tönen, sondern an sie gerichteten Worten, die ihnen die Augen öffnen für die Welt draußen vor der Jurte, es ist so etwas wie ein Fest miteinander harmonierender Seelen und Melodien.

Diese Morin-chuur haben schon Dshamjans Vater und vier seiner Brüder gespielt. Die Familie wurde eingeladen, bei den Naadamfesten im ganzen Aimak Cherlen aufzutreten, und war »ausgebucht« wie gute Harmonikaspieler in russischen Dörfern. Bis zum achtzehnten Lebensjahr hütete Dshamjan mitsamt der Familie in der Steppe die Herden, und als der Vater auf Drängen gebildeter Leute den jüngsten Sohn auf die Fachschule für Kunst nach Ulan-Bator schickte, konnte sich der junge Arate wohl nicht vorstellen, daß die Morin-chuur einmal sein berufliches Schicksal bestimmen, daß er auf diesem »Pferd« Europa, Asien und Afrika erobern würde. In Paris kam nach einem Konzert ein Franzose, ein alter Mann mit einem roten, um die Schultern geworfenen Schal, auf ihn zu: »Sagen Sie, Monsieur Dshamjan, gab es schon im Heer Tschingis-Khans die Morin-chuur?« — »Die Morin-chuur gibt es bei uns schon seit der Hunnenzeit«, antwortete der mongolische Künstler. — »Daß man auf diesem Instrument einen Militärmarsch spielen könnte — einfach undenkbar! Entschuldigen Sie, aber ich kann mir Tschingis-Khan beim besten Willen nicht mit einer Morin-chuur in der Hand vorstellen!« — »Für Feldzüge gab es ja Trommeln und Trompeten. Der Morin-chuur aber entlockte man Melodien ganz anderer Art. Zu ihren Klängen sangen die Alten: ›Unser Sohn ist einsam in der Fremde‹ ...«

Allmählich füllten die Klänge der Morin-chuur, die am linken Knie Dshamjans lehnte, die ganze Jurte, die Töne wurden gleichsam von den Filzwänden zurückgeworfen, stiegen zusammen mit dem Rauch durch den runden Toono zum Himmel auf und machten neuen Melodien Platz. Der Chuurtsch blinzelte zum Pferdeköpfchen hin, das Haar fiel ihm in die Stirn, von den Lippen kam ein Flüstern, und mir war, als stünden wir alle unter

Mongolin in alter Festtracht. – So sieht eine mongolische Braut heute aus. – Auf einen kunstvoll verzierten Sattel legt der Arate stets großen Wert

dem Banne eines Schamanen, der uns die gleichen schönen Visionen schauen ließ, die in diesen Minuten auch ihn, den Musiker, erregten. Da ließ Dshamjan den Bogen sinken und fuhr sich mit dem Ärmel des Deels über die feuchte Stirn. Die fahlen Gesichter starrten noch immer auf den Chuurtsch, als klänge die Melodie in ihrem Innern noch hörbar fort.

Die Anfänge der mongolischen berufsmäßig ausgeübten Musik sind in den dreißiger Jahren zu suchen. Mutig wandten sich mongolische Komponisten Formen zu, die ihre traditionelle Musikkultur bislang nicht kannte — es entstanden die ersten Sinfonien, Suiten, Poeme, Ballette, Opern. Übrigens ist eine der ersten Nationalopern, »Chuchoo Namdshil«, ebendieser Morin-chuur gewidmet, jener im Volk noch lebendigen Sage, die berichtet, wie ein Arate und sein Pferd eins blieben. Nicht nur in diesem Werk, auch in vielen für die mongolische Musik neuen Form klingen volkstümliche Steppenmelodien an, eine unerschöpfliche Quelle für Tonschöpfungen von heute. Leute, die die Morin-chuur nicht kennen, mögen herablassend lächeln, sehen sie doch nur begrenzte Möglichkeiten für die zwei Saiten des Instruments, die überdies noch aus Roßhaar bestehen, und meinen, das Instrument möge wohl für Nomadenmotive ideal sein, doch für mehr wohl kaum. Dshamjan macht nicht gern große Worte, doch um dem entgegenzutreten, um dieses Lieblingsinstrument des Volkes zu verteidigen, bearbeitete er die »Träumerei« von Schumann, die »Melodie« von Rubinstein und die »Barkarole« von Tschaikowski für die Morin-chuur. Diesen Werken, von ihm selbst auf der Morin-chuur vorgetragen, applaudierte das Moskauer Bolschoi-Theater, wo schon so manche Werke der Klassik aufgeführt worden sind.

Die Plakate des Staatlichen Theaters für Oper und Ballett, des Sinfonieorchesters und anderer Gesangs- und Tanzensembles erfreuen einen zwar, zeugen sie doch von dem regen kulturellen Leben der mongolischen Hauptstadt, vom Interesse an der nationalen wie auch der internationalen Klassik, lassen aber dennoch gewisse Zweifel aufkommen: Ertränkt man in dieser Flut nicht die alten Wurzeln, werden diese getragenen kehligen Lieder, die Eroly — die gesungenen Glückwünsche —, die Klänge der Morin-chuur nicht mit der Zeit nur noch Ethnologen als Themen für Dissertationen über die musikalische Vergangenheit der Mongolei dienen? Und gesetzt den Fall, die Wurzeln überstehen die Flut der klassischen Formen, werden sie auch den reißenden Fluten der Unterhaltungsmusik widerstehen, die sich von den Höhen der Kultur der Massen herab ergießt?

Dieses Problem, das Traditionen und kulturelles Erbe aufwerfen, beschäftigte mich noch, als ich auf dem Weg zu Dshamjan-Chuurtsch war. Wir nahmen beide in seiner Dreiraumwohnung in Ulan-Bator auf einem Sofa Platz, an der Wand hing, wie in einer Jurte, eine alte Morin-chuur, sein Konzertinstrument, mit dem großäugigen Pferdchen. Das schaute zu, wie wir Tee tranken und im Familienalbum blätterten: Der Chuurtsch zu Gast bei Jawaharlal Nehru, Ho-chi-Minh, der unserem Chuurtsch die Hand schüttelt. Ich blickte auf Dshamjans Hände, die ihm auf den Knien ruhten, die großen Hände eines Viehzüchters, die nach Milch und Filz riechen, wie sie gewissermaßen kennzeichnend sind für die mongolische Intelligenz in der ersten Generation, die, wie man so schön sagt, aus dem Volke hervorgegangen ist. Fotos über Fotos ... Und wer ist diese mongolische Geigerin mit dem feingeschnittenen Gesicht?

Es ist Maasuren, Dshamjans Frau. Die beiden fanden einander in den vierziger Jahren im Orchester. Wie sich herausstellte, waren sie Landsleute, beide kamen vom Ufer des Cherlen. Das Mädchen hatte damals gerade die Geigenklasse der Musikschule absolviert. »Und in diesem Orchestergraben sitzt sie heute noch!« kommentiert Dshamjan. »Auch jetzt ist sie gerade bei der Probe. Man bereitet die Inszenierung des Balletts »Stadt der Schätze« des jungen Komponisten Changal vor, bei dem es um die Erbauer von Erdenet geht, sowie die der Oper »Eugen Onegin« in russischer Sprache. In probefreien Zeiten schaffte sie es, eine Tochter und vier Söhne zur Welt zu bringen. Dshamjan sprach von seiner Frau in scherzhaftem Ton, wie man etwa von seinem Lieblingskind redet, etwas verlegen und so, als fürchte man, sentimental zu wirken. »Ich habe versucht, Maasuren aus ihrem Orchester wegzuholen, doch das ist jetzt völlig unmöglich: Auf der Bühne steht nämlich jetzt auch schon unsere Tochter, als Sängerin!«

Die Tochter, eine elegante junge Frau, Solistin am Theater für Oper und Ballett, singt die Hauptpartien im »Barbier von Sevilla« und »La Traviata«; sie hat einen wundervollen Koloratursopran, ist Absolventin des Leningrader Konservatoriums und in der Familie so etwas wie eine lebendige Brücke, die beide musikalischen Sphären verbindet — da ist im Theater die Mutter und die Klassik, zu Hause der Vater und die Folklore. Als der Vater dann seine Morin-chuur zur Hand nahm und über die Saiten strich, setzte sich die Tochter auf die Diwankante und sang ein melancholisches uraltes Nomadenlied. »Zezgee«, fragte ich, »wenn Sie für sich selbst singen, für Ihr eigenes Gemüt, was singen Sie da am liebsten, die Partie der Rosine oder Steppenlieder aus Urgroßmutters Zeiten?« — »Diese Frage könnte ich gar nicht beantworten ... Das hängt von meiner Stimmung ab!« — »Also nun einmal im Ernst ...«, ich ließ mich nicht abweisen, »wenn Sie in schönster Stimmung sind?« — »Da summe ich einen Schlager!« sagte sie lachend.

Diese Kinder wachsen schon nicht mehr in einer Jurte auf

Schlagerspezialist ist Batsaichan, der älteste Sohn, künstlerischer Leiter des populären mongolischen Estradenensembles »Sojol-Erdene«. Die Jugend ist bei solchen Konzerten außer Rand und Band. Im halbdunklen Saal, im Spiel bunter Lichter, erklingen kubanische, sowjetische, mongolische, spanische Melodien, die Elektronik zieht alle Register, die Zuschauer schlagen den Takt im schnellen Rhythmus mit, da klingt plötzlich mitten zwischen ganz modernen Melodien, wie um sich in Erinnerung zu bringen, eine echte alte Volksweise auf. Der zweite Sohn des Chuurtsch, Bajar-saichan, Absolvent des Konservatoriums Jerewan, ist ein erstklassiger Geiger, er leitet eine Klasse in der Musikschule und gibt selbst Konzerte. Zwischen den Brüdern aber bestehen in bezug auf Musik keinerlei Meinungsverschiedenheiten. Sie eignen sich Neues an, bereichern das Überlieferte, vernachlässigen dabei aber auch das nationale Kulturgut nicht.

Unser Chuurtsch ist jetzt selten bei Aufführungen oder Konzerten zu sehen. Er hat eine Morin-chuur-Schule für Anfänger erarbeitet und es übernommen, in der Musikschule eine Klasse junger Morin-chuur-Spieler aufzubauen. Er hat zwölf Schüler, die aus der Steppe stammen und aus einer Vielzahl von Bewerbern ausgewählt wurden. Die Schule hat jedes Jahr acht bis zehn junge Chuur-Absolventen, die den Nachwuchs für die Volksmusikensembles bilden. Dshamjan müht sich, daß jeder von ihnen, wie er sagt, Philosoph und Lyriker wird, und das war auch unser Gesprächsthema, als sich die Familie endlich bei Tisch versammelt hatte. Wir sprachen gerade von echten und scheinbaren Werten, vom Beständigen und Vergänglichen, da blickte Dshamjan uns alle an und sagte: »Welcher Kiefer auch das Wiesengras kauen mag, er muß dennoch eines Tages in der Steppe als Knochen bleichen, das Wiesengras aber wird ewig grünen.«

Die Mutter des Kosmonauten

Bis zu den »Letzten Nachrichten« im Moskauer Fernsehen, die über den Start eines Raumschiffes mit internationaler Besatzung berichten sollten, blieben uns nach meiner Rechnung noch fünfzehn Stunden Zeit. Unser Auto war randvoll getankt, dazu kam noch ein hundert Kilo schweres, hinter den Sitzen angeschweißtes Eisenfaß. Ohne Treibstoffreserve darf man nämlich nicht in die Steppe fahren, kann es doch passieren, man verliert die Orientierung und kurvt einen ganzen Tag lang auf der trostlosen Ebene umher, ehe man einmal einen Reiter trifft. Man raucht eine Zigarette mit ihm, unterhält sich und erfährt so, in welche Richtung man zu fahren hat.

Ulan-Bator lag hinter uns, und wir bogen nach Westen ab. Wir fuhren durch trockenes Dersgestrüpp vom vergangenen Jahr, unter unseren Rädern knirschte das Eis auf den Flüßchen, wir erklommen Gebirgspässe, und dann hielten wir schließlich an einem Steinhaufen, einem Owoo. Richtig rührend wirkten diese schlichten geheiligten Stätten auf den Pässen. Menschen haben sie aufgetürmt, die einander nicht gekannt, in verschiedenen Jahrhundert gelebt haben, noch zu Schamanenzeiten. Doch sie alle eint bis in unsere Tage hinein eines – die abergläubische Hoffnung auf das große Glück. Zu einer solchen Pyramide bringt jeder das, was er gerade so hat: eine Streichholzschachtel, eine leere Flasche, eine Blechdose, Münzen, Papiergeld, eine Handvoll Getreide, ein Stückchen Käse. Aus dem Steinhaufen spießt oben ein Stock heraus. Im Wind wehen Wollsträhnen, ein Büschel Roßhaar, ein Stück Borte mit alten Schriftzeichen – eine Art Feldzeichen derer, die sehend geworden und zu der Erkenntnis gelangt sind, wie die Schicksale eines jeden von uns in Zeit und Raum eingebunden sind. Mein Begleiter Zerendshamz, Fotoreporter aus Ulan-Bator, ließ auf dem Steinhaufen einen belichteten Film zurück. Dann fuhren wir rasch ins Tal hinab.

Eile war geboten, wußten wir doch nicht, wieviel Kilometer, dreihundert oder mehr, wir bis zu einer gewissen Jurte zu fahren hatten und ob sie in diesen Tagen nicht ihren Platz am Fluß verlassen hatte und weitergezogen war. Wir wollten die Eltern des ersten mongolischen Kosmonauten aufsuchen, in den letzten Minuten bei ihnen sein, bevor ihre Jurte in der ganzen Welt bekannt werden würde, eine Flut von Fremden herbeieilen und alles durcheinander bringen würde. Gewöhnlich ziehen der Hirt Dshugderdemid und die Melkerin Itschinchorloo im Einzugsgebiet des Orchon, südlich der Siedlung Gurwan-Bulag zwischen hübsch anzuschauenden Hügeln umher, wo schon mit ihren Fuhrwerken ihre Vorfahren umherzogen sind, von denen noch die Steine erloschener Feuerstellen zeugen. Trägt man diese Steine näher an die Jurte heran, bleibt der Ruß nicht an den Händen haften, sondern fällt wie Staub ab, und zutage treten die schwarzen Rußschichten früherer, älterer Feuer, die vielleicht gar noch aus der Steinzeit stammen. Wie ein erhobener Finger steht einsam in der Steppe ein Pferdepflock, schwarz vor Alter, der auf einen Standort früherer Nomandenlager verweist. Kraniche schreiten gravitätisch um den Stock herum, schlagen mit den Flügeln und erwecken den Anschein, als seien sie es, die hier den Wind machen und das Gras zu Boden drücken.

Die Eltern des Kosmonauten hatte ich schon einmal aufgesucht und ihnen aus dem Sternenstädtchen von dem Ältesten ihrer zehn Kinder Grüße überbracht. Vater und Mutter haben von dem neuen Leben ihres Sohnes nur

Auf vielen Pässen stößt man auf einen solchen alten Owoo, an dem die Gläubigen ihre Gebete verrichteten und irgendeinen Gegenstand hinterließen, um die Berggeister gnädig zu stimmen. — Im gebirgigen Norden des Landes. — Wasserfall am Oberlauf des Orchon

sehr vage Vorstellungen. Sie hatten gehofft, der Sohn würde eines Tages zurückkehren, wie er schon einmal zurückgekehrt war, als er nach fünf Jahren Trennung für ein paar Tage heimkam. Die Mutter hatte seinen Kopf genommen und ihn an sich gepreßt, die Schulterstücken berührt, ihr Gesicht an seinen muskulösen kräftigen Hals geschmiegt und gespürt, wie sich unter ihrer Wange die Sehne spannte. Der Sohn hatte auf den Rhombus an der Uniformjacke getippt: »Auf dieses kleine Ding da, Mutter, bin ich scharf gewesen!« Die Mutter hatte mit rauher Hand über den Rhombus gestrichen und die gleichen Worte geflüstert wie in ihren jungen Jahren, wenn sie ihren Sohn stillte: »Minij uur ... Alag uur!« Genau übersetzen kann ich diese Worte nicht, aus dem Zusammenhang gerissen, sagen sie unserem Ohr nur wenig: minij — mein, uur — Same, alag — verschiedenfarben. Mein Same? Vielfarbige Frucht? Für einen Mongolen aber gibt es auf der ganzen Welt wohl kaum zärtlichere Worte als diese, die er in der Kindheit von der Mutter gehört hat. Er hütet sie im tiefsten, verschwiegensten Winkel seines Herzens, wie auch wir das glückliche Flüstern unserer Mütter stets im Gedächtnis bewahren.

Von der Mutter des ersten mongolischen Kosmonauten möchte ich hier erzählen. Nicht weil Itschinchorloo gesprächiger ist als ihr Mann, der schweigsame Dshugderdemid-guaj, ein in der Steppe geachteter Hirt und Brunnenmaschinist. Wie gewöhnlich sitzt er auf einem Schemel, auf dem Kopf die Lammfellmütze, füllt die Tabaksdose oder beschlägt den Sattel auf seinen Knien mit Metallplättchen. Er sagt meist nicht viel und ordnet sich widerspruchslos seiner Frau unter. Sie ist recht munter, redselig, unter dem Kopftuch quellen ihr die Haare hervor, die Augen blicken mädchenhaft herausfordernd drein, in der Jurte hat sie das Sagen. Ich sah sie abends, beim Schein der Kerze, als im Halbdunkel die roten Glassteinchen ihrer Ohrringe glitzerten — am Herd hantierend, um die Kinder bemüht, am Tisch, hinaus aus der Jurte und wieder hinein. Dafür spricht in allem, was außerhalb der Jurte passiert, der Vater das entscheidende Wort. Hier ist die Mutter brav wie eine Tochter: Wie's der Vater bestimmt, so wird's gemacht. »Bei uns ist unsere Mutter Innenminister, der Vater Außenminister ...«, so formulierte es bei meinem vorigen Besuch der Sohn Batsuch, ein Traktorist.

Ein flüchtiger Blick, ein vorschnelles Urteil — das wird einem hier verziehen, auf Unverständnis aber stößt man, wenn man verschweigt, was dem Mongolen die Mutter bedeutet. Zwei Dinge des Lebens sind für ihn von unbestritten höchstem Wert und ihm heilig — die Milch und das Herz der Mutter. Dem Vater kann ein Kind den Gehorsam verweigern, ihm kann es widersprechen, doch Ungehorsam der Mutter gegenüber, besonders in der

Steppe, würde selbst in unseren Tagen noch als ungewöhnliches Ereignis empfunden. So weit ein Mongole zurückdenken kann, die ihn umgebende Welt haben ihm die Hände der Mutter geschaffen. Mit Sonnenaufgang fachte sie das Feuer neu an, stellte den Kessel mit Wasser auf, kochte und gab allen zu essen, räumte den Tisch ab, sie spann Wolle, zwirnte Fäden. Allen nähte sie die Kleidung, alle verabschiedete sie, wenn sie gingen, und begrüßte sie, wenn sie wiederkamen. Die kleine Welt der Jurte dreht sich sozusagen auf ihren Schultern. Wenn Gäste die Jurte betreten und nach dem Hausherrn verlangen, so lautet ihre Frage, die sie an die Hausfrau richten, in der Übersetzung: »Wo ist dein schwarzer Mensch?« Dabei kommt es ihnen gar nicht in den Sinn, daß das eine Kränkung für ihren Mann bedeuten könnte, er ist eben der »Schwarze« im Unterschied zu den »Gelben«, wie die unverheirateten Mönche genannt wurden. Eine Frau aber ist und bleibt »weiß«, das heißt, sie steht in höchsten Ehren.

Im literarischen Erbe der Mongolen gibt es keine schöneren Formulierungen als jene, die vom Mutterherzen sprechen, und keine rührenderen Zeilen als jene, die vom Abschied von der Mutter berichten. Wohin es einen in der Steppe auch verschlägt — wenn eine Frau ihr Kind in den Schlaf wiegt, eine kleines Mädchen das Feuer anfacht, ein Halbwüchsiger dem Pferd den Schweiß von den Flanken streicht, immer bekommt man das Lied vom kleinen Kamel zu hören, das seine Mutter verloren hat, und genau wie das mutterlose kleine Kamel empfindet man dann selbst Sehnsucht nach der eigenen Mutter und muß daran denken, wie sehr man ihr ewig zu Dank verpflichtet ist.

»Kleines weißes Kamelkind, verwaist, hungrig, denkt zurück an seine schöne Mutter, schmachtet und seufzt vor Sehnsucht nach ihr. Es kaut Schilf und seufzt, es denkt zurück an die Milch seiner Mutter und seufzt. Wenn auf meinen Knien Haarbüschel sprössen, ich würde über das Changaigebirge sprengen und meine Mutter suchen!«

Ich habe dieses Lied auch schon einmal in der Nähe von Moskau gehört. In einem schattigen Birkenwäldchen stapften zwei junge Mongolen in blauen Trainingsanzügen und Turnschuhen durch das feuchte Gras, sammelten Pilze in einen Korb und sangen halblaut vor sich hin. Es waren Gurragtschaa und Gandsorig, die zur Kosmonautengruppe gehörten. Das verwaiste kleine weiße Kamel schien von Baum zu Baum zu springen und sehnsüchtigen Blickes seine Landsleute zu beäugen.

Dshugderdemid und Itschinchorloo hatten ihren Gurragtschaa das letzte Mal im Juli 1979 gesehen. Damals kam ein Jeep bei ihrer Jurte vorgefahren. Die Obrigkeit aus dem Somonzentrum schwieg sich zwar über Einzelheiten aus, deutete aber gute Nachrichten an und schlug ihnen vor, sofort mit nach Gurwanbulag zu fahren. Von dort aus sollte es mit einem kleinen Flugzeug in das Aimakzentrum Bulgan gehen und weiter mit der Linienmaschine in die Hauptstadt. Die Mutter saß am Bordfenster, die Stirn an das kalte Glas gepreßt. Sie ahnte, wohin die Reise ging, ließ jedoch kein Wort verlauten, um das Treffen nicht zu gefährden. Sie sah im Geiste ihren Sohn in Fliegeruniform, wie sie sie bei Gurwanbulag bei dem Piloten des kleinen Doppeldeckers gesehen hatte, und Angst um ihn überfiel sie.

Itschinchorloo hatte ihren Sohn in der Jurte zur Welt gebracht. Tschanzal, eine entfernte Verwandte, hatte das Kind mit einer Rindersehne abgenabelt, es in ein Schaffell gewickelt, anschließend in Hammelbouillon gebadet und ihm einen Klaps auf den rosaroten Rücken gegeben, zufrieden, daß in der Familie ein Junge geboren worden war. Das Kind versetzte alle in Staunen mit den ersten Wörtern, die es sprach, noch bevor es Mama oder Papa sagen konnte; sie lauteten »didl, didl!« In der Jurte rätselte man herum, was dieses Didl wohl bedeuten mochte, aber die Mutter lauschte in die Steppe hinaus und erklärte es – der Kleine ahmte das Geräusch eines vor der Jurte bremsenden Autos nach. Seitdem nannte man den kleinen Gurragtschaa im ganzen Tal Didl-didl! Nach altem Brauch tätschelten die Hirten das nackte Kind, führten die Hand an die Nase und sagten: »Na, da wollen wir mal deinen Tabak schnupfen!« Und die Mutter lachte dazu ...

In Ulan-Bator saßen Vater und Mutter nun im Hotel »Bajangol« in ihrem leeren Zimmer und horchten auf die Schritte im Korridor, und als sich die Tür auftat und Gurragtschaa erschien, nicht in Militäruniform, wie die Mutter es erwartet hatte, sondern im weißem Hemd mit offenem Kragen, gefolgt von seiner Frau Batmunk und weiteren korrekt gekleideten Leuten, lief sie auf den Sohn zu. »Eedshee!« (»Meine liebe Mama!«) sagte der Sohn und drückte sie an sich.

Es war eine irre, anstrengende, aber glückliche Woche. Sie spazierten durch die Straßen, schauten sich Reiterspiele an, standen auf der Festtribüne und winkten den Demonstranten zu – es war nämlich Revolutionsfeiertag. Leute mit Filmkameras fuhren sie zu einem eingezäunten grünen Feld am Fuß des Berges, wo eine große neue, noch unbewohnte Jurte stand. Man bat sie, in die Jurte hineinzugehen, aus der Jurte herauszutreten, beieinanderzustehen, getrennt zu sitzen, miteinander zu plaudern, zu lächeln. Zu denen, die sie damals fotografierten, gehörte auch mein Freund Zerendshamz. »Es war uns peinlich, sie zu bitten, eine bestimmte Geste zu wiederholen, doch sie redeten uns gut zu und bewiesen große Anteilnahme an anderer Leute Arbeit.«

Gurragtschaas Eltern waren mit einer Familie aus dem benachbarten Aimak Archangai zusammen, wo der zweite Raumflugkandidat, Gandsorig, von ebenso kräftiger Statur wie Gurragtschaa, aufgewachsen war. Einer sollte fliegen, der andere hatte das sogenannte Double zu sein, doch niemand hätte zu jenem Zeitpunkt vorhersagen können, auf wen das Los wirklich fallen würde. Die jungenMänner waren befreundet, sie nahmen die Hektik um sie herum lächelnd hin, und die Eltern schauten einander freundlich und anteilnehmend an. Itschinchorloo offenbarte mir damals ihr Geheimnis: Man muß immerfort daran glauben, daß der eigene Sohn fliegen wird, dann wird er auch fliegen. »Und wenn es nun Gandsorig ist?« fragte ich. Itschinchorloos Augen blitzten auf, die mädchenhaft herausfordernde Art kannte ich schon: »Es sind doch beides meine Söhne!«

Auf dem Flugplatz von Ulan-Bator verabschiedeten sich dann die Eltern von den Söhnen. Die Passagiere hatten ihre Plätze im Flugzeug bereits eingenommen. Zum ersten Fluggastraum wurde eine zweite Gangway herangeschoben – für die beiden jungen Offiziere. Begleitet wurden sie von Generalen der Mongolischen Volksarmee, doch die Kameraleute hatten auch hier wiederum das Sagen. Sie ordneten an, sich zu verabschieden, einzeln die Gangway zu betreten. Die Mütter küßten die Söhne auf die rechte Wange. Auf die linke Wange küßt man nur einen Heimkehrenden – so will es ein uralter Brauch. Gurragtschaa umarmte Vater und Mutter, salutierte vor den Generalen, die aufgeregter waren als alle anderen – wußten sie ja, was den jungen Männern bevorstand. Itschinchorloo hatte in ihrer Tasche eine Flasche Milch und eine Schale mitgenommen. Als die Gangways zurückgefahren wurden und die Turbinen aufheulten, goß die Mutter Milch in die Schale, trat einen Schritt vor, wurde von den Generalen zurückgehalten, verspritzte aber dennoch Milch in Richtung des wegrollenden Flugzeugs. Der Wind fing die Tropfen auf und trug sie zum Leitwerk des Flugzeugs, und ich sah im Geiste, wie, nun schon in der Luft, wenn das Flugzeug Höhe gewonnen hatte, die weiße Milch über den Flugzeugrumpf rinnen würde, Himmel und Erde netzend. Die Generale traten heran: »Wir danken Ihnen, daß Sie solche Söhne erzogen haben ...« – »Und wann sehen wir sie wieder?« fragte Itschinchorloo. – »Wir denken, in anderthalb, zwei Jahren etwa!«

Inzwischen waren zwanzig Monate vergangen. Am Abend des 22. März 1981 fuhren wir wieder zur Jurte von Dshugderdemid und Itschinchorloo. Auf Zerendshamz' Knien hüpfte das Transistorradio, es war eingestellt auf Radio Moskau.

Dieses Mal stand die Jurte etwa fünfzig Kilometer von Gurwan-Bulag entfernt, überraschenderweise auf einem hier ganz seltenen Stückchen Wüste, das eher an die Gobi erinnerte als an die für diese Gegend typische Buschsteppe. Am Fuß einer Düne duckten sich, wie eine Kolonne Gefangener, ein paar kahle, schwarze, verkrüppelte Pappeln, und so heißt die Gegend hier auch: Chailaasny-Bulan — Pappelwinkel.

Die Jurte steht nicht in dem Wäldchen selbst, sondern zwanzig Schritt entfernt auf kahlem Wüstensand. Der Sand zeigt keinerlei Spuren, als ob man hier nicht laufe, sondern nur fliege. Die Leinen, die die Jurte umschlingen, sind noch ganz straff, der Wind hat sie noch nicht gelockert. Hinter einer stecken kleine Holzrechen zum Zusammenharken von Argal und eine Handsäge. Offensichtlich sind die Bewohner erst vor wenigen Tagen hierher gezogen. Daneben sieht man eine Überdachung und ein Staket, solide gezimmert, wie man es in Standlagern errichtet, zu denen man einmal zurückkehren will. In der Umzäunung drängen sich Schafe und Ziegen, sie beschnuppern die Lämmchen und lassen, wenn sie die ihren nicht gleich finden, ein klägliches Blöken und Meckern hören. Kinder versorgen die Tiere — in den Frühjahrsferien werden die Schüler hier nach Hause geschickt, damit sie den Eltern helfen, wenn die Tiere lammen. Die Kinder nähen dann für die Neugeborenen Wattedecken, legen sie ihnen auf den Rükken, binden sie mit einem Strick fest, die schwächsten nehmen sie mit in die Jurte.

Wir stiegen aus dem Auto, begrüßten die Kinder und fragten nach Vater und Mutter. Die zwölfjährige Dordshagmaa, in Stiefeln und warmer Weste, drückte ein Zicklein an sich und sagte:

»Baigaa!« (»Sie sind da!«)

Wir nahmen das Transistorradio mit und betraten die Jurte. Dshugderdemid saß auf seinem gewohnten Platz und reparierte ein Zaumzeug. Die Lammfellmütze auf seinem Kopf beeinträchtigte die Behaglichkeit des Raumes in keiner Weise, im Gegenteil, sie harmonisierte durchaus mit der Welt der Dinge, die jeden Augenblick ihren Platz ändern konnten. Rechts von der Tür rollte Batsuch auf dem Tischchen Teig aus. Seine Frau Enchdshargal saß auf dem Bett in der Frauenhälfte der Jurte und spielte mit dem einjährigen Töchterchen. Otgontujas, Schülerin der neunten Klasse, schürte im eisernen Ofen die Kohlenglut. Links von der Tür kauerten neben einem Flechtkorb mit getrocknetem Mist und neben drei Lämmchen Itschinchorloo und die siebenjährige Otgonsaichan. Das Kind hielt ein Lämmchen auf den Knien und hob dessen Kopf an, während die Mutter dem Tier einen Gummisauger, über ein mit Milch gefülltes Kuhhorn gestülpt, ins Mäulchen schob.

Wir umarmten einander. Dshugderdemid wies uns an der Nordseite Plätze an und setzte sich.

»Was gibt's Neues?« Er kramt in seinem Tabaksbeutel und holt eine weiße Tabaksdose heraus.

»Nichts Besonderes.« Wir schnupfen Tabak.

»Wie war die Reise?« Itschinchorloo hat Otgontujaa den Sauger übergeben und einen Teller mit getrockneten Sahnestückchen auf den Tisch gestellt.

»Alles in Ordnung.« Ich schaue auf die Uhr.

Nach meinen Berechnungen blieben uns bis zur TASS-Meldung noch zwei Stunden. Wir stellten das Transistorradio auf den kleinen Tisch und suchten nach Radio Moskau. Fremde Stimmen, Musik, Knacken und Pfeifen brachen in die Jurte ein. Niemand fragte etwas, doch ich sah, wie Vater und Mutter unruhig wurden. Warum wohl kamen zu so später Stunde diese Leute mit ihrem Transistorradio bei ihnen hereingeschneit? Auf der Truhe, neben dem Spiegel und dem Glasrahmen mit den Fotos der Verwandtschaft, lag die Zeitung »Unen« mit Porträts von sowjetischen Kosmonauten, die bereits in einer Orbitalstation die Erde umkreist hatten. Mir kam es so vor, als ob Dshugderdemid und Itschinchorloo auf etwas warteten und mich jedesmal fragend ansahen, wenn ich mich an sie wandte.

»Itschinchorloo«, fragte ich und holte unsere kleinen Geschenke aus der Tasche, »wie hat Gurragtschaa Sie eigentlich genannt, als er noch klein war? Mama, Mamotschka?«

»Itschindol«, sagte sie lachend und schüttete aus unseren Tüten Rosinen, Konfekt, Äpfel, Gebäck und Schokolade auf die Teller. »Er war ja unser Erstgeborener, er hörte in der Jurte ja niemanden ›Mama‹ sagen, alle nannten mich Itschinchorloo, so auch er, natürlich auf seine Art.«

»Und was für Kosenamen gaben Sie ihm?«

»Dencher chuu!« (»Kaulquappe«) sagte sie und brach in Lachen aus.

Itschinchorloo nahm eine Zitrone in die Hand:

»So ein schöner gelber Apfel?«

»Das ist eine Zitrone«, sagte ich, »zum Tee, doch ohne Milch.«

»Kein Apfel?« fragte Itschinchorloo zurück.

»Zerendshamz«, bat ich meinen Reporterkollegen, »erkläre ihr bitte, das ist eine Zitrone. Hat man sich erkältet, kann man sie mit Zucker bestreuen und auslutschen. Sie ist sehr sauer, doch sie enthält viele Vitamine.«

Zerendshamz übersetzte. Itschinchorloo legte die Zitrone auf die Anrichte neben den Kupferleuchter.

»Für Gurragtschaa, wenn er kommt.«

»Nein«, wandte ich ein, »Gurragtschaa kann Zitronen essen, so viele er will.«

Itschinchorloo fragte nun direkt:

»Heute?«

»Ja, soll wohl«, sagte ich.

Sie wartete, ob ich vielleicht den Namen dessen nannte, der flog. Mir war bekannt, daß die erste Besatzung aus Dshanibekow und Gurragtschaa bestand, während Ljachow und Gandsorig Ersatzmannschaft waren. Doch ich wollte nichts sagen, im letzten Augenblick könnte ja alles anders kommen. In diesen Minuten fuhr der weiß-blaue Bus die Kosmonauten auf der Betonpiste schon zum Kosmodrom. Vielleicht meldeten sie gerade dem Vorsitzenden des Staatlichen Komitees Flugbereitschaft. Oder der Lift schaffte sie jetzt zur oberen Plattform des Bedienungsturms, und bevor sie das Raumschiff betraten, grüßten sie soeben noch einmal die auf der Erde Zurückgebliebenen.

»Itschinchorloo«, frage ich, »wenn man irgend etwas aus der Jurte in den Weltraum mitnehmen könnte, was würden Sie Ihrem Sohn geben?«

»Warme Socken«, erwiderte sie.

Ich schaue erneut zur Uhr. Sicher sind sie jetzt bereits im Raumschiff. Schon werden die Bedienungstürme zur Seite gefahren, Kommandos ertönen.

»Itschinchorloo«, wende ich mich wieder an die Mutter, »träumen Sie manchmal von Gurragtschaa?«

»Ja, oft.« Sie hat eine Schüssel mit Eis auf den Herd gesetzt und das Feuer geschürt.

»Und wie sehen Sie ihn da?«

»Ich sehe mich mit ihm zusammen fliegen.«

Diese Worte überraschten mich. Hätte ich den Traum einer Mutter schildern sollen, ich hätte mir nichts Besseres ausdenken können als das, was ich da soeben gehört hatte: Ich sehe mich mit ihm zusammen fliegen ... Sie putzte ihrer kleinen Enkelin die Nase, schüttete Nudeln in das kochende Wasser, schnitt über einem Eimer Fleisch, doch in Gedanken war sie weit weg von hier, in Höhen, wie der Mensch sie sich nicht vorstellen kann.

Ich schämte mich meiner Hoffart. Mit welchem Recht hatte ich mich da anheischig gemacht, über die Seele einer mongolischen Mutter zu berichten? Was wußte ich überhaupt von ihr, wie konnte ich sie begreifen, da ich doch die eigene Mutter häufig genug mit meinem mangelnden Verständnis gekränkt hatte? Aber vielleicht konnte ich, wenn ich in reportagehafter chronologischer Abfolge das wiedergab, was ich zu der Stunde, da ihr Sohn in den Weltraum aufstieg, sah und hörte, dem Bild vom mongolischen Charakter, so wie ich ihn sah, trotzdem noch einige Striche hinzufügen, damit es auch die Menschen in meiner Heimat, die mir nahestehen, nachempfanden. Vier in der Mongolei verbrachte Jahre sind nicht ausreichend, daß man sich erkühnen könnte, über ein Volk zu sprechen, das man zuvor so wenig kannte und so gut wie gar nicht verstand.

Mitternacht. Jetzt wäre es aber an der Zeit ... Fieberhaft suche ich die Skala nach Radio Moskau ab. Konzertante Musik. Zerendshamz befestigt das Blitzlicht an seiner »Nikon«, geht in der Hocke um den Herd herum, visiert sein Ziel an. Geigen nehmen die Melodie auf, nach ihnen die Flöten, Harfen ertönen und Trommeln. Doch das ist noch nicht das Finale, die Geigen haben einen neuen Satz begonnen. Vielleicht bin ich gar nicht auf der richtigen Welle? Wir stellen Dshugderdemids Gerät auf den Tisch und suchen auf einer anderen Welle nach Radio Moskau. Halt, das scheint »Majak« zu sein. Unterhaltungsmusik, die Radios übertönen einander, doch wir wagen keines auszuschalten. Jeder von uns hat sich irgendwo einen Platz gesucht – am Tisch, auf dem Bett, auf dem Fußbodenfilz. Wir lauschen und warten ... »Hier spricht Moskau. Wir bringen die neuesten Nachrichten ...« Endlich! Wir kriechen förmlich in das Radio hinein, stellen die Unterhaltungsmusik leiser, verschlingen jedes Wort: »Immer breiter entfaltet sich ... Vorfristig abgeliefert ... schafften es ...«

»Wo bleibt denn unser?,«

»Vielleicht doch die falsche Welle?« fragt Zerendshamz zaghaft.

Dshugderdemid sitzt reglos da, die Hände auf dem Tisch wie ein Schüler. Itschinchorloo hat den Blick von uns abgewandt, ihr Gesicht drückt Verwirrung, ja so etwas wie Schuldgefühl aus, als sei sie es, die uns so lange warten läßt. Sie wiegt das Enkelchen auf dem Schoß, reibt ihre Wange an dessen Köpfchen. Die Kinder sind nicht zu sehen, man sieht nur allenthalben aus dem Halbdunkel ihre Äuglein blitzen. Es breitet sich ein solches Schweigen aus, daß ein Fremder, würde er in diesem Moment die Jurte betreten, hätte meinen können, alle seien miteinander verzankt und jeder meide den Blick des anderen. Batsuch zündet eine zweite Kerze an und stellt sie auf den Tisch in eine Zahnpulverdose. Immer noch Moskau ..., wieder Musik.

Eine Stunde ist vergangen. Vielleicht hat man den Flug abgesagt oder entschieden, erst nach der ersten Erdumrundung die Meldung zu bringen? Eine Umrundung dauert 108 Minuten, also anderthalb Stunden. Fünfviertelstunden sind bereits um. Man muß Geduld haben. Ohnehin können wir ja jetzt nicht einfach abfahren, diese Jurte verlassen, solange nicht klar ist, wie es steht. Ruhig bleiben, noch zehn Minuten ...

Wir sitzen bei Kerzenlicht da und schweigen. Zerendshamz reinigt mit einem Tampon das Objektiv. Man müßte etwas tun, damit sich diese spannungsgeladene Stille entspannt, man müßte einen Scherz machen oder nach irgendeiner Nichtigkeit fragen, doch mir fällt nichts ein. Hundertfünf Minuten, hundertsechs, hundertsieben …

»Wir bringen eine Meldung von TASS …« Endlich! Wir drehen das zweite Radio ab und hören nun die langersehnte, vertraute Baritonstimme aus Moskau: »Am 22. März 1981 17.59 Uhr Moskauer Zeit startete in der Sowjetunion das Raumschiff ›Sojus 39‹. Das Raumschiff wird von einer internationalen Besatzung gesteuert: Raumschiffkommandant ist Held der Sowjetunion, Fliegerkosmonaut der UdSSR Wladimir Dshanibekow, Forschungskosmonaut der Bürger der Mongolischen Volksrepublik Dshugderdimidijn Gurragtschaa. ›Sojus 39‹ hat die Aufgabe …«

Wir stürzten einander in die Arme. Zerendshamz trennte uns. Er ließ Dshugderdemid und Itschinchorloo wieder am Tisch Platz nehmen, und kurze Blitze erhellten die Jurte. Dann stellte Zerendshamz die beiden nebeneinander, ließ sie die Hand auf seine Schultern legen, bat ihn, das Radio anzuschauen, und sie, durch die obere Öffnung der Jurte zum Himmel aufzublicken. Ich beobachtete Itschinchorloo, mit welchem Ernst sie auf die Wünsche des Gastes einging, sie wollte ihm in diesen Minuten wohl nichts abschlagen. Als Zerendshamz seine Arbeit getan hatte und die Kamera im Futteral verstaute, half ihm Itschinchorloo, indem sie die Kerze hielt. Aus dem Radio war jetzt zu hören: »Das Befinden der Kosmonauten Dshanibekow und Gurragtschaa ist gut. Die Bordsysteme von ›Sojus 39‹ arbeiten normal. Die Besatzung hat mit der Erledigung des Arbeitsprogramms begonnen.«

»Die Kerze!« besann sich Zerendshamz plötzlich. »Sie ist mit ins Bild gekommen. Die Jurte eines Kosmonauten, und darin eine Kerze!«

Itschinchorloo holte aus der bemalten Truhe eine silberne Schale hervor und rieb sie mit dem Handtuch blank. Aus einem Holzeimer schöpfte sie Milch. Dshugderdemid öffnete die Tür, hielt sie mit der Hand auf, und die Mutter trat mit der Schale in den ausgestreckten Händen aus der Jurte. Wir folgten ihr. Von der Düne wehte es kühl herüber. In der Umzäunung wieherten die Fohlen, aufgestört durch das Klappern der Tür zu mitternächtlicher Stunde. Über den Himmel trieben Wolken, es schneite leicht, doch in hellen Wolkenfenstern blinkten Sterne. Itschinchorloo murmelte etwas und spritzte Milch zum Himmel empor.

»Was meint sie?« neigte ich mich zu Zerendshamz hin.

»Sie hat gesagt: ›Möge eure goldene Bahn glücklich sein, Kinder!«

Wir standen da und blickten zum Himmel auf. Die Wolken zogen tief und gaben für einen Augenblick den schwarzen Himmel mit den flimmernden Sternen frei. Wir schauten und starrten, doch nicht ein einziger Stern rührte sich vom Fleck. Vielleicht überflog »Sojus 39« jetzt gerade Kamtschatka …

Itschinchorloo wandte sich an Zerendshamz. »Können wir von Ulan-Bator in ihrer beider Namen telegrafieren?« übersetzte er.

»Wem?« fragte ich.

»Den Kosmonauten, ihren Familien, ihren Eltern.«

»Sie soll sagen, was wir zu schreiben haben.« Ich langte nach meinem Notizbuch.

Itschinchorloo sagte etwas und lächelte dabei.

»Sie meint, Sie können das sicher besser formulieren.«

»Nein«, entgegnete ich, »mag sie selber es so sagen, wie sie es möchte.«

Und Itschinchorloo sagte:

»Sie bittet, zu schreiben, daß sie den Steigbügel Gurragtschaas und den Dshanibekows mit Milch benetzt, auch den ihrer Frauen, Kinder und Eltern, daß sie allen Gesundheit und Glück wünscht. Gesondert bittet sie, Gandsorig zu schreiben …«

Da sehe ich, wie Zerendshamz ganz verwundert dreinschaut.

»Sie bittet, Gandsorig zu schreiben: Du hast gemeinsam mit meinem Sohn trainiert. In meinen Augen bist du ebenfalls in den Kosmos geflogen. Auf deinen Steigbügel will ich noch mehr Milch sprengen …

Zerendshamz schaut mich mit feuchten Augen flehend an, er möchte so gern, daß ich zutiefst verstehe, was Gurragtschaas Mutter da gerade gesagt hat.

»Was für ein weises Herz sie hat!« Er wandte sich ab.

Als es zu tagen begann, tauchten am Horizont Scheinwerfer auf, viele helle Scheinwerfer. Autos und Motorräder fuhren bei der Jurte vor, dann kamen Reiter. In dieser frühen Morgenstunde sahen wir in Wolkenfenstern ein Raumschiff seine Bahn ziehen. Ich weiß nicht, ob es unser »Sojus« war oder ein anderer künstlicher Erdtrabant, es fliegen ja jetzt so viele am Himmel. Wir blickten auf den leuchtenden Punkt, der sich da inmitten von Sternen bewegte.

Mein Bericht über Itschinchorloo, die Mutter des ersten mongolischen Kosmonauten, müßte eigentlich mit würdigen, klugen Worten aus ihrem Munde enden, Worten, die dem historischen Ereignis angemessen sind. Doch was konnte ich tun? Die Melkerin Itschinchorloo stand in dieser vormorgendlichen Stunde angesichts der vielen hektischen Leute da, im Wüstensand, in Stiefeln, im gelben Deel, das Haar quoll ihr unter dem Kopftuch vor, die Augen hatte sie gen Himmel gerichtet, so stand sie da und weinte – vor Freude, vor Glück, genau wie zwanzig Jahre vor ihr die Melkerin Anna Gagarina in Gshatsk.

Über die Zukunft

Als Karl Marx und Friedrich Engels in ihrem Werk »Die deutsche Ideologie« die posthegelianische idealistische Philosophie der Kritik unterzogen und eine materialistische Geschichtsauffassung erarbeiteten, da führten sie vor fast hundertfünfzig Jahren auch ein Beispiel aus dem Dasein der Mongolen an: »Im industriösen Ringen der mongolischen Rasse hatten die Menschen einen Himmel erkannt, so glaubt ›Stirner‹ und vergißt dabei, daß die wirklichen Mongolen viel mehr mit Hämmeln als mit Himmeln zu tun haben.« * Die beiden großen Geister verfolgten das Schicksal dieses Volkes im Herzen Asiens und überzeugten sich, daß das Dasein der Nomadengesellschaft, von Glaubensvorstellungen vernebelt und durch die Steppe von der übrigen Welt isoliert, auch von »Hammeln« bestimmt wird, das heißt von der materiellen Produktion.

Die Klassiker des Marxismus mögen mir verzeihen, aber in der Geschichte der Mongolen hat es doch eine Woche gegeben, da die ganze Nation mehr mit Himmeln als mit Hammeln beschäftigt war. Sieben Märztage des Jahres 1981 lang stand das Land ganz im Zeichen des Weltraumflugs der gemeinsamen sowjetisch-mongolischen Besatzung. Die Zeit wird zeigen, welche Spuren jene Tage in den Traditionen, in der Psyche und dem Weltbild der Mongolen hinterlassen haben, unbestritten aber werden zumindest dreierlei Hoffnungen sein.

Erstens muß allein schon die Möglichkeit, daß ein Mongole in den Weltraum fliegen kann, eine Möglichkeit, über die bis dahin nur wenige Länder verfügten, einen grundlegenden Bewußtseinswandel nach sich ziehen. Jahrhundertelang wurde hier dem Nomaden suggeriert, Veränderungen im Leben aus dem Wege zu gehen, an feststehenden Dingen nicht zu rütteln und sie so zu belassen, wie er sie bei seiner Geburt vorgefunden hat. Die Volksmacht, selbst auslösendes Instrument von Veränderungen im Schicksal der Nation, brachte ihm bei, neue Tempi und damit verknüpfte Ereignisse aufzunehmen. Als der Nomade den Verbrennungsmotor kennenlernte, als er mit knatterndem Auto die Kamelpfade befuhr, da war schon dies ein Wendepunkt im Denken seiner Zeitgenossen, und der Flug eines Nomadensohnes

*»Die deutsche Ideologie«, Dietz Verlag, Berlin 1953, S. 168

in den Weltraum kann den Mongolen nur noch besser befähigen, auf die für unser Jahrhundert charakteristischen Veränderungen zu reagieren.

Zweitens werden sich vermutlich die früheren Vorstellungen von Raum und Zeit noch schneller ändern. Bis vor kurzem wanderte der Hirt in relativ begrenzten Räumen umher, etwa in der weiteren Umgebung eines Brunnens, ohne sich groß dafür zu interessieren, ob jenseits des Horizonts vielleicht eine andere Welt existierte, und nach der Länge seines Schattens bestimmte er, wann die Herde zur Tränke zu treiben war. In den Jahren der Volksmacht lernte der Mongole das Flugzeug kennen, das heute im Lande ein ganz gewöhnliches Verkehrsmittel darstellt. Selbst Frauen arbeiten als Piloten und sind Fallschirmspringerinnen. Der Mongole von heute weiß nicht nur, was in der Welt vor sich geht, er studiert selbst in anderen Ländern, er ist Diplomat, Außenhändler, Journalist. Heutzutage findet man kaum noch eine Familie, in der nicht wenigstens ein Mitglied aus unterschiedlichen Gründen im Ausland zu tun gehabt hätte. Das Raumschiff, das den Himmel über der Mongolei innerhalb von fünf, sechs Minuten überfliegt, zwingt die Mongolen schon heute dazu, die Kategorien Raum und Zeit ganz persönlich für sich zu überprüfen.

Drittens bringt die Beteiligung der Mongolen am »Interkosmos«-Programm, jener Teil wissenschaftlicher, experimenteller Arbeit, den das Land übernommen und seine besten Kader dazu herangezogen hat, einen Qualitätswertmesser hervor, den alle sozialen und kulturellen Kräfte des Landes anstreben werden. Sechzig Jahre haben im Bewußtsein des Volkes vieles verändert, doch wäre es natürlich übertrieben, nun anzunehmen, daß bereits die Gesellschaft in ihrer Gesamtheit mit den Besten von heute auf gleichem Niveau stehe.

Aber nun wieder zurück auf die Erde.

Einer von denen, die sozusagen schon im Morgen leben, ist Tumurijn Namdshim. Selbst wenn man nicht weiß, daß der Mann, den man da vor sich hat, Dr. sc. oec. und Direktor des Staatlichen Wissenschaftlichen Forschungsinstituts für die Produktivkräfte des Staatsplans der MVR und der Akademie der Wissenschaften der MVR ist, daß unter seiner Leitung sechzig mongolische Wissenschaftler unter Hinzuziehung der Forschungsinstitute an Modellen der Zukunft arbeiten, merkt man nach den ersten Worten schon, daß Tumurijn Namdshim ein Mann ist, den man braucht, wenn man seine Vorstellung von Leuten dieser Art überprüfen will. Wenn er spricht, blickt er einem direkt ins Auge, eine Eigenschaft, die für Mongolen charakteristisch ist, und Zahlen kommen ihm leichter von den Lippen als Worte.

Ende der siebziger Jahre versuchten die Mongolen, sich erstmalig ganz nüchtern darüber klar zu werden, was das Land in den nächsten zehn Jahren zu erwarten haben werde. Alle wollten wissen, wie bei dem Potential der Mongolei an Arbeitskräften, natürlichen, materiellen und finanziellen Ressourcen das Agrar-Industrie-Land in ein Industrie-Agrar-Land zu verwandeln sei. Was für Kriterien sind anzulegen? Nach Ansicht der einen Gruppe hängt alles vom Anteil der Industrie am Bruttosozialprodukt ab. Wird die Hälfte überschritten, kann man das Land zu den Industrie-Agrar-Staaten rechnen. Andere schlagen vor, der Industrie die Arbeit im Bauwesen, Verkehr und Nachrichtenwesen zuzuschlagen. Wieder anderen genügen beide Verfahrensweisen nicht, sie proklamieren die radikalste: Die Industrie muß den Hauptteil des Nationaleinkommens liefern.

Damals habe ich mongolische Ökonomen auf einer Schiefertafel einen »Zielbaum« malen sehen, sie stellten Varianten einander gegenüber und analysierten Situationen. Wissenschaftlern, in dreißig, vierzig Jahre alten Traditionen erzogen, fällt es schwer, sich neue Methodiken, neue Geräte und neue Technik vorzustellen, über die heutzutage jene verfügen, die die Zukunft analysieren sollen. »Wie lange wird es dauern, bis man die Mongolei als ein Industrie-Agrar-Land bezeichnen kann?« frage ich Namdshim. — »Wenn der Anteil der Industrie, 43, 44 Prozent des Nationaleinkommens und mehr als fünfzig des Bruttosozialprodukts ausmacht.« — »Und wann wird das sein?« — »Um 1990 herum«, sagt er und schaut mir direkt ins Gesicht.

Wichtig ist hier noch, zu wissen, von wem einem das gesagt wird. Bis zu seinem neunzehnten Lebensjahr hütete Namdshim am Rande der Gobi Kamele. Sein Vater hatte noch so seine eigenen Vorstellungen von Rechenoperationen. Wenn der alte Mann den Basar von Urga aufsuchte und an einen Verkäufer herantrat, schob er seine Hand in dessen herunterhängenden Ärmel, tastete darin herum und preßte die fremden Finger — der kleine Finger bedeutete fünf Tugrik, der Ringfinger zehn, der Mittelfinger zwanzig, der Zeigefinger fünfzig und der Daumen hundert; war der Zeigefinger gebogen, bedeutete das neunzig. Wie die alten Leute erzählen, berührten die Finger einander mit der Geschwindigkeit eines elektronischen Rechners. Für den heute fünfzigjährigen Namdshim ist ein Rechner ein so alltäglicher Gegenstand wie eine Tischlampe. Seine Frau ist Kandidat der Ökonomischen Wissenschaften, die Tochter studiert Ökonomie an der Universität Moskau, der Sohn Mathematische Kybernetik an der Humboldt-Universität zu Berlin — für die mongolische technische Intelligenz von heute eine typische Familie.

Aber wir sprechen ja von der Zukunft.

Einem Ökonomen fällt es ganz allgemein etwas schwer, das Teleskop der

Zeit scharf einzustellen, besonders natürlich in der Mongolei, wo man, wie sehr man auch an der Schraube drehen mag, im Vordergrund immer das riesige Territorium und eine zahlenmäßig geringe Bevölkerung vor sich hat. Stellt man sich das Land in Quadrate von einem Kilometer Seitenlänge aufgeteilt vor, dann kommt auf ein Quadrat ein einziger Mensch, meist ein Kind. Allerdings ist der natürliche Zuwachs von rund drei Prozent jährlich wesentlich höher als in den anderen RGW-Mitgliedsländern, und in zwanzig Jahren werden die Quadrate schon doppelt so dicht besetzt sein; unter den verbesserten Lebensbedingungen werden die Mongolen eine höhere Lebenserwartung haben, sich bis ins hohe Alter die Schärfe des Auges und die Kraft in den Händen bewahren, doch selbst die noch mitarbeitenden alten Leute helfen die Grenzen demographischen Wachtums nicht erweitern. Natürlich kann ein hohes Qualifikationsniveau den Mangel an Arbeitskräften bis zu einem gewissen Grade kompensieren, und außerdem können die Mongolen selbstverständlich auf die Hilfe der Bruderländer rechnen, die an der internationalen sozialistischen Arbeitsteilung mitwirken.

Was hat die Mongoleil zu bieten? Unter der von Pferdehufen aufgewühlten Bodendecke hat man Vorkommen an Rohstoffen entdeckt, wie das zwanzigste Jahrhundert sie benötigt – Kupfer, Molybdän, Zink, Kohle, Feldspat, Phosphorite und anderes, was schon abgebaut wird oder künftig abgebaut werden kann. Keinen Araten stört die unmittelbare Nähe eines Geologenlagers. Selbst kleine Kinder kennen sich in den Spuren von Raupenfahrzeugen nicht schlechter aus als in den Fährten wildlebender Huftiere, während die Halbwüchsigen mit dem ihrem Alter eigenen Interesse an Technik alles abschrauben und wieder anschrauben können, was mit einem im Gras liegengebliebenen Maulschlüssel irgendwie zu bewerkstelligen ist. Die Entdekkung der letzten Jahre – Zink in Salchit, Phosphorite am Chuwsgul, verkokbare Kohle im Tawan-Tolgoi und anderes – haben das Land zu einem vielversprechenden Reservoir von Bodenschätzen gemacht. Die Mongolen wollen die Rohstoffe ökonomischer nutzen und allmählich die zweite und dritte Industriestufe schaffen. Das zwingt sie, in sich selbst Charaktereigenschaften auszubilden, wie Gewissenhaftigkeit, Sparsamkeit und die Fähigkeit, nicht nur die mit Erz beladenen Autos zu zählen, sondern auch die Handvoll Erz, das beim Transport verlorengegangen ist. Bislang ist noch eine gewisse unbekümmerte Großzügigkeit zu beobachten, die es als müßig empfindet, sich mit Kleinigkeiten abzugeben, die einen sogar besticht durch ihre euphorische Schau auf die Prosa des Lebens. Solche »in die vollen gehenden« Naturen habe ich seinerzeit in Sibirien getroffen, was die Meinung bestätigt, daß Weiträumigkeit auf die menschliche Seele einwirkt.

Es zeichnen sich die Konturen eines großen Industriereviers ab: Darchan, Erdenet, das Gebiet am Chuwsgul vereinigen sich allmählich zu einem in sich geschlossenen »Territorialen Produktions-Komplex«. Ich muß da zurückdenken an die Regionen im Osten der Sowjetunion: Wieviel Ähnlichkeit besteht doch mit dem Sibirien der fünfziger Jahre, als dort alles gerade erst begann, als Ideen in der Luft lagen und die Konturen der künftigen Industriegiganten nicht einmal von denjenigen ganz deutlich gesehen wurden, die deren Gestaltung leiteten. Das industrielle Sibirien hat inzwischen seine Anfangsetappe hinter sich, es ist mitunter dabei gestolpert, hat aber nun doch Tritt gefaßt und den richtigen Weg eingeschlagen. Die Mongolei geht in Sibiriens Spur, sie brauchte keine Zeit für Experimente zu verlieren. Sie ist vielmehr imstande, der Welt einen eigenen Territorialen Produktions-Komplex vorzuweisen, der die sibirischen Lehren und die nationale Spezifik berücksichtigt.

In den neunziger Jahren werden in der Mongolei neue Städte entstehen. Städtische Lebensweise wird in der ganzen Welt zur vorherrschenden werden. Die Demographen vertreten die Ansicht, daß gegen Ende des Jahrhunderts die Hälfte der Menschheit sich in Städten konzentrieren wird. In der Mongolei wohnen schon heute mehr als fünfzig Prozent der Bevölkerung in Städten, in zehn Jahren werden es an die sechzig Prozent sein. Ulan-Bator rechnet dann mit 550 000, Darchan mit 85 000, Erdenet mit etwa 60 000 und Baganuur mit über 20 000 Einwohnern. Es ist dies ein Prozeß, den man berücksichtigen muß, denn aufhalten läßt er sich wohl kaum.

Die Urbanisierung hat in der Mongolei ihre Besonderheiten. Immer schneller wachsen Bergbausiedlungen, Zentren neuer Staatsgüter und landwirtschaftlicher Vereinigungen. Der Begriff »Städter« beinhaltet hier aber nicht zwangsläufig ein Leben »innerhalb der vier Wände«. Selbst in großen Städten werden in zehn Jahren noch 25, 30 Prozent der Einwohner in Jurten wohnen bleiben. Dafür gibt es viele Gründe; einer davon ist der, daß »überzeugte« Chudoonen (so nennt man die Bewohner ländlicher Gegenden) nicht in eine feste Wohnung umziehen wollen. Hier paßt ihnen aber auch nichts! Die Türen zeigen nicht nach Süden, wie die Jurtenbewohner es gewohnt sind, sondern jede woandershin. Die Luft ist stickig. Offenes Feuer gibt es nicht, das Essen muß man woanders kochen, und auf dem Elektroherd zubereiteter Tee schmeckt eben anders. Als störend empfindet man Geräusche; Küche und sanitäre Anlagen dicht nebeneinander — das geht vielen gegen den Strich. Ich habe mit eigenen Augen gesehen, wie ein Mongole, ein alter Mann, der mit seinen Kindern in einer Komfortwohnung lebte, sich seine Malgai auf den Kopf stülpte und aus der dritten Etage hinunterlief nach draußen, um ein »stilles Örtchen« zu suchen, nur um die neben der »Sanizelle« gelegene Küche – den heiligen Familienherd – nicht zu entweihen. Es wird sicher noch einige Zeit vergehen, ehe Hirten zu Städtern werden, nicht in bezug auf den Wohnort, sondern was die Lebensweise angeht. Notwendig sind hier nicht nur deren eigene Anstrengungen, sondern auch das Einfühlungsvermögen der Städteplaner.

Ebenfalls auf neue Art werden die Araten die Herden hüten. Zur Sommerszeit werden die Tiere in der Steppe weiden, wenn jedoch die Zeit der Schur oder die Lammzeit anbricht, wird man die Herde in eine Einfriedung mit warmen Räumen und Futtervorräten bringen. Man wird sie auf mechanisierte Brigaden verteilen, die über Traktoren mit Radschleppern und Hängern, über Mähmaschinen, elektrische Schermaschinen, transportable Stromaggregate und Funkgeräte verfügen. Hat ein Hirt einige Tage in der Steppe gearbeitet, löst ihn ein Kollege ab, er selbst kehrt in die Siedlung zu seiner Familie zurück. Die Experimente, die in fünf Betrieben zu Ende der siebziger Jahre unternommen wurden, lassen auf mögliche Veränderungen in dem jahrhundertealten Arbeitskreislauf des Aratenalltags hoffen.

Namdshim hat eine Schwäche für Kamele. Ist es der Ruf der Wüste, der das Herz des früheren Gobibewohners beunruhigt oder schneller schlagen läßt, sind es ökonomische Gründe, die ihn nicht zur Ruhe kommen lassen – jedenfalls läßt er keine Gelegenheit aus, seine Kamele engstirnigen Wirtschaftsfunktionären gegenüber zu verteidigen, in deren Augen der zweihöckrige Riese nur zwei, drei Zentner Fleisch ist oder ein Dutzend Schafe aufwiegt. In der Mongolei gibt es heute noch rund 650 000 Kamele, 200 000 weniger als noch vor zwanzig, dreißig Jahren. Leute mit Kopf wollen sich aber mit einer solchen Situation nicht abfinden, sie schlagen vor, zu überprüfen, welchen ökonomischen Stellenwert, wie sie sich ausdrücken, das Kamel tatsächlich hat.

»Ein Kamel liefert uns im Jahr fünf, sechs Kilogramm Wolle mit einem Selbstkostenaufwand von etwa 60 Tugrik.« Namdshim drückt auf die Knöpfe seines Rechners. »Das sind zweieinhalb Pullover, 1 300 Tugrik. Doch wir haben schon Kamele, die bis fünfzehn Kilo Wolle liefern. Wie kann man sie nutzen? Die Nachfrage nach Pullovern, Jacken, Teppichen und Decken wächst. Wie man sagt, erhöhen sich in europäischen Hotels die Zimmerpreise, wenn die Betten mit Kamelhaardecken ausgestattet sind.«

Aber was geht uns hier Europa an, denke ich so für mich, während ich Namdshim zuhöre, das Kamel hat auch in seiner Heimat seinen Wert. In der Gobi bekommt man süßlichen festen Kumys aus Kamelmilch serviert, und sogleich fühlt sich der von der Hitze der Wüste wie gelähmte menschliche Körper erfrischt. Ich habe ausländische Touristen beobachtet, die zwischen Kamelhöckern sitzend durch die Gegend geschaukelt wurden, die dieses Vergnügen vielen anderen vorzogen und es als eines ihrer stärksten Eindrücke gut bezahlten. Ein Kamel wird eben nicht einmal von einer ganzen Herde Rasseschafe aufgewogen, Touristen reiten nun einmal nicht auf Schafen!

Doch wäre diese Aufzählung der Vorzüge des Kamels unvollständig und dürftig; so wie man sich die Savanne nicht ohne Giraffen, die Taiga nicht ohne Bären vorstellen kann, so ist die mongolische Wüste ohne Kamele überhaupt nicht denkbar. Das Kamel bringt Leben in die Wüste, und wenn man die Abendsonne sieht, die hängengeblieben zu sein scheint zwischen den beiden Höckern eines Kamels, das mit herabgebogenem Hals sein Gras zupft, goldene Sonnenpünktchen über den mächtigen Leib tanzen und in den Sand hinabfallen, dann kann ich mir kein imposanteres Bild vorstellen von Himmel, Sonne und Erde sowie allem, was auf ihr lebt und webt. So ein Erlebnis ist unbezahlbar!

Ich persönlich bin dem Kamel auch noch dafür dankbar, daß es auf seinem Rücken einst den Tee bis nach Rußland gebracht hat!

Namdshim bringt die Rede auf den Boden. Es wäre unsinnig, so meint er, von der mongolischen Steppe zu erwarten, daß sie eines Tages eine üppige Kornkammer unserer Erde ist. Auch künftig wird hier der Sommer kurz und regenarm sein und die Kälte unerwartet früh im Jahr hereinbrechen. Doch die Wissenschaftler bleiben optimistisch, man kann den Ackerbau noch um vieles voranbringen, zumindest auf ein Niveau, daß man den gesamten Eigenbedarf befriedigen kann und zudem Überschüsse für den Export hat. Man wird neue Landstriche unter den Pflug nehmen, noch dichter wird das Getreide stehen. Zum normalen Bild der Steppenlandschaft werden Beregnungsanlagen, Bewässerungskanäle und Stauseen gehören. Die Jugend wird dem Ackerbau den Vorzug geben gegenüber der Viehzucht. Schon heute bewerben sich die Jugendlichen besonders an technischen Fachschulen, die Kraftfahrer, Traktoristen und Kombinefahrer ausbilden. Dabei ist nicht zu vergessen, daß die Umgestaltung der Wirtschaft auf moderne Arbeitsweisen dem Mongolen gewaltige innere Anstrengungen, eine Neuorientierung in der Umwelt abverlangt.

Ich meine, in zehn, fünfzehn Jahren wird die Jurte meines Freundes Mjagmar, mit dem zusammen ich durch die Gobi gezogen bin, anders aussehen. Es wird transportable Energie- und Wärmequellen geben, den Platz des eisernen Öfchens wird ein Elektroofen einnehmen, mit ihm werden dann gleichzeitig transportable Kompaktbatterien, ein Heißwasserverteilungssystem usw. vorhanden sein. Häufiger als in unseren Tagen werden an der Jurte fahrbare Läden, Klubs, Sauna und Dienstleistungseinrichtungen Station machen, die den Araten die Stiefel, die Uhr reparieren und einen Fernseher ausleihen. Über das »Orbita«-System werden die Hirten dann viele Informationen gleichzeitig empfangen können. Sie sind dann nicht mehr durch Tausende von Kilometern, sondern nur noch durch Bruchteile von Sekunden voneinander getrennt. Die Welt hält Einzug in die Jurte. Das wird Auswirkungen haben auf den allgemeinen Bildungsstand des Volkes, wird ein neues Stimulans dafür sein, sich einen eigenen Platz unter den Völkern auf dem Weg zum Fortschritt zu suchen.

Erläuterungen

Airag (mong.) – Stutenmilch; aus ihr wird der Kumys gewonnen

Aimak – in der MVR die unserem Bezirk entsprechende große Verwaltungseinheit, wird untergliedert in Sum (Somon)

Argal – getrockneter Mist von Rindern, Pferden, Kamelen; wird in der mongolischen Steppe von den Araten als Feuerungsmaterial verwendet.

Arate, mong. Ard – der mongolische Viehzüchter oder Bauer; auch das gesamte Volk wird als Ard bezeichnet. »Mongol Ard Uls« ist der amtliche Name der Mongolischen Volksrepublik

Bitschurin, Nikita, als Mönch Jakinf genannt – russischer Sinologe (1777–1853), hielt sich von 1807–21 als Haupt einer geistlichen Mission in Peking auf; er hat zahlreiche Schriften über China, Tibet und die Mongolei verfaßt

Bodgo-Gegeen – Titel des höchsten buddhistischen Geistlichen in der alten Mongolei. In der Periode der Autonomie der »Äußeren Mongolei« (1911–19) war der Bogdo-Gegeen deren theokratischer Herrscher

Chadag – längliches, meist blaues Seidentuch, wird als »Tuch der guten Wünsche« bei Begegnungen oder auch zum Abschied überreicht

Choschun – in der vorrevolutionären Mongolei ein erbliches, feudales Besitztum; auch die Verwaltungseinheiten wurden damals als Choschun bezeichnet

Deel – das traditionelle mantelartige Kleidungsstück der Mongolen, das einen seitlichen Verschluß hat

Ders – silbriges Rauhgras (Lasiogrostis splendens), bis 1,5 m hohes Gras mit sehr hartem Stengel

Gutal – die Stiefel der Araten; sie haben eine nach oben gebogene Spitze

Kafarow, Pjotr; als Mönch Palladius genannt – russischer Sinologe (1817–78), lebte jahrzehntelang in Peking, übersetzte u. a. »Reise des daoistischen Mönchs Tschang-Tschun in den Westen« aus dem Chinesischen ins Russische

Kitan – tungusischer Stamm, der im 10. bis 12. Jh. Nordchina beherrschte, später im westlichen Zentralasien einen Staat gründete; vom Wort Kitan ist der russische Name für China (Kitai) abgeleitet

Klemenz, Dmitri – russischer Ethnologe und Archäologe (1848–1914), arbeitete lange in Ostsibirien, der Mongolei und Ostturkestan

Kumys – gegorene Stutenmilch, in Mittel- und Zentralasien beliebtes Getränk

Lamaismus – im 14. Jh. in Tibet entstandene neue Form des Buddhismus, die Religion der Sekte der »Gelbmützen«, bereitete sich im 17. Jh. auch unter den Mongolen aus

Nojon – in der alten Mongolei Vertreter der herrschenden Klasse, auch Führer einer größeren militärischen Einheit

Owoo, Obo – einst zu Ehren von Geistern auf Gebirgspässen oder an anderen markanten Punkten errichtete Steinhaufen, an denen der Vorübergehende – und diese Sitte hat sich bis heute erhalten – irgend etwas dazulegte: eine leere Flasche oder Dose, ein Stück Käse oder Butter, einen Geldschein, eine Streichholzschachtel odgl., an zwischen die Steine gesteckte Stangen auch Stoffetzen hängte

Saxaul – strauch- oder baumartige Wüstenpflanze, die 5–6 m Höhe und 50 cm Dicke erreichen kann; sie hat bis 20 m lange Wurzeln, ist daher dürrefest, ihr harzreiches Holz bildet ein ausgezeichnetes Brennmaterial

Sojombo – Sinnbild der Selbständigkeit der Mongolei, wurde als Hoheitszeichen in das Wappen der MVR übernommen

Somon, Sum – untere Verwaltungseinheit in der MVR, entspricht etwa einem Kreis in der DDR; mehrere Sum bilden einen Aimak

Stupa – buddhistischer Sakralbautyp, hat sich aus Begräbnishügeln entwikkelt und dient zur Aufnahme von Reliquien, Amuletten usw.